毛澤東時代的真實社會

共產黨如何改變中國階級與人民面貌？

文浩 Felix Wemheuer——著
項佳谷 Jiagu Richter——譯

A Social History of Maoist China: Conflict and Change, 1949——1976

目次

＊本書用語均尊重作者用字習慣

插圖

地圖和圖表

地圖

圖表

附件

導言

一九四九年十月一日，毛澤東在北京天安門廣場向眾人宣告：中華人民共和國成立了。此時，內戰尚未結束，人民解放軍正在向國民黨軍隊發起強大的攻勢。按照中國官方的說法，這個時刻標誌著偉大的中國共產黨領導中國人民與封建主義和帝國主義鬥爭的解放事業取得了最後的勝利。

毛澤東時代始於中華人民共和國成立，結束於一九七六年毛澤東去世。中國社會在這二十七年裡經歷了翻天覆地的變化。成千上萬的老百姓提高了社會地位，而另一些人則被邊緣化甚至失去了生命。建設共產主義的努力給人們帶來了希望、夢想和激情，也帶來了恐懼、幻想破滅、失望和痛苦以及後來的懷舊情緒。中國人民取得了長足的進展，但也經歷了挫折，留下了創傷。

中國共產黨奪取政權時，中國正處於崩潰的邊緣。八年的抗日戰爭（一九三七至一九四五年）和緊接其後的國共內戰使中國經濟萬劫不復，社會百孔千瘡。[1] 國民黨政府在外國勢力的干預下，過於孱弱，不能重新建立對全國的有效控制。十八世紀大清帝國（一六四四至一九一一年）在其鼎盛時期曾是世界經濟大國。然而，從一八四〇年鴉片戰爭開始，清王朝無法阻止西方列強和日本對中國的蠶食，中國變成了一個半殖民地。一九一一年辛亥革命推翻了清朝的統治，建立了共和國。但是，此後，直至中華人民共和國成立，中央政府只能掌控漢族中心地帶的部分區域，對西藏、新疆等邊遠地區則放棄了控制。

共產黨決心重新統一全國，使國家走出深刻的社會危機。一九四九年時，中國是世界上最貧窮的國家之一。[2]一九五三年全國人口普查時平均壽命只有四十歲。[3]那時中國仍然是一個農業國家，絕大多數人是農民，是文盲。一九四九年城市人口僅占總人口的一〇・六%。[4]中國共產黨認識到，擺脫貧困和落後的關鍵是實現工業化。他們立志建立一個強大的新中國，一個能夠在充滿敵意的國際環境中生存的中國。

一九五〇年代上半葉，中國政府進行了土地改革。地主和資本家的財產被沒收。截止到一九五六年，中國已通過城市國營工廠和農村農業合作社建立起了蘇聯式的計劃經濟。共產黨提出「為人民服務」，改善工人和農民的生活，因為他們是「國家的新主人」。為了在短時間內實現工業化，一九五八年，中共發動了大躍進。然而，過於雄心勃勃的計劃導致了大饑荒，數百萬人在一九五九至一九六一年的大饑荒中餓死。一九六三年，饑荒結束了，情況得到了恢復，但黨內在應該走哪條發展道路的問題上產生了分歧。不久，文化大革命開始了（一九六六至一九七六年），文革至今仍是毛澤東時代最具爭議的時期。一九六六年秋，毛澤東號召群眾起來造「黨內走資本主義道路當權派」的反。數百萬學生和工人成立了無數個造反組織，衝擊地方政府，他們批判地方政府背離了群眾利益。幹部遭遊街、批鬥，有的人在批鬥中被整死。到了一九六七年，造反派之間的武鬥使好幾個省幾乎陷入內戰的狀態，毛澤東不得不派軍隊來穩定局勢。

在當今的中國，有些人認為，文化大革命是為了整頓官僚機構、尋找新形式的大眾民主的一種合理的嘗試；另一些人則認為，文革極大地破壞了中國的傳統文化和文明，

圖0.1　文革期間慶祝打倒劉少奇、鄧小平、陶鑄大遊行（大約1967年）。

資料來源：巴塞爾中學莫瑟老師的個人珍藏。

除此之外毫無建樹。一九七六年毛澤東去世時，中國已經有了不少工業設施，並修建了覆蓋面很廣的鐵路網。基礎教育、公共衛生、平均壽命和保護婦女權利方面均有顯著的改善。美國和其他西方資本主義國家已經在外交上承認中華人民共和國。但是，毛澤東時代中國所付出的代價（如大饑荒）是不是大於中國所取得的成就，這仍然是個有爭議的問題。

一九五〇年代到一九七〇年代中期，第三世界的非殖民化運動繼續快速發展，毛澤東領導下的中國極大地鼓舞著世界各地的民族和社會解放運動。中國在「不結盟運動」中發揮著重要作用，該運動的主要成員是印度、印尼和埃及等前殖民地國家。一九六八年美國、西歐和日本等國家很多城市爆發了激烈的新左派社會和政治運動，中國的文化大革命為這些運動提供了參照。這些國家的年輕人認為中國是他們反叛現成建制的榜樣，而這些現成建制阻礙了社會的變革。那時，對於世界上很多人來說，毛澤東時代的中國給人們提供了一個更美好的、真正的社會主義社會的願景，人們認為應用其取代冷戰時期美國和蘇聯所代表的兩極世界。[5] 對於中國現實中更殘酷的一面，即大饑荒、大規模消滅「階級敵人」（大多數是以前的精英），人們要麼沒聽說，要麼完全忽視。

到了一九七〇年代後期，人們不再談論後殖民地國家的民族解放運動。世界銀行在美國和西歐的支持下提出的新自由主義經濟政策成為時尚，取代了「阿拉伯社會主義」和「非洲社會主義」。在此影響下，各國政府開始對社會福利和工業領域進行私有化，在金融部門放鬆管制。中國則帶頭擺脫過去的革命模式。一九八〇年代初，以鄧小平為核心的新領導層對文化大革命和毛澤東時代的許多其他政策展開批判。中國政府開始實行改革開放，推動包括私有化在內的市場改革。國家對重要戰略部門如金融、原材料、國防工業和土地所有權仍然保持控制。但是，鄧小平時代不再進行「不斷革命」和大規模的群眾動員。中國重新融入世界經濟，並在一九九〇年代成為「世界工廠」。中國共產黨和中國政府不再呼籲進行世界革命，而是開始遵守自由貿易、全球資本主義和有關機制的規則。

如今，中國的經濟實力已經對西方的統治地位形成挑戰。但中國共產黨並沒有完全放棄中國革命和毛澤東時代，中國國家主席習近平提出，不應該用毛澤東時代來詆毀改革時代，也不應該用改革時代來否定毛澤東時代。[6]持不同政見者和西方媒體經常說，習近平統治下的中國可能會回到毛主義。[7]而在中國政治的另一端，新毛派則希望通過一場新的文化大革命來動員群眾把「腐敗的官僚」和「走資本主義道路當權派」趕下臺。中國社會對毛澤東時代的評價仍遠未達成共識。

本書要從一個新的角度來分析毛澤東時代，重點關注三個關鍵要素：社會變革、社會分類和社會衝突。在討論這些問題之前，我們首先要考察一下中國歷史研究領域的最新發展，特別是在獲取檔案材料方面的變化。我還將簡要回顧研究毛時代中國的歷史學家在方法論方面所面臨的挑戰，以及他們不同的研究方法和存在的爭議。

毛澤東時代的歷史

過去的四十年，關於毛澤東的流行書籍和學術論著數不勝數。在這些大量的書籍中，湧現出了一些關於精英政治的歷史研究，這些重要的歷史研究十分有新意。[8]不過，近年來毛澤東時代中國研究最具創新性的學術成果並不是關注「偉大的舵手」一個人，而是關注中國社會的某些方面和一些個案研究。現在這一代的學者可以獲取更多的檔案資料，他們也使用記錄親歷者口述的方式，這些都使他們的研究獲益。一些學者開始使用所謂的「垃圾資料」。這些資料往往是從廢紙回收站或者從二手書市場買到的，裡面有大量可以用於個案研究的材料，如請願書、個人檔案、日記或外送保管的檔案文件，檔案管理人員和資料擁有者均將這些材料當作「廢品」。此外，中國學者現在能夠在中國大陸出版一些重要的書籍，如果內容過於敏感，則到香港出版。基於這些新的材料，他們能夠提出一些重要的新問題。

毛澤東時代研究在西方也成為中國研究的熱門選題。美國和德國選擇這個題目的博士候選人數量都在持續上升。二〇一三年中華人民共和國歷史研究組成立了，一個專門討論該主題的網站（www.prchistory.org）也建立了起來，為各國研究這一問題的學者建立了一個聯繫的網路。長期由政治學家主導、並以中國的中央領導為重點研究對象的毛澤東時代研究，吸引了越來越多的歷史學家參與。本書很多分析受到中西學者這方面眾多新近研究成果的啟發。

社會史研究新的切入點：社會變革、社會分類與社會衝突

本書展示了毛澤東時代的中國社會發展史，重點關注不同階層、不同性別、不同民族以及城鄉的差別。我分析了共產黨領導下的一系列社會群體（工人、農民、地方幹部、知識分子、少數民族、舊式精英、男性和女性等）在上述三個重要方面的情況。

我分析的第一個關鍵維度是社會變革，這裡指的是經濟和所有制結構的轉變、城市化、社會流動、國家推動和百姓自發的遷移、配給制度、社會主義福利的增減以及家庭關係和兩性關係的變化。

第二個重要維度是社會分類。我要介紹黨和政府如何通過戶籍（戶口）制度來劃分城市和農村人口，國家如何對每個中國人進行階級、性別和民族的劃分，以及這種分類有什麼影響。這些

複雜的官方分類系統決定了一個人的社會等級、工作和糧食的分配、能否進大學以及能否入黨或參軍等。

最後一個維度是社會衝突。在毛澤東時代，社會衝突（無論是黨內還是社會上）部分是因重大的社會變革而產生，同時與官方的分類和分配制度也是相關聯。無論是在中央還是地方上，黨和國家對於社會分類都至關重要，他們規範著社會流動的方向。因此，中共各層幹部如何理解中國社會的狀況、如何解釋社會發展和社會衝突就成為一個十分關鍵的問題。

不可否認，毛澤東自己的判斷和決定對這三個方面的情況都有影響，若不談及他的想法和論著，這個階段社會歷史的任何分析都不可能完整。但是，毛澤東本人，不論是作為一個有領袖魅力的領導人還是作為一個有創新的馬克思列寧主義理論家，都不是本書的重點。除了毛的著作以外，本書還採用了其他重要資料，包括中央政府和各級黨組織的決定、內部報告、統計資料、官方報紙以及縣級檔案館的眾多資料和文書檔案。除了官方資料，本書還大量採用了二〇〇一至二〇一六年我在北京與知識分子、在河南與農民，以及在山東、山西與文化大革命時期的造反派進行的一系列訪談資料。如果謹慎使用，那些已經出版和尚未出版的各種回憶錄可以幫助我們更多地瞭解當時普通人的經歷。

過去幾十年，學界對民眾在當代中國歷史中所扮演角色的認識有所改變。在一九五〇年代冷戰開始的背景下，西方學者更多將中國看作一個中共對其人民實行全面控制的極權社會。他們描述的中國社會景觀是，成千上萬身著毛式服裝的「藍螞蟻」，行動高度一致，盲目地執行著上面的命令。[9]中國官方的宣傳也強化了這樣一種執政黨和老百姓之間天然保持一致的畫面。

採用不同來源的資料讓我們看到了不同的畫面，我們看到有瞞產、謊報、偷盜、黑市買賣和非法遷移等「日常反抗」的挖牆角做法。[10]但是過分強調這些做法可能會讓人覺得這些普通老百姓在對抗黨和國家。其實在很多情況下，人們自願執行國家政策或採用階級鬥爭的語言，要麼是為了在與國家機關的討價還價中得到好處，要麼只是為了保

圖0.2　高大偉岸的塑像：人民解放軍英雄（大約1966或1967年）。

資料來源：巴塞爾中學莫瑟老師的個人珍藏。

住自己的職位。[11]採取合作態度可能源於不同的動機，可能是熱情的支持，也可能出於機會主義，亦有可能是出於恐懼。一九五〇年代普通中國人和捲入早期文革的年輕一代在社會主義建設中抱持多種不同的態度，有人滿懷希望，有人理想幻滅，也有人逍遙旁觀。「日常反抗」並非唯一形式。

文書資料和口述資料的局限性

毛澤東時代的研究仍然面臨相當大的挑戰，我們必須對所面臨的局限性保持清醒的認識。研究毛澤東時代的學者應該記住，我們研究的是一個直到現在都沒有政權更迭的威權國家。在這方面，研究條件與研究東歐後社會主義國家不同。在中國，中央文件和中央領導人講話的彙集仍然經過精心挑選和編輯。領導人的傳記是根據國家檔案局（北京中央檔案館）的檔案編輯出版的，除中央政府以外的學者都沒見過原始檔案。[12]中央檔案館不對中國學者開放，更不用說對西方研究人員了。此外，中國所有檔案館都是國家機關的一部分。理論上，根據國家檔案法，各種文件在三十年後都可以公開，但如果當局認為哪個問題比較敏感，可以隨時重新分類，重新設定文件的保密級別。一般來說，市級和縣級的地方檔案資料比省級的更容易得到。一位學者曾經說過，中國的檔案保管情況五花八門，縣級檔案館有時不嚴格的按規定辦事。[13]實際上，在地方檔案館查找資料取決於查找時間、個人關係和偶然因素。查找檔案這一天，誰在檔案館當班經常是最為重要的。

檔案獲取對哪個地區的案例最終寫入學術文獻具有相當大的影響。西方和中國學者對中華人民共和國歷史的研究，至少是基於文書資料的研究，常常極為關注一九五〇年代初期和上海地區。這種傾向或多或少是兩方面原因造成的。第一，絕大多數檔案管理人員認為一九五〇年代初期是中華人民共和國的「黃金歲月」，其敏感程度遠遠低於大饑荒或文革等後來的時期。其次，上海市檔案館是中國最專業、對外國研究人員最開放

圖0.3　1974年的上海。

資料來源：Olli Salmi拍攝。

的檔案館，並因此獲得了良好的聲譽。所謂「上海學派」的發展與隨時可以獲得材料是密切相關的，「上海學派」主要由復旦大學和華東師範大學的學者組成，他們主要關注地方社會史。[14]相較之下，北京的歷史學家一般更多地研究國家通史和中共黨史。

檔案資料獲取的不均衡造成了中國地方史由上海主導，但是對於全中國的地方史研究，上海並不具代表性。一九四九年，上海是中國最重要的工業城市，並且其文化和商業在一定程度上受到了西方的影響，這在全中國是獨一無二的。對於那些毛澤東時代生活在遠離沿海城市的人，如甘肅、青海、寧夏、貴州、廣西或西藏等省份，對其歷史的學術研究非常有限。中國官方出版了一系列省級和縣級地方志，但這些地方志只給我們提供了官方敘述，其中有關饑荒或文化大革命等事件的資訊十分有限，這當然不足為奇。而地方學術機構則普遍缺乏資源，不具權威，無法對毛澤東時代比較敏感的問題進行研究。

我個人的經驗是，從一九九〇年代中期到二〇一二年之間做中華人民共和國早期歷史的研究相對容易一些。那時地方檔案館相對開放，而且公開市場上可以買到大量被看作沒用的「垃圾資料」。近年來，隨著出售者意識到其不斷增長的價值，「垃圾資料」和紅衛兵雜誌的價格大幅上漲。與此同時，自二〇一三年習近平上臺以來，對地方檔案館提供資料的限制越來越多。之前向公眾開放的許多檔案文件現在已經找不到了。在本書中，為了不暴露哪位檔案館員提供了文件，我沒有在注釋中標注檔案編號。在中國，研究毛澤東時代的歷史學家現在正面臨新的政治壓力，他們需要避開那些敏感問題，只有少數博士候選人敢於研究這個階段的歷史。加強控制帶來了意想不到的結果，那就是，中國境外的資料收藏，如香港中文大學的中國服務中心，哈佛大學、史丹佛大學和加州大學柏克萊分校的圖書館變得更有價值。現在越來越常見的是，中國學者得去這些機構才能找到來自他們家鄉的資料。

另一方面，過去二十年，西方和中國研究毛澤東時期歷史的學者得到了很多新的資料，包括口述歷史、回憶錄以及已經出版和尚未出版的日記。一九九〇年代初以前，西方學者如果希望瞭解中國大陸社會的內部情況，常常要去香港採訪從廣東跑過來的難民和移民。[15]而二〇〇〇年代以後，在中國農村或城市進行採訪比以前容易多了，並且可以不受官方監督。那些親歷者還開始用新的方式在網路上發表他們對那段歷史的看法，很多人不能通過出版社正式出版，就自己將回憶錄印製成書籍，再複製、分發，如果他們有足夠的資金就在香港出版。這些回憶錄通常是城市的退休幹部和知識分子寫的，但它們仍然很有價值。

在一九五〇、六〇年代，大部分的農村人還是文盲，對他們來說，口述歷史往往是回憶過去和保存記憶的唯一方式。當然，事件發生幾十年後所做的回憶往往會受到後來的個人經歷、講述方式或者政治局勢變化的影響。我們必須要分析當今的情況對敘述過去的影響，不能將事件與親歷者的經歷和社會身份隔離開來，官方敘事也會影響人們對歷史事件的認識。在毛澤東時代的歷次運動中總要求年長者來「憶苦思甜」，即回憶舊社會的苦難，以讚揚現在的社會主義。一些學者注意到，這些「憶苦思甜」往往被老百姓用於敘述其他事情。[16]但是，如果研究人員過於相信他們能夠從這些敘述中梳理出「隱藏的真相」，那就太天真了。[17]

此外，對於文革的記憶往往是零碎的，並且與當時的派系鬥爭交織在一起。[18]普通老百姓的敘述可以提供一些新的視角，但對突然出現的神秘的「真實歷史」，與很多文字資料中官方視角完全不同，我們也應該保持警惕。研究農村社會的學者過於經常地把本土社會浪漫化為「本真」，而把國家一律看作「外來者」，對於中國的情況我們需要避免這個陷阱。[19]但是，即使考慮到這些限制，我們也不該輕易放棄口述歷史，首先是因為毛澤東時代的親歷者正在逐步減少，其次是因為，一般來說，中國政府限制訪談比限制獲取檔案資料要難。

國家、地方和微觀：不同層面的社會史

社會史可以是國家、地方或微觀層面的，可以是社會群體的狀況，也可以是個人的生活經歷。學者選擇什麼層面來分析取決於他們選擇研究的問題，也取決於獲取資料的情況。十分重要

的是，要認識到地區差異，如各縣、各省大躍進期間饑荒的情況和文化大革命期間造反派的情況有很大差異。工業化對東部沿海較發達的地區和西部貧困地區的影響，在方式和時間上都不一樣。毛澤東時代推行的各項農業運動對南方水稻種植區和北方小麥種植區也有不同影響。不同的社會群體在時間和空間上經歷的變化是不同的。[20]一些學者質疑在國家層面敘述中國歷史的有效性。例如，歷史學家賀蕭（Gail Hershatter）認為，中國的社會主義基本上都具有地方特色：

即使是最規範的國家法令，也得在各種不同地方加以執行，由當地執行人員根據具體情況進行解釋、加工、加注和調整。國家政策的實施在任何地方都取決於當地的地理位置、先前的社會安排和當地的實施人員。[21]

不同地區在政策實施中出現差異不是毛澤東時代的中國所特有。但是，對具體問題的興趣不應妨礙我們對整個社會的分析和研究。賀蕭對陝西農村婦女十多年的研究雖然基於幾個縣的情況，但其研究遠遠超出了這個地區，她將性別和女性日常生活對歷史記憶的影響加以更為廣泛的理論化。研究人員可以通過研究一九五〇年的婚姻法，解釋它如何改變整個中國的家庭和性別結構，以及國家配給制對農民飲食方式的影響，或者那些「臨時工」在文化大革命期間獲取社會福利的情況。這樣的研究需要各種各樣大量的資料，包括一系列中央文件和複雜的統計分析，但這是我們可以勝任的。

在另一個層面，最近的辯論對微觀歷史和草根歷史研究的價值也提出了質疑。微觀歷史研究方法廣泛應用的一個領域是同性戀的歷史，至今我們對毛澤東時代這個問題的發展情況仍然所知甚少。那個年代在中國似乎不存在「公開」的同性戀。有些人認為，這是因為他們完全被壓制了，另一些人則認為是因為整個中國社會那時對同性戀問題都很無知。正如最近的一項研究顯示的，一個工人被指控與其他男性發生性關係（他同時還有其他政治問題），研究這個個案可以看出一個單位如何處理同性戀問題。[22]但是，很顯然，將個案普遍化是不明智的。

由此引出更大的方法論問題是，是否可以用這種微觀歷史的研究來回答「大問題」，例如毛澤東時代國家與社會關係的整體特徵。政治學家裴宜理（Elizabeth Perry）批評使用「垃圾資料」的歷史學家不願將他們的發現與更廣泛的問題及與當代比較相關的問題聯繫起來。她的批評確實十分尖銳：「微觀歷史學家陶醉於用新發現的豐富資源對日常生活進行探尋」。她認為，他們接受了這樣一種分工，即「社會學家探索中國國家及其政策的『制高點』，而歷史學家則在草根社會的垃圾箱中尋找多樣性」。[23]與此相反，周傑榮（Jeremy Brown）和馬修·約翰遜（Matthew Johnson）則認為應該建立一個完整的草根歷史研究領域，致力於研究「省、縣、公社和村級幹部之間，以及普通民眾之間複雜的相互作用」。[24]對於研究對象，還可以增加一些獨特的城市群體，例如市政官員和與他們打交道的工廠或相鄰社區。

一部好的草根歷史應該超越個案的描述和有趣的地方軼事。我認為，基於「垃圾資料」的微觀歷史與對黨和國家「制高點」的研究之間沒有必然矛盾。我的這本書既系統研究中央委員會關於階級成分劃分的決定，同時也分析「垃圾資料」中的個人檔案。這兩組資料之間的差異常常具有啟發性。如果不對中央政策有更深入的瞭解，通常就無法理解地方檔案的記載。

此外，微觀和中央之間有許多層次的社會歷史。公社一級的文件通常會反映縣級以上和村裡各類事件的討論情況，而縣級文書通常是從省級政府下發而來。我在本書中提出，不應將地方歷史與國家歷史對立起來，而是將這段歷史研究建立在多重方法和多樣性資料的基礎之上。

本書結構和內容

本書的每一章都以一個人的故事開頭，作為後面討論的引子，故事均來源於回憶錄或口述史。每一章的最後部分廣泛選取了原始的文書資料，包括檔案、內部報告、個人收集的「垃圾資料」或資料庫。第一章「毛澤東時代的中國社會：分類、等級和分配」，概述了中國社會的一般特徵，以及毛澤東時代最重要的官方分類及其對社會等級和分配結構的影響。以後的章節更詳細探討這些基本問題。第二章「新民主主義與新中國的創建（一九四九至一九五二年）」，重點討論土地改革期間農村秩序的重建以及建國初期如何鎮壓舊的經濟和政治精英。第三章「社會主義改造（一九五三至一九五七年）」，分析了一九五〇年代中期工人、農民、知識分子和勞改犯的情況。第四章「從大躍進到大饑荒（一九五八至一九六一年）」，以婦女解放和開辦公共幼兒園的失敗開始，接著討論農民在大躍進饑荒期間如何為生存而鬥爭，並概述這個災難對人口的影響。第五章「後饑荒年代：從重新調整到社會主義教育運動（一九六二至一九六五年）」討論的主要內容，包括由饑荒帶來的城市人口精簡和一九六〇年代初期的「緊縮政策」所造成的社會衝突，同時探討社會主義教育運動對地方幹部和農民的影響。第六章「造反及其局限：文化大革命初期（一九六六至一九六八年）」，重點轉向學生和工人造反派反對血統論和等級制度。這一章還討論了幹部的不同情況，有些人成為運動的受害者，而另一些人則與造反派站到了同一邊。第七章「遣散與恢復：文化大革命後期（一九六九至一九七六年）」展示了文化大革命對農村社會的影響，並討論了從城市下放到農村的「知識青年」的生活。本章的最後部分從生活水準、經濟增長和社會改革的角度分析了毛澤東時代的成就與失敗。最後一章為「毛時代給改革開放時期留下的遺產和延續」，探討了毛澤東時代的遺產如何繼續影響後來的階級劃分和社會等級設置。最重要的問題是「中國特色資本主義」下的現存階級結構在多大程度上與毛澤東時代的不平等相關聯。

本書嘗試採用多種資料、從多個層次來呈現毛澤東時代的社會史。對於這個複雜而動盪的時代，我努力保持合理的平衡，既認識到中華人民共和國在現代化和改革方面的成就，同時又不忽略大饑荒和政治恐怖——對於中國那些正在悄然老去的親歷者而言，這些仍然是不可磨滅的記憶。

第一章

毛澤東時代的中國社會：分類、等級和分配

鐵飯碗
靠天吃飯
上有政策，下有對策

一九六八年，葉維麗，十八歲，一個在山西貧窮的農村插隊的北京知青。她的父母是中層幹部，兄妹兩個。在她學生時代中國社會強調的是男女平等。他們家有保姆，因為她父母有權享受這個待遇。她在農村插隊時體驗到了另一種男女平等：

在我們生產隊，我是唯一經常下田的女勞力。偶爾會有未婚女青年和我們一起下田……我們剛來的時候，有村民私下問我們有沒有人會嫁給當地人，他們覺得城裡的姑娘不會要很多彩禮。後來知道我們對這個不感興趣，他們就不再理會我們了。[1]

吃的可是跟在城裡太不一樣了，數量上和品質上都跟她習慣的城裡配給制分配的完全不同：

我們每天在知青點吃的是玉米麵餅子、小米粥、鹹菜和胡蘿蔔。開始時因為不夠吃要限量分配。後來糧食不是太大的問題了，但沒有新鮮蔬菜，更不要說肉了。所以，我們每次回北京都要帶好多吃的來，像香腸、麵條之類的。[2]

在農村的日子就這麼延續著，葉維麗開始擔心能不能回城。不過，到了一九七二年，大學終於開始招新生了，這是一九六六年文化大革命開始以後第一次招生。葉維麗作為「工農兵學員」，被推薦進了北京師範大學，回到了城市。成分在她的錄取中起了很大的作用，因為她原出身於中層幹部家庭，現在又加上了「農民」的標籤。一九七六年大學畢業後，她離開中國到美國深造。

葉維麗的故事讓我們看到，等級劃分對瞭解毛澤東時代的中國是何等重要，這個等級劃分包括區別性別、年齡、階級、城鄉。很明顯，這些等級和標識是相互交叉的：比如，同是婦女，但在城市和農村是不同的。葉維麗的經歷也表明，毛澤東時代人們的社會分類未必是一成不變的。在農村，葉維麗不能像城裡人那樣有糧食配給，也不知道能不能回北京，更不要說上大學了。要知道，在一種情況下很重要的身份標籤對另一種情況可能一點作用也沒有。葉維麗的民族屬性在山西就沒有任何作用，因為那裡所有的村民和她一樣都是漢族。

在這一章，我要將毛澤東時代的中國作為一個轉型中的社會來分析。在資本主義社會，社會等級由個人財富和所有權來劃分，而那時的中國則不是這樣，更多是由一系列的官方定位來劃分。而且，如上面所說，最重要的四個劃分標準（階級成分、農業／非農業戶口、性別、民族）從來都是相互關聯的。

一九六〇年代初期之前，幾乎所有中國人都被劃分到以上四個主要的類別中。糧食和其他商品的配給、資訊的獲得、上大學、就業、入黨和參軍都取決於這個複雜的分類系統。本章還要討論官方渠道之外的非正式獲取方式，如偷竊和瞞產私分。最後，我們還要考慮到各種不同的大規模國內人口流動，以及這些與等級劃分制度的關係。

社會轉型

毛澤東時代中國最根本的轉變是從半殖民、落後的國家轉變為社會主義國家。一九四〇年代的兩個勝利決定了這樣一個轉變：一九四五年盟軍戰勝日本和一九四九年共產主義革命在中國的勝利，使中國從全球資本主義體系的邊緣區域中解脫出來，從而中國共產黨能夠致力實現其中心目標之一：在幾十年裡將中國從一個落後的農業國家轉變成現代化的工業化國家。一九五〇年代初期，冷戰的對抗和美國的經濟禁運使中國孤立於西方世界之外。美國決策者阻止中國獲得高科技和軍需品，中國被迫「一邊倒」，努力與蘇聯和東歐社會主義國家建立密切的聯繫。然而，到了一九六〇年代以後，中國擔心蘇聯的威脅，轉而與美國解凍，使人民中國走上了獲得國際承認之路。但這個地理政治背景的改變沒能使中國立即融入資本主義的世界市場。一九六〇年代初期，中國嘗試與蘇聯和東歐社會主義國家創建「社會主義世界市場」的努力失敗了，此後中國採取了自力更生的戰略，游離在全球生產鏈之外，直至一九七八年。

一九五七年前，中國城鎮經濟和人口發展主要以國營經濟為主線。國營和集體企業均實行蘇聯式的計劃經濟體制。從一九五〇年代中期的社會主義改造直至一九八〇年代初期改革開放，國家不許通過私人擁有和剝削工人來積累財富。領導幹部管理國營企業，但他們不擁有所有權，不能將單位的利潤合法地轉為私有。中國不能像資本主義國家那樣雇用和解雇工人，國營企業的工人都有「鐵飯碗」，就是說，他們終身享有工作職位和社會福利。他們的勞動力沒有商品化，所有工作都是國家分配，而不是在勞動市場獲得。[3]雖然也有商品化的短期合同制工人，但是在毛澤東時代的中國這一直是很少見的現象。

相較之下，毛澤東時代的農村最多是半社會主義的狀態。在大躍進期間中國共產黨試圖消滅私有制、取消自然村落，但完全失敗了，因此，一九六一年他們不得不允許人民公社裡存在混合的所有制形式，給農民分配了自留地。除了幾個地區以外，這種做法從來沒有真正受到衝擊，即使在文化大革命高峰時期。實踐證明，進一步對土地和生產資料進行社會化分配是行不通的，家庭仍然是農民生產和消費的主要單位。將社會主義福利制度推廣到農村也是不可行的。總的來說，國家權力的觸角在城市比在農村深入得多。[4]這是中國與蘇聯和東德一個重要的不同，在蘇聯和東德，到了一九七〇年代，全國差不多所有人都被納入了國家的終身福利制度。當時，中國農民占了人口的約八〇%，他們從來沒有擁有過「鐵飯碗」。

馬克思列寧主義與平等

對共產主義抱持批評態度的人往往會說，社會主義國家不是人人平等。他們認為，共產主義是虛偽的犬儒主義，是統治階層用來偽裝其統治的說辭。但這種批評從根本上曲解了馬克思的理論。馬克思和恩格斯本人認為，共產主義不會在任何革命之後立即實現，必須要經過一個「無產階級專政」的過渡時期。這個專政的作用不是要給所有人以平等，而是要創造條件消除生產方式的私有制，通過這樣的方式使工人不再為獲取工資而工作，從而消除階級差別。只有在實現了上述目標後，國家作為階級鬥爭的工具最終才會消失。[5]此外，馬克思還明確指出，在這個過渡階段，應該繼續適用根據工作成績來進行分配的「資產階級法權」分配規則。按需分配是共產主義的分配原則，它不適用於社會主義階段，這一原則的實現取決於生產的極大發展。由於各人所需的不同，即使按需分配也不會是平均分配，而是一種公平合理的分配。

但不論共產主義的創始者怎麼看待平等問題，馬克思和恩格斯從未認定「無產階級專政」要求一黨專制。他們也沒想到，等級制度成了蘇聯式列寧主義共產黨組織的特徵。相反，根據一八七一年巴黎公社的情況，馬克思認為非集權的草根式民主才是無產階級政府的最好模式。[6]中國式的理解，即先進的黨派首先領導革命，勝利後成為享有國家領導權的黨派，這不是馬克思主義的理論，而是一九二〇年代從蘇聯引進的概念。也正是這樣的概念為一九四九年之後中國共產黨幹部的特殊待遇和特權提供了理由。另一個理由是，享受這些特權是對「老幹部」在革命年代所做貢獻和犧牲的一種承認。中國共產黨認為，在完成社會主義向共產主義的過渡之前，階級鬥爭需要先進黨派的領導。

一九五〇年代初，中國共產黨的世界觀深受蘇聯馬克思列寧主義的影響。但是在一九五八年大躍進和後來的文化大革命中，中國對馬克思早年的著作如《哥達綱領批判》和《德意志意識形態》進行了廣泛的討論。馬克思認為，應該消除城鄉差別及腦力勞動與體力勞動的差別。在他設想的共產主義社會，每個人都有權根據自己的需要和能力選擇職業，所以一個人可以早上是一個獵人，中午是一個漁夫，晚上是一個「批評家」。[7]在我看來，由於有這種烏托邦式的想法，「公平的工資」或「公平分配」這類詞在馬克思的學說裡基本上沒有什麼意義。這些概念更多的是出於傳統的社會民主主義和西方福利社會的理念。如果要分析革命政權本身，我們需要放棄這些概念，或至少認識到這些並不一定是馬克思主義原裝的內容。

馬克思的原理，特別是主張消除城鄉差別和腦力與體力勞動差別的理念，在中國共產黨取得政權的第二個十年裡有很大的影響。與蘇聯共產黨不同，中國共產黨對馬克思主義的「烏托邦」部分興趣更大。[8]但是他們忽視了馬克思的警告，即如果在一個落後的生產方式基礎上建立共產主義，只會使革命前社會上人們已有的失望和不滿情緒加深。[9]

與其他國家的革命相比，如一七八九年法國大革命或一九一七年俄國「十月革命」，中國一九四九年革命的特點是有廣泛的民眾參與。[10]這並不是說，這是一場自發的、自下而上的革命。確實，與俄國的十月革命相比，中國在一九四〇年代是有少量自發的工人和農民起義，但中國共產黨是通過與蔣介石領導的國民黨的戰爭（一九四六至一九四九年）在中國北部擴大了權力基礎，換句話說，這個權力是通過軍事占領獲取的。共產黨儘管得到了廣大民眾的支持，但社會主義建設是自上而下進行的。一九四九年以後，工人可能在基層擁有了更多的權力，但共產黨的統治權從來都是以無產階級的名義，而不是由無產階級來行使。工人對生產沒有民主的控制權。

儘管如此，在一九五〇年代和一九六〇年代，黨的領導可以依賴成千上萬的積極分子和底層的「衷心追隨者」。有些學者認為，毛澤東不過是一個憤世嫉俗的人，為自己獲得權力而排除異己。[11]可是，追求權力本身與列寧主義是不矛盾的。列寧主義認為，獲取和維護對國家機器的控制權是實現真正的政治和社會變革的保障。根據這種觀點，讓權力落入「階級敵人」或黨內「修正主義分子」手中必然會導致舊社會的復辟。無論是毛不斷強調的捍衛「無產階級司令部」，還是中國共產黨令人生畏的消滅所認定的敵人的決心，都不能說明毛和他的追隨者不是共產主義事業的忠實信徒。不管毛的最終用意是什麼，沒有任何資料表明毛不相信他公開推崇的共產主義事業。毫無疑問，這個事業從未實現。毛澤東時代的中國遠遠沒有實現平等。然而這並不是說，中國共產黨在毛澤東領導下所做的一切都不過是一場權力遊戲。共產黨當時的政策是有意義的，因此有必要瞭解在實際中如何落實這些政策、共產黨又如何應對這些政策所帶來的後果。

中國等級劃分的交叉性

社會學中常常使用交叉分析的方法（intersectional approaches）。目前所使用的交叉分析理論起源於一九七〇年代。作為少數人群體的女權主義者強烈攻擊主流社會分為「父權制」和「女權制」二元對立的做法。[12]他們認為，這種簡單化的做法忽略了在富裕的白人社區之外女性所面臨的種族和出身歧視，各種形式的不公正與歧視和性別歧視交織在一起。換句話說，性別、種族和階級是交織在一起的，如果不對每個方面單獨加以分析，就不能理解社會等級和劃分。階級成分劃分帶有性別成分，性別問題也有階級性，民族標籤對該民族中的赤貧最為不利。產業工人常常以男性特定的定義作為身份的標誌：強壯的體力、技術技巧。而輕工業則傳統地被看作運用靈巧手工的「女性工作」。從一九八〇年代開始，發展中國家的紡織業、服裝業和電子產業都主要由女性從事。[13]人們常常認為（現在仍然這樣），女性工人比男性工人更容易控制。

在研究中國的交叉性問題時，我不僅考慮到了生產和分配制度，同時還考察了再生產勞動（reproductive labor），它包含了性關係、生育、照顧孩子和家務勞動等。這些得不到社會承認、沒有報酬的工作很大一部分仍然由女性承擔，而這些工作在世界任何國家對維持社會的正常運轉都極為重要。但大部分主流經濟學理論要麼忽視了這種無償的勞動，要麼認為女性關注這些事是自然的，因為從事再生產勞動符合她們的天性。正統的馬克思主義理論也認為照顧性工作是「非生產性勞動」，因為它不能產生剩餘價值。我個人的研究呼應了越來越廣泛的學術認知，即再生產勞動所帶來的看不見的付出不僅屬於性別研究的範疇，而且是更廣範圍的社會經濟問題的一個重要部分。

在資本主義社會，剩餘價值是通過生產資料的所有權、土地和資本的投入，並通過雇傭勞動來提取。在當代社會，國家通過稅收、補貼、投資項目、社會福利、教育等在財富分配中發揮著重要但比較有限的作用。在毛澤東時代的中國，由於私人財富積累受到限制，國家在資源配置上的作用比大多數其他國家更為重要。商品的分配、進入經濟和政治組織的權利、對一些人的政策傾斜（programs of affirmative action）和對社會資本的分配均建立在對人們進行系統化的分類上。

最重要的劃分是能否享受城市福利制度，每個中國人都被貼上「體制內」和「體制外」的標籤。這種劃分主要以城市和農村來劃界：農業戶口屬於「體制外」（見圖1.1）。其中，城市郊區的農民保留著農業戶口，但在一九五〇年代被統計為城市人口。有些城市居民，如臨時工和沒有工作單位的小商販也在「體制外」。按這種辦法劃分，一部分人所得福利特別少：在城市以外，即使是幹部，如果級別在人民公社級以下，也不拿國家工資、不享受國家福利。在城市，工資和商品分配則根據一個非常複雜的等級制度進行。

除了城鄉劃分，每個中國人都有階級、性別和民族的劃分標識。我分別列出如下幾種主要的分類：一、戶口（分農業和非農戶口）；二、「級別」（對城市戶口的另一個劃分）；三、階級成分（綜合本人職業、家庭出身和政治面貌三方面）；四、性別（男或女）；五、民族（漢族還是少數民族）。

需要注意的是，這種階級成分劃分並不一定能反映人們自我認定的身份：比如，中國官方承認的五十五個少數民族中，有些民族的名稱是一九五〇年代創造出來的，與當地人自己的叫法常常關係不是很大。

到一九五〇年代後期，全中國所有人都按上述分類做了劃分，只有一些少數民族地區例外，如西藏，這個進程一直延續到一九六〇年代中期。戶口登記、階級成分和民族屬性都與家庭出身密切相關。民族屬性和家庭出身以父系統計，而戶口則依母系登記。

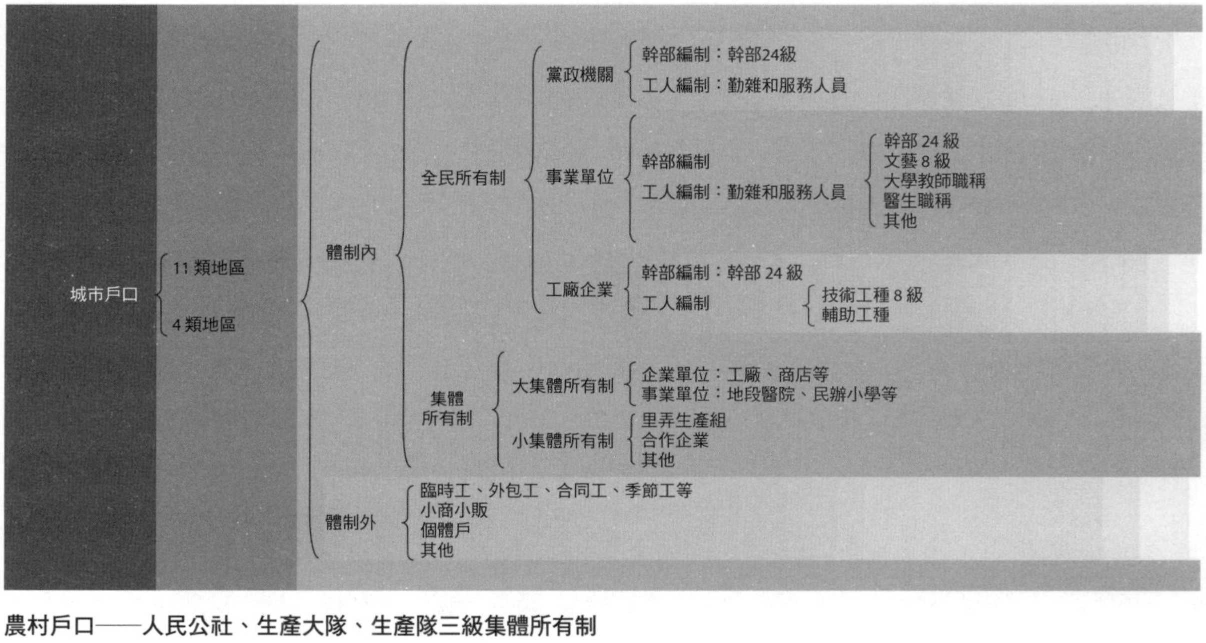

圖 1.1　體制身份等級示意圖（1958-1982）。

資料來源：李遜，《革命造反年代：上海文革運動史稿》（香港：牛津大學出版社，2015）第1卷，第4頁。

城鄉的劃分（戶口登記）

中華人民共和國早期城鄉差別非常大，因此毛澤東時代的中國有時被稱為「二元社會」。[14]截至一九五八年，幾乎所有的漢族人都擁有農業或非農戶口。[15]每個有城市戶口的居民都可以用國家提供的票證，低價買到糧食和生活必需品。絕大部分城裡人都有工作單位，享受社會福利和廉價住房。

這種國家補貼的城市生活之所以可能，是因為剝削了農村的資源。擁有農村戶口的農民得組織起來進行集體化生產，他們被迫將規定自用數量以外的農產品賣給國家，由國家統購統銷並長期低價收購。拿農村戶口的人不享有國家發放的票證、工資和社會福利，他們拿的是工分，用工分換糧食。幾乎每個農民從一九五六年開始都成為農業生產合作社的成員，後來從一九五八年到一九八〇年代初則是人民公社的社員。人民公社下一級是生產大隊，生產大隊都要建立黨支部，生產大隊下面是生產隊，從一九六一年開始由一些農民家庭組成小型生產隊。

毛澤東時代的大部分時間裡，農村的貨幣流通量很小。生產隊的收入主要取決於產量。農村缺乏有效的再分配體制，這就意味著，氣候情況可能對一個地方的收入有很大影響，而且比較發達的地區比窮困地區的農民吃得要好一些。在河南省，農民的主要糧食是紅薯，而在富裕的南方，直到一九八〇年代初期，人們都把它看作「豬食」。此外，由於沒有確定最低糧食標準，農村的糧食分配比國家組織的城市糧食供應更容易受地方人員的操縱。在出現危機時，可能還會有限量分配，但是糧食的品質很差，沒什麼營養。農村給「五保戶」提供福利，包括糧食、衣服、取暖、醫療和喪葬。但這些都依賴集體的扶助，而且只能涉及農村很小一部分人口。除了這些受到保護的群體外，農村社會基本上是自給自足，農民只有在發生嚴重的自然災害時才能從中央政府得到資助。的確有人擺脫了農村戶口：當上國營農場和工廠的工人常常能擁有城市戶口。[16]但是一九六二年之後，從農村進入城市並因此改變身份是非常少的。政府將城裡人送到農村，降低其身份的做法倒是更常見，比如文化大革命期間「知識青年」上山下鄉。

人們常常認為，毛澤東時代的中國最重要的劃分是階級成分，但在基本生活用品和服務如糧食、衣服、住房和醫療方面，成分劃分沒有城鄉劃分那麼重要。城市的供應體制讓在北京的「資本家」比位於中原的省份裡的「貧農」吃得更好，儘管貧農的成分好得多。另外，「二元社會」現象是國內人口流動的主要推動力。國家試圖控制這種流動，尤其是一九六二年之後，把供應與城市合法居住掛起鉤來。農民想要城市戶口只有有限的幾種辦法，一是參軍，一是考大學，還有一個是進入城市工作單位成為固定職工。所有這些都只是極少數農村人可以做到的。因此，很多農村女性的夢想是與一個有城市戶口的人結婚，但是因為小孩的戶口隨母親，所以這種做法的好處被抵消了。

而對絕大部分人來說，做一個農村人就意味著被排斥在社會主義國家福利之外，與村莊和土地捆在一起。毛澤東時代的發展模式主要是以人為的低價，剝削農民和榨取農村的資源來發展城市的重工業。[17]毛澤東時代中國社會最基本的劃分是城鄉，在這個劃分中成分、性別和民族屬性相互交叉。從毛澤東思想者的概念來說，這種劃分是中華人民共和國早期社會主義和半社會主義因素矛盾的表現（見圖1.2）。

雖然事實已證實，城鄉巨大的鴻溝一直存在，但這種做法並不是沒有受到過質疑。儘管很困難，人們總是在想辦法把農村戶口改為城市戶口。有時人們也批評這種偏向城市的分配制度，認為將農村人口排斥在國家福利之外的做法不公平、不合理，特別是在一九五六至一九五七年和文化大革命初期。在這些時

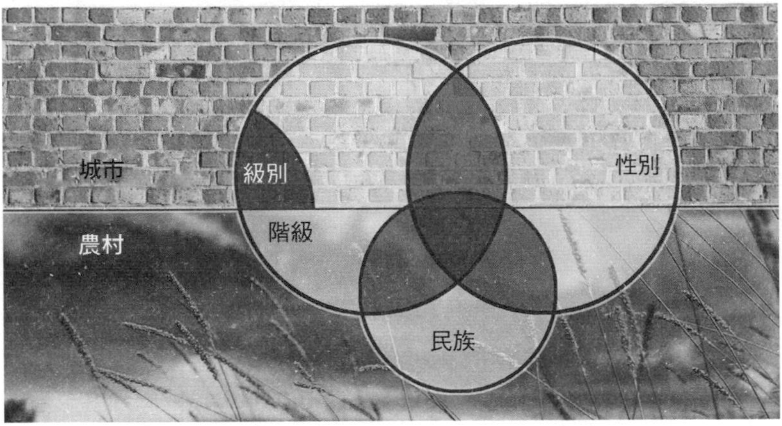

圖 1.2　毛澤東時代中國交叉的等級劃分。

候，黨的領導層得拚命解釋為什麼無法擴大提供「鐵飯碗」的範圍，最後只能對「體制外」的人做出一些讓步。

城市裡級別的劃分

在毛澤東時代，地理位置在消費和分配方面發揮了一個關鍵作用。每個省都有四級行政區劃，從中央或省所管轄的直轄市一直到地區、縣和鎮（見圖1.1）。縣以下的幹部大都從地方而非國家財政領取工資。對縣級及其以上「體制內」的幹部，資源配置還要根據不同地區的情況。全國共分為十一類地區，各區工資因生活費用情況而不同，其中上海最高。

圖1.1顯示了國營與集體所有制企業之間

圖1.3　北京建國門外的外交公寓，1974年。

資料來源：Olli Salmi拍攝。

另一個重要的不同。國營企業的工人比集體企業的工人福利要好得多，工作保障度也高得多。國營機構分為政治性質單位（包括黨政機關）、公共機構（包括教育和文化機構）和工業企業。在這三種單位裡，職員又分為幹部和工人兩類，大學畢業生是技術幹部（譯者注：即非行政幹部）。

在工業企業裡，重工業單位比輕工業單位福利更好，國營企業比集體企業更受重視。在重點重工業企業中，重體力工種的工人比輕體力工種的工人和腦力勞動者如幹部或學生，有更高的糧食定量。[18]這種區別對待的理論依據是馬克思列寧關於生產力的論述，即工業、農業生產之外的勞動（如家務勞動）是非生產性的。而定量的不同也不過是確認體力勞動比其他形式的勞動需要更多的卡路里。一九五五年，幹部被分為三十個級別，其工資和糧食定量也據此分配。[19]當時一級幹部（中國共產黨主席和總理）每月工資為五百六十元。最低級的為服務人員，每月十八元。不少學者認為，中國機關和事業單位人員工資的差距實際上比同期發達的資本主義國家還要高。[20]

除了正式職位以外，任職時間對確定級別也有作用。一九四九年前參加工作、有技術的「老工人」比後來參加工作的人工資高。這甚至適用於同一個單位同齡的工人。如今，「老工人」仍然比其他人享受更多的退休福利。對於幹部來說，何時入黨則是一個關鍵因素。共產黨成立之前入黨的「革命幹部」比一九四九年之後入黨的人承受了更多風險，這種政治上的信任意味著可以忽略他們家庭背景上的缺陷。

如同得到商品和服務一樣，級別也決定著人們對於資訊的獲得。有關敏感問題的消息，如地方上的抗議活動、地下經濟或者其他社會主義國家的發展情況都有選擇地只讓極少數人知道。從屬國家機構的新華社收集資訊編輯成所謂的「內部參考」，僅在高級幹部圈子裡內部傳閱。同樣，也只有高級別的幹部才能看到各種講話和文件的全文，低級幹部看到的毛和其他領導人的講話常常是經過刪減的，而一般老百姓只能看到報紙上的歸納性文章。[21]黨的決策機構——黨中央委員會的指示和文件常常只傳達到縣一級，不傳達到更低級別，基層幹部很少能看到中央文件。在貧困的農村地區，人們幾乎看不到紙張，農民也不大能看到報紙和書籍，農村幹部靠口頭或寫黑板傳達上級指示、搞宣傳。很多國外的專業書籍只是翻譯供「內部使用」。一些西方電影經過「內部審查」後放映給幹部和黨員看，因為他們比一般老百姓更能抵禦「資產階級的影響」，他們得到信任，可以僅僅為了獲取資訊而觀看這些電影。

這個資訊控制體系很有效，但也不是沒有漏洞。幹部的親屬有時也能把「內部書籍」借給朋友看，這就擴大了政府原先所設定的傳播範圍。及時瞭解中央政策的轉向和變化可能會拯救一個人的職業生涯，另外，根據級別來控制的資訊會很快變成謠言和「小道消息」口耳相傳。

階級成分

上面所談的已經表明，一個人的階級成分對於供應系統的作用很有限。但一九四九年之後，階級成分對於進大學、參軍或入黨則重要得多。[22]階級成分劃分開始於農村，是土地改革（一九四七至一九五二年）的一部分，土地改革中階級成分決定了一個人能不能分到土地和家產，或者財產是否被徵收。在城市，國家沒有那麼系統化地劃定成分。

階級成分的系統很複雜，由此產生了三種不同的身份標籤：一九四九年以前家庭經濟情況被稱作「家庭出身」；由個人職業確定「個人成分」；另一個是個人的「政治表現」，它包括對待革命和正在進行的社會主義建設的態度以及處理個人的社會關係。家庭出身不好的人，「劃清界限」、與有問題的親戚斷絕關係很重要。黨員不應跟「地主」及其他成分不好的人交朋友。文化大革命之前，共產黨員和共青團員被看作比一般老百姓政治上更有覺悟、更可靠。共產黨自認是無產階級和中華民族的先鋒力量，在毛澤東時代，黨員在人口中只占很小的一部分。

中國共產黨的領導人從來沒有明確，在劃定一個人的階級成分時如何評估上述三個因素（家庭出身、個人成分和政治表現）。這一點非常重要。在有些農村地區，地方幹部分不清家庭出身和個人成分。在有些地方，「富農」的兒子即使是在土地改革之後出生，也被劃為富農。階級成分本身實際上是經濟和政治因素的混合。在城市裡，最好的成分是「革命幹部」、「革命烈士家屬」和「產業工人」。不好的成分則例如「資本家」、「右派」，更差的是「反革命」。「反革命」又分為「歷史反革命」和「現行反革命」。「歷史反革命」指一個人在一九四九年之前反黨，或者在國民黨政府或日本統治區當過官。沒有歷史問題的人也可能因近期的行為或言論而被認定為現行反革命。一個幹部如果曾在國統區進過監獄並認罪釋放，也被看作是有「歷史問題」。毛澤東時代的各項政治運動給幹部、知識分子和普通百姓都創造了許多新的政治標籤。

在農村，「貧下中農」是黨最可靠的同盟，因為「中農」在農業集體化運動中會失去較多，因而應該團結中農。「富農」「地主」「反革命」和「壞分子」（即罪犯）則是階級敵人，應該加以孤立。這些人總稱為「四類分子」，在各項運動中受到批判，受到人民群眾的監督。幹部常常給他們分配別人不願做的或危險的工作，如打掃糞坑等。

在這種情況下，劃定的成分是否反映實際的社會和經濟現狀並不重要。一個中農是真正的中農，還是根據馬克思列寧主義階級理論劃分的一般農民，都不能改變這一成分劃分給他的日常生活所帶來的影響。階級成分是決定能否參加共青團、入黨、參軍、進國家機關和上大學最重要的因素。那些成分好的人常常引用毛詞彙中的有關說法來爭取好的工作、待遇和職位。[23]成分的劃定成為個人自我奮鬥可以利用的條件。不同階級成分的人要麼接受、適應這個成分，要麼抵制這個劃分。一九四九年以後很多中國人都必須接受這個被建構的「階級」意識的現實。

由於共產黨沒有做出相關解釋，因此，毛澤東時代一個人階級成分的三個因素到底哪個更重要一直在變化中。家庭出身是與生俱來，但在城市，對確定個人政治身份來說，國家分配的工作常常更重要。家庭出身對個人行為的影響有限，還因為出身往往是一成不變的。如果有人覺得家庭出身確定得不合適，他可以請求政府予以更改，但是很少得到批准。更常見的做法是利用政治運動的機會以政治表現來予以改變。因為這個因素是人們自己可以控制的，這對於一個人的前途十分重要。[24]

除了文化大革命前期比較混亂的階段，黨組織總是對進大學、參軍這類事情擁有決定權。同時，在改變成分和評估政治表現時，也需要聽取黨組織的意見。因此，每個中國人都十分依賴黨組織，由於政治風向和衡量個人表現的標準在不斷地變化，每個人都不可能對自己的處境有完全的把握。在文革早期，家庭出身不好的年輕人要求參加文革運動，有的甚至質疑整個階級成分劃分的做法（見第六章）。階級分類存在模糊性，有可能導致衝突，這使黨的領導人在毛時代做出了幾個決定，解釋各種成分和「階級路線」的含義。然而，成分對於日常生活中的重要影響使它仍然是毛時代社會衝突的一個緣由。

性別問題

與很多其他國家一樣，中國把公民分為男性和女性兩大類。官方對如今在西藏邊境地區到尼泊爾所認可的第三性一直是不承認的，如同對待同性戀和其他非兩性身份的態度。總的來說，中國共產黨在同性戀問題上一直與其他更加自由的政治體制有同樣的問題。比如中共開始執政時，蘇聯共產黨再次將同性戀當作犯罪（一九一七年革命後布爾什維克曾短時間內將其合法化）。一九二〇年代世界共產主義工人運動中曾出現對同性戀權利的廣泛支持，但斯大林主義興起之後大部分都被取消了。毛澤東時代的中國沒有宣布同性戀為非法，但是同性戀人群仍然可能受到殘酷的迫害。

人們對毛澤東時代的中國社會同性戀和同性戀身份問題做的研究極少。[25]我們對中國二元性別之外的情況瞭解也特別少：我們認為，在中華人民共和國早期，性別的自我認可只能與社會識別相一致。毛澤東和他的戰友似乎對二元性別之外存在其他性別——或者說同性戀身份問題——毫無概念。

對於中國共產黨的馬克思列寧主義世界觀來說，性別從屬於階級。只有社會主義能夠解放婦女，女性農民和工人應該與她們的「階級弟兄」攜起手來與階級敵人做鬥爭。共產黨批評體力勞動者中的大男子主義，但是他們認為，「資產階級」的女權主義是分裂工人階級的陰謀。共產黨主張實現男女平等，開展「婦女運動」，但是黨的領導人從來不把「女權主義」當作一個褒義詞。

隨著時間的推移，在共產黨領導下，女人和男人的概念也開始變化。中華人民共和國建立以後，男女勞動的再分工仍沿用了傳統思路。黨的領導如周恩來把生兒育女定義為女性的「天職」，黨和社會上大多數人很自然地認為，每一個「正常」人都要結婚生子。有些革命女戰士在抗日戰爭中活躍在游擊戰爭的第一線，革命戰爭年代結束後，很多人覺得她們不知道怎麼做女人了，不知道怎麼回到傳統的家庭生活中去。[26]但這時她們已經不能再回到部隊，因為從一九四〇年代開始人民解放軍已經重組，大部分戰鬥部隊已經不要女性了。[27]

政治上很活躍的女性，常常被迫擔任全國婦聯或者計劃生育等部門的領導職務，但她們不能擔任黨的機構的領導職務。人們認為，這種形式的婦女工作比其他工作政治性低，如同其他群眾組織，婦聯在黨的領導下工作，不能公開與黨的政策不一致。但是，婦女成功地利用了官方機構推動兩性平等，特別是如果女性的要求披上了階級鬥爭的外衣，兩性衝突的問題就不太明顯了。[28]

在某些方面，中國共產黨積極推動婦女事業。特別是在城市，黨組織更注重婦女幹部的作用，這樣黨的影響能進入家庭，特別是涉及敏感問題，如新婚姻法或計劃生育等問題時。黨組織更願意用婦女幹部在地方上做家訪。但進入領導層問題上則不是這麼有利於婦女。在毛澤東時代，從來沒有一個省的黨委書記是女性，國家最有權威的機構中央政治局常委中也沒有過女性。這個時期只有毛澤東的妻子江青在一九七三至一九七六年間擔任過政治局委員。

毛澤東時代女性的一個重要政治作用是成為模範的「革命夫妻」的一半。這些夫妻一般都屬於政治精英，丈夫常常有高級職位，但妻子也為革命和社會主義建設做出過貢獻。最著名的革命夫妻有毛澤東和江青、國家主席劉少奇和王光美、總理周恩來和鄧穎超、國防部長林彪和葉群、紅軍的創建人朱德和康克清、經濟規劃專家李富春和蔡暢。康克清和蔡暢都當過全國婦聯的主席，葉群是中國人民解放軍文革領導小組的成員。在地方上，革命夫妻可能是丈夫擔任黨委書記，妻子擔任地方婦聯的負責人。[29]

一九四九年之後中國共產黨對待「看不見」的家務勞動的態度在兩個極端之間擺動。比如，一九五〇年代中期提倡光榮的「社會主義家庭婦女」，而大躍進期間則要在集體的領導下將「家務勞動社會化」。那麼，毛澤東「婦女能頂半邊天」的名言在實際中意味著什麼呢？在工廠，女性在共產黨領導下似乎有了更多的機會。在「男人能做到的，婦女也能做到」的口號下，女性可以成為鋼鐵工人、機械工或者拖拉機手，這些工作傳統上只有男性才能做。田裡的重體力活兒也不是僅限於男人。婦女也可以參加政治會議。但這個口號似乎只考慮到一個方面。共產黨並沒有同時鼓勵男人去從事家務勞動、織布或照顧小孩和老人。起碼在農村放棄家務勞動社會化之後，黨中央領導明顯更關注動員婦女參加生產，而不是提倡平等分擔家務。我們可以說，正如一些學者所表述的那樣，根據黨的要求，婦女發揮了勞動力後備軍的作用。一九五八年大躍進開始時，成千上萬的婦女進了工廠，而一九六一年經濟發展需要減少工人數量的時候又再被裁減掉。文化大革命期間，黨動員女性在農業部門進入從事重體力活兒的「鐵姑娘」隊，開展這個著名的運動部分是因為這些部門缺乏男勞力。[30]

如同毛澤東時代中國的很多問題一樣，男女分工在農村和城市是不同的。在城市，家務勞動社會化的程度比農村高得多，國營企業有食堂、托兒所和幼兒園。總的來說實現了男女「同工同酬」，但婦女更多集結在集體企業，工作不是太好，也沒有太多保障。

在農村，照顧性的工作大都由婦女承擔，且以家庭為單位。一九四九年之前，陝西和許多其他省份，農村婦女靠織布來掙錢，但是國家在一九五〇年代之後實行棉花統購統銷，她們的市場就消失了。共產黨認為家庭織布不是一種體力勞動，而是一種更廉價的家務。而棉花又長期短缺，就是說農村婦女都做不出足夠的衣服給家人穿，更不要說在市場上出售了。婦女常常晚上在昏暗的燈光下織布，[31]因為白天要在田裡幹活。在農村，男女不能像城市那樣獲得平等報酬。成年婦女一般一天掙七到八個工分，男勞力則一天掙十個工分，理由是男勞力體力更強。

在農村，家庭不僅是消費單位，也是生產單位，理解這一點很重要。一九六二年之後開始出現半社會主義，允許每個家庭保有自留地。雖然自留地上的收成不能在市場合法銷售，但自留地對維持家庭生活很重要。自留地上的收成好壞和在生產隊掙工分的情況都取決於家裡壯勞力、小孩和老人的比例。所以，家庭結構，特別是年齡和性別的比例，對家庭收入以及對生產隊的依賴程度有很大的影響。[32]因此，年輕婦女和年紀大的婦女對人民共和國早期社會轉變有著不同的體驗。隨著婦女參加家庭以外的體力勞動和政治活動，以前那種年長的婦女對年輕婦女的控制減弱了。在中國傳統中，倒楣的兒媳婦常常受婆婆的氣，在毛澤東時代婆婆們的權勢被削弱了。

民族問題

如同性別問題一樣，共產黨認為民族問題從屬於階級和階級鬥爭。毛澤東在馬克思列寧主義理論的基礎上，多次強調，民族問題歸根究柢是階級問題。因此「舊社會」的大漢族主義和地方民族主義都是統治階級分裂勞動人民的手段。受迫害的少數民族只能和漢族工人和農民聯合起來才能獲得解放。社會主義是改善他們生活條件的通道，將來在共產主義社會，民族和民族國家最終都會消失。

國民黨認為中華民族由五大族群（漢、滿、藏、蒙、回）組成，共產黨不贊同這個概念，中華人民共和國成立時就認定是一個多民族國家。他們關於民族和地方自治的概念大都來自蘇聯，但也有一些方面不同於蘇聯。在蘇聯，俄羅斯人不到五〇%，但在中國，漢族占了九〇%以上。中國沒有在少數民族地區建立加盟共和國和黨的少數民族分支機構。與蘇聯不同，中國的憲法保障了地方自治，但否定了宣布獨立的民族自決權。這種對自治權的剋減可能與非漢族地

地圖1.1　中國主要少數民族分布。

區的戰略地位有關，這些地區占全國面積三分之一以上，且與印度、緬甸、越南、俄羅斯以及北朝鮮等接壤。

如今人們很自然地認為，中國人由漢族和其他五十五個少數民族組成。但少數民族的出現其實是幾十年之前通過複雜的程序形成的。中華人民共和國從一九五〇年代前半期開始進行民族識別。比較大的民族，如漢、藏、蒙，他們的民族身份很容易確定，但對於多個少數民族聚集的邊遠地區，如南部的雲南和廣西，政府決定派出民族志學者和幹部去確定識別的標準。這是確定地方自治和進入全國人民代表大會的代表數量必須有的第一步。民族識別工作從一九五〇年代早期一直延續到一九六四年。到了一九五三年，政府確認了三十八個「少數民族」，到一九六四年又增加了十五個。在此之後，只有兩個少數民族得到了認定。[33]

一九五四年時這項工作進行得很倉卒。當時的實務表明，很難嚴格遵守蘇聯的民族識別標準（共同的語言、領土、經濟生活和共同的心理構成，但排除了部落社區）。所以中國的調查隊更多是用語言來識別民族，特別是在中國的西部地區。[34]

與階級成分和城鄉劃分不同，性別和民族識別沒有造成什麼衝突。但的確有些民族族群因識別不太合適而導致不滿：比如一些被劃定為「藏族」的人自認為是蒙古族，最大的少數民族壯族則是一個大雜燴，是很多自認不同群體的混合。[35]一九七九年，國家認可了最後一個少數民族，即雲南的基諾族，當時還對民族識別做了小的調整。一九八〇年代初期，國家在西部各省對少數民族族群進行了一系列調查，旨在更精確的識別、更好地區別較小的少數民族，如侗族和苗族，土家族和滿族（詳見第八章）。[36]

中國的民族識別基於一個概念，即每個人只屬於一個特定的民族。在中國，如果父母是不同民族，他們的孩子不可能登記為雙重民族，如「漢藏」，也不能只登記為「中國人」（這與南斯拉夫不同，在那裡，人們可以自稱為克羅埃西亞人或者塞爾維亞人，但登記時僅寫「南斯拉夫」）。從一九五〇年代開始，這種民族識別為進高校和培養民族幹部的平權行動奠定基礎。共產黨認為，國民黨歧視少數民族，解放後漢族需要幫助這些少數民族「兄弟姐妹」發展。

大多數少數民族居住在貧窮的西部農村，他們大部分是農民和牧民。絕大部分在國家資助的城市經濟體系之外。而且，共產黨認為少數民族總的來說比漢族「落後」。根據歷史唯物主義理論，人類歷史通過幾個階段來發展：原始的奴隸社會、封建社會、資本主義社會、社會主義社會。共產黨認為，少數民族大多數仍然處於奴隸社會或封建社會，而漢族在一九四九年以前已經進入了「半封建」社會。

這種落後意味著少數民族地區需要更多的時間來實現黨所要求的社會改造。在西藏和內蒙，共產黨在一九五〇年代初期與當地的「愛國」上層建立了統一戰線，推遲了階級劃分工作。國家一直支持少數民族的文化和宗教事業。但是後來改變了一九五〇年代初期這種比較容忍和漸進的做法，大躍進和文化大革命時期的政策同化性較強。對少數民族上層的統一戰線工作也為階級鬥爭的新任務所取代。在語言政策方面，政府從一九五〇年代開始支持在一些只有口語的少數民族社區創建書面語言。用已有的文字和表達創建更適合於現代化生活和共產黨意識形態的語言，藏語就是記錄下來的一個最好例子。這種改革的特性是自上而下，少數民族地區的大多數幹部是來自其他地區的漢族人。總的來說，這些國家的代表在來這裡之前不會說也聽不懂當地語言，有些人根本也不想學。

雖然五十六個得到承認的民族名義上具有平等的地位，但在實際中存在著漢族和少數民族的不平等。[37]對於少數民族來說，民族標識在與國家的關係中有重要作用，而對於漢族來說，其重要性僅僅在於區別於其他少數民族。漢族在人民代表大會中沒有特別代表，但黨和國家的領導人幾乎全是漢族，這是很自然的事，他們能夠代表全中國的利益，而且可以領導少數民族的「自治」地區。從來沒有一個藏族人擔任過西藏自治區黨委第一書記，新疆自治區有一個維吾爾族賽福鼎·艾則孜擔任過區黨委第一書記。共產黨努力推動少數民族幹部的教育，但是只有很少的幾個受到信任，擔任了領導職務，如蒙古族的烏蘭夫（蒙古語為烏蘭胡）一九二五年就加入了共產黨（擔任過國務院副總理和中共中央政治局候補委員）。

沒有人就毛澤東時代民族問題、階級成分與性別問題如何相互作用做過研究。但實際上這幾個問題肯定有交叉。比如說在西藏，共產黨用「婦女解放」作為推動階級鬥爭的口號。一九五〇年代，地位很低且貧窮的農村婦女被送到國家農場工作，成為國家建設新西藏項目的一部分。[38]同時在官方的新聞和電影裡，少數民族婦女穿著五顏六色的民族服裝、帶有異國情調的形象已經深入人心。在我看來，國家和漢族人都主要從種族角度來看待少數民族問題，但性別和階級成分問題顯然不應忽視。

劃分、檔案與登記

為所有人進行劃分對國家來說是個浩大的工程。在人民共和國早期，每個家庭都有一個戶口本，但直到改革時期的一九八四年之後才開始發放身份證。另一個最常用的身份證件護照則只是發給能夠出國旅行的很少人，如外交官、留學生或出國參加會議的人。每一次出國都要得到工作單位甚至更高一級政府部門的批准。

對於「體制內」的人來說，每個單位的人都有個人檔案。進入一個單位，不論是黨的機構還是群眾性機構，人們都得填一個表格，內容包括家庭出身、個人成分、性別、民族等等，單位可以將此與官方的記錄進行對照。提供虛假情況，比如發現了一個「漏網的地主」，會有嚴重的後果。檔案內容包括上級或黨支部書記對此人政治表現的評估，還包括有關「歷史問題」的檔案，對黨員還另有一個個人檔案。

在各項政治運動中，人們常常要查檔案來挖掘暗藏的敵人。但個人無權閱覽自己的檔案，因此也不可能知道領導是怎麼評價自己的。在文化大革命早期，衝突的一個主要原因是爭奪對個人檔案的控制。紅衛兵控制幹部檔案，查找「黑材料」以便對他們進行攻擊。一些受到迫害的紅衛兵要求刪除對他們不利的檔案。

一九六三年之前，普通農民沒有個人檔案。但在社會主義教育運動中，黨中央開始給農戶設立階級成分的檔案。[39]有的檔案寫上戶主的階級成分，但總的來說是以家庭，而不是個人為單位。在農村建立檔案主要是為了方便重新審查對階級成分的劃定，同時也為了記載個人在政治運動的表現，包括受到的獎懲。附件1.1就是一個很好的例子。這是一九六六年一個家庭的階級成分登記表，登記明確區分了個人成分和家庭出身，戶主和他妻子的家庭出身分別是中農和貧農，但兩個人的個人成分都是城市貧民。登記中還記載了他們的個人歷史，這也提出了一個問題，即在有這麼多證據的情況下怎麼還會錯劃了個人成分：這家的戶主王銀全於一九六三年前在幾個城市賣醋，他的妻子和孩子在家務農。但是，一九六六年建立這個檔案時，王銀全已經退休回鄉了，城市貧民是他以前的成分，但不是當下的成分。

王銀全過去小商販的歷史可能讓人產生懷疑，但他的政治表現還不錯。他的兒子王雙寶是共青團員，服過兵役，文化程度是初中畢業。兒子成分好像也劃分得很不認真，登記上只說他是個學生，沒有寫「當前職業」是個軍人。他的家庭出身是「中農」，很明顯這是從他爺爺那兒一直繼承下來的，不符合家庭出身應該從父親那兒繼承的規定（他父親的成分是城市貧民）。這個登記表明，地方上經手的人常常沒有根據中央的標準行事。在農村建立階級成分檔案也沒有得到普遍的執行，很多普通的農村人沒有檔案，至少沒有階級成分檔案。但在很多村裡，由於家庭關係很密切，而且一九六二年之後很少有人口的流動，所以誰在土改中劃了壞成分是家喻戶曉的事。

非正規的分配渠道

劃定身份並據此提供配給是毛澤東時代經濟制度的重要部分。不過這個制度有個無法解決的嚴重問題：它滿足不了人們的生活需求。在一九五九至一九六一年的大饑荒中，農村人生存都得不到保障。大多數人，特別是農民，通過慘痛的方式學會了不依靠國家來生存。

在城市，除了饑荒時期，老百姓的基本需求都能有保障。但是如果有人需要基本生活用品以外的東西，他就得自己想辦法。在德意志民主共和國（東德），人們把這種繞過制度的方式譏諷為「社會主義方式」。雖然在所有社會中，人際關係對商品分配和工作都有一定的作用，但是在社會主義國家，人們在利用非正式渠道分配公共產品方面具有特別的技巧。因為人們不能公開表達個人要求，也不能公開對制度進行批評，所以往往在私下利用這種非正式分配渠道。如中國人所說的「上有政策，下有對策」。

在農村，一九五〇年代中期農業合作化一開始就普遍出現了偷竊和「瞞產私分」現象。在大饑荒時期，很多農民「吃青」，即靠吃地裡沒長熟的糧食活下去。這種做法和其他瞞產、瞞地的做法一般都要生產隊幹部幫襯。而這些幹部不拿國家工資，往往在村裡都有親戚，很容易成為村民的同盟。中國學者高王凌稱其為「反行為」，就是說，這不是反抗國家，而是迫於生存需要，[40]至少從農民的角度來看就是這樣，但是偷竊和瞞產私分確實影響了國家政策的制定，減少了可供應城市和用於出口的糧食。

農民可以通過「盲流」進入城市的分配系統。一九六一年以前還比較容易，但後來的年代裡戶籍登記比較嚴格，「盲流」變得十分困難。在城市裡，工人沒有什麼理由去偷竊或盲流，因工資問題舉行大規模的罷工只在一九五八年以前和文化大革命初期發生過。但很多工人和農民都以怠工的方式來減少幹部要求的工作量。在東歐社會主義國家，人們說政府「假裝給我們付工資，我們也假裝在工作」。中國類似的做法是磨洋工，即「假裝在工作」。特別常見的做法是上班時間去商店買東西，因為買東西常常要排很長的隊。

那時還有一個常見的做法是「走後門」。這是裙帶關係的一種。人們會利用自己和官員的私人關係來得到食物或工作。在一九五九年大躍進期間，供應短缺，有人就利用這種方法得到緊缺食物。單位也可以「走後門」，利用關係來得到完成生產任務所需要的材料。[41]文化大革命期間，「下鄉知青」也用同樣的方法離開農村參軍或者上大學（詳見第七章）。黨中央多次批評這種現象，擔心社會主義正義和公平分配的形象受到破壞。但因為資源的匱乏，加上幹部漠視規章制度、利用權力，因此「走後門」的現象從未得到杜絕。

這些現象對官方權威有什麼影響呢？我們沒有理由以什麼「弱者的武器」來美化各種形式的非正式分配。[42]其實不僅是弱者利用這種方式得到他們無權得到的食物，強者也一樣。而且，是黨的幹部而不是一般農民最具欺騙國家的條件。如我們所看到的，這些幹部絕大多數是男性、是漢族。最有權力、最資深的是一九四九年前「參加革命」的老幹部。那時不像現在，幹部不能將幾百萬美元轉到國外的帳戶上，但在毛時代的反腐運動中，檔案記載了幹部通過欺騙和非法活動攫取食物和資金，令人怵目驚心。在大饑荒期間，很多農村幹部在別人餓死的情況下，用小灶食堂保證自己吃得很好。那些沒有黨的保護傘的人，如果有親戚在公共食堂工作也就餓不死。

一個學者根據安徽省的案例認為，大饑荒期間在農村能不能活下去常常取決於親戚關係網。[43]有人認為，關係和人情往來讓一般老百姓能通過非正式渠道得到物品。另外一些學者則認為，有權勢的人最能從這個體制獲益。[44]但如果要就此問題得出確切的結論，我們還要做更多的研究。

國內人口流動的作用

國內人口流動在毛澤東時代對社會地位上行和下行的變動，以及地域的重分發揮了關鍵作用。下面我們會看到，國家組織的和自發的人口流動常常與國家的分類相關（戶籍登記、階級成分、性別和民族）。毛時代最緊迫的一個問題是誰能待在城市享受「鐵飯碗」。比如，一九五〇年代初期大批軍人復員，很多老兵希望留在城裡。中央政府堅持讓他們回老家，這讓他們非常不滿，很多人問，他們為國家做出犧牲，為什麼不能享受更好的待遇。有的老兵乾脆不經許可搬到城市（「盲流」），還有的人公開抗議。[45]

國內人口流動的主要目的地是內蒙、新疆、寧夏、青海和黑龍江等北部省份。一九五二至一九八二年間，這些地區有的地方人口增長了一倍，大大超過同一時期其他地區，其他地區則只增長了五〇％。大多數這種流動都是漢族人去了少數民族自治區域。[46]政府促成了這種流動，以「開發」不發達的邊遠地區，並對邊遠地區建立控制：在新疆和西藏這兩個特別麻煩的地區，他們以設立軍墾農場來鼓勵移民。

有的漢族人自願移民到邊疆地區，或出於愛國情懷或因貧困不堪。而戰士和幹部則可能是接到命令去的。這些人絕大部分是男性、來自部隊，政府同時從中國內地組織漢族婦女「支援」他們，與他們組成家庭。罪犯和階級敵人也被發配到大西北：根據官方資料，一九五〇年代，全國各地共有十二萬三千兩百多個「罪犯」被送到新疆的勞改營和勞改農場。[47]

與一九三〇年代和一九四〇年代斯大林時期的蘇聯相比，中國沒有強迫「不可信任」的少數民族離開邊境地區、遷到內地。中國也沒有像世界其他一些地區那樣進行種族清洗。在有些地區如新疆，政府的政策似乎是保證漢族人數能超過少數民族（見第二章）。比如，一九五八到一九六八年間，內蒙的漢族與蒙古族人的比例從六比一變成十二比一。[48]

毛澤東時代第一個重要的人口遷徙是迅速增加的從農村到城市的人口流動。從一九四九到一九六〇年，大批的農村人湧入城市進入新開的工廠。最早國家組織的移民是隨著解放軍的南進，將幹部從北方的「老區」「南下」。目標是在「新解放區」建立控制，因為那些地區積極分子和黨員都很少。根據不完全統計，十三萬幹部南下，四十萬家屬隨軍前往。[49]他們常常因語言不通很難與當地農民交流。一九五二至一九五八年之間，三十七萬九千名主要是來自山東的移民到黑龍江北部地方開荒種地或進工廠工作。中華人民共和國建立的最初三十年，五百六十八萬人為了大型的水庫工程和水力發電站工程等基礎建設新專案而搬遷。[50]

大躍進還造成一九五八年大規模的農村人口湧入城市。部分原因是沒有得到控制，這是中央政府不希望見到的，部分是因為城市的工作單位為了實現過於雄心勃勃的生產目標而招納工人。在大饑荒時期，幾百萬人試圖逃到災情較輕的地區，有的去了鄰近的省份或區縣，有的去了新疆或東北。大饑荒後，政府為了穩定經濟和分配制度，在一九六〇年年末至一九六三年之間將兩千六百萬人從城鎮送往農村。[51]一九六三至一九七〇年代初期，幾百萬工人帶著設備、原料和工廠從中國的東部沿海轉移到西部地區，搞所謂的「三線」建設，為了在沿海城市遭到襲擊時減少工業損失。一九六六年文化大革命早期，成千上萬成分不好的人被迫從城市遣返回農村。紅衛兵在公安部門的支持下組織了這些遣返，以清除城市的「非無產階級因素」。根據官方統計，一九六六年七月至十月間，全國各地有三十九萬七千四百個「牛鬼蛇神」從城市遣返到農村。[52]從一九六八年年末開始，政府加強了將「城市青年」下放到農村的方案。在整個文化大革命期間，一千六百萬人以這種方式「下放」到了農村。[53]

這些數字表明，將毛澤東時代中國的人口看作處於靜止狀態是錯誤的。但中國國內人口流動的原因更多的是國家政策而非經濟原因。國家推動這些人口流動的動機、老百姓對這些政策的反應構成了毛澤東時代中國歷史的重要部分。後面的章節將更加詳細的討論這些問題和其他社會變革、身份劃分和由此帶來的衝突。

附件1.1　階級成分登記表（1966年）
山西省忻縣，董村公社定興莊大隊第一生產隊

<table>
<tr><td>戶主姓名</td><td>性別</td><td>男</td><td>家庭出身</td><td>中農</td><td rowspan="3">家庭人口</td><td>在家人口</td><td>3</td></tr>
<tr><td rowspan="2">王銀全</td><td>年齡</td><td>63</td><td rowspan="2">個人成分</td><td rowspan="2">城市貧民</td><td rowspan="2">在外人口</td><td rowspan="2">1</td></tr>
<tr><td>民族</td><td>漢</td></tr>
<tr><td rowspan="3">家庭經濟狀況</td><td>土改時</td><td colspan="6">該戶在土改前，在豐鎮做醋，生活無法維持，所以在土改以後（48、49年）陸續回家。回家後，老人給了三間房子、八畝地以度時光。</td></tr>
<tr><td>高級社時</td><td colspan="6">高級社時有地八畝、房屋三間，其他均無。</td></tr>
<tr><td>現在</td><td colspan="6">現在有房三間、八分自留地，其他均無。</td></tr>
<tr><td>家庭主要社會關係及其政治面貌</td><td colspan="7">王農全：三弟，一隊社員
王潤全：二弟，二隊社員
王改篆：姐姐，董村</td></tr>
<tr><td>家庭歷史</td><td colspan="7">爺爺一生務農（為自己與別人勞動）。
約在1913年（10歲）父親去世以後，那時參加農業勞動。到1921年（18歲）去內蒙豐鎮做醋。在1943年因行業不好，生活依靠賣財產（做醋用具）而活，直到1948年因無法養活而回家。在豐鎮做醋（1943年前）為自做自賣。1951年又相繼在太原市、河南開封三門峽做醋，直到1963年退休回家。這期間，妻與孩子一律在家生活。從1963年到現在全家在公社生活。</td></tr>
<tr><td>加注</td><td colspan="7"></td></tr>
</table>

簽名：陳填寫於1966年5月。

附件1.1（續）
家庭成員簡況

姓名	王銀全	孫花	王雙寶
與戶主關係	戶主	妻子	兒子
性別	男	女	男
年齡	63	52	22
民族	漢	漢	漢
家庭出身	中農	貧農	中農
個人成分	城市貧民	城市貧民	學生
文化程度	高小	不識字	初中畢業
宗教信仰	無	無	無
是否社員	是	是	否
現在職業及職務	社員	社員	軍人
參加過什麼革命組織	無	無	共青團員
參加過什麼反動組織	無	無	無
受過何種獎懲與處分	解放後做醋受過獎勵	無	五好戰士
主要經歷和主要政治表現	本人在18歲就外出做醋到45歲。47歲到60歲又做醋。政治表現很進步。	1933年結婚、隨夫做醋。1949年回家務農。政治表現進步。	

資料來源：作者收集於「垃圾資料」。

第二章

新民主主義與新中國的創建（一九四九至一九五二年）

中國人民站起來了
打土豪分田地
抗美援朝，保家衛國

一九四七年，劉煉，學生，二十二歲，在共產黨占領的河北省參加了土地改革運動。她在那兒遇到了何幹之教授（一九〇六至一九六九年），何教授是北方聯合大學的一個系主任。那時他已經寫了好幾本廣受讚譽的關於一九一一年之後中國革命史著作了，是中國共產黨最重要的歷史學家之一。何教授和劉煉走得越來越近，一九四九年劉入了黨，一九五〇年他們經黨組織批准結婚了。這個婚姻和其帶來的政治問題主宰了她後來幾十年的生活。

劉煉在一九九八年出版的回憶錄記載了她在土改期間的經歷。當工作組的幹部和積極分子進入一個村子時，村裡的人幾乎都跑光了。國民黨散布謠言，說共產黨主張混亂的兩性關係，強徵婦女為軍人服務，土改隊得說服農民回到村裡來。劉的回憶錄說，九〇％的當地人是「貧下中農」和「雇農」，這些人平均每戶只有不到一畝地。地主十七畝地，富農大約五畝，而一個家庭需要兩畝地來養活全家，並可稍有結餘。

隨著土改的進行，積極分子鼓勵農民在鬥爭大會上「訴苦」。有一個叫任老朝的「惡霸」，他的地已經交出去了，一個婦女指控他強姦她的女兒，女兒事後自殺了。當她向眾人出示女兒自盡後留下的一束頭髮時，群情激憤，場上響起了「打到任老朝！」「槍斃任老朝！」的口號聲。一個農民抄起一根帶釘子的木棍要打死「惡霸」，被民兵阻止了。最後達成了妥協：不許毆打，但人民法院判他死刑，並立即執行。劉在回憶錄中描述了當時的心情：「這是我生平第一次看到槍決罪犯的現場，心『怦怦』直跳，雖然有些害怕，但更多的是激動和興奮……共產黨在為民除害，大快人心。」[1]

劉的回憶錄中說，她丈夫開始反對土改中一些極端的做法——官方稱之為「左傾錯誤」。當工作組的幹部毆打一個十六歲的「地主」的女兒時，他出來干預了。他還在給黨領導的一個報告中批評將很多「中農」錯劃為「富農」的做法。

這些做法後來給他帶來了麻煩。二十年後，一九六七年在文化大革命中，紅衛兵批判他推行「富農路線」。那時，何教授和劉煉都在北京著名的中國人民大學教書。她十分氣憤地說，像何教授和她這樣的老黨員在文化大革命中的鬥爭會上，也像土改中的地主一樣被批鬥。學生用皮帶抽打她，把她在一個教室裡關了幾個月。何教授則接受了兩年「群眾專政」（受到鄰居和同事的監控）。他一九六九年因心臟病去世，留下劉煉和一個年幼的孩子。直到一九七九年，大學才給劉煉完全平反，並將丈夫的手稿和個人物品返還給了劉煉，其中包括毛主席一九三九年寫給他的親筆信。

劉煉生前最後的工作是教學和整理她丈夫的專著。在二〇〇二年對她進行的兩次採訪時，她說，儘管黨犯過大躍進和文革這樣的「左傾錯誤」，她始終是一個忠誠的共產黨員，一直捍衛黨的路線。[2]她與何教授的婚姻是革命伴侶的好榜樣。何教授作為著名的黨史學家發揮了更大的作用，但毫無疑問，劉煉自己也是意志堅定的黨的積極分子。

瞭解人民共和國早期的情況對理解後來的發展十分重要。新中國建立了「新民主主義」或叫「人民民主」國家，它奠基於廣泛的階級聯盟之上。新民主主義革命官方的目標是消除中國社會的「半封建」結構，結束外國帝國主義列強所強加的半殖民主義。土地改革是新中國成立初期最為激進的政治運動。土改徹底摧毀了農村傳統的精英，即「半封建地主」。共產黨繼續將農民從被剝削和欺壓中解放出來，並以此來證實革命必須具有長期性和暴力性。進行土地改革、控制通貨膨脹、實現經濟恢復使很多中國人對新的制度持歡迎態度。

西方和中國的學者都將一九四九至一九五六年描述為黨和老百姓關係的「蜜月期」。[3]但是在這個階段也發生了中華人民共和國歷史上最嚴重的大清洗之一，即鎮壓反革命運動（一九五一至一九五三年）。黨中央還發動了三反運動來減少幹部的腐敗，商界也受到了攻擊。本章要分析這些運動，還要談談毛澤東時代另一個重要的里程碑：新婚姻法。共產黨希望通過該項法律來結束對婦女「封建式」的壓迫。本章還要討論政府重新整合新疆和西藏的戰略——漢族移民和與當地少數民族精英的統一戰線。中國共產黨將統一國家當作新民主主義革命的任務。

我們不該忘記，在一九五〇年代初期，中國還沒有實現和平。國民黨在大陸被打敗了，但在臺灣的國民黨政府一直在談論反攻大陸、趕走共產黨。在西南地區，人民解放軍用了好幾年時間來應對反共的武裝「土匪」。從一九五〇年十月到一九五三年，中國捲入了朝鮮戰爭，在這個階段，美國和蘇聯的冷戰經常出現轉為熱戰的可能。

新民主主義的概念

西方讀者所熟悉的自由民主主義，其重點是法制和一人一票的選舉制度，毛澤東的新民主主義與它沒有什麼相似性。一個比較大的區別是毛澤東的新民主主義缺乏正式、獨立的國家機制，一九四九年之後，建立這樣的機制不是政府的優先事項。一九五四年第一個憲法頒布之前的五年裡，共產黨執政唯一的正式規章是「中國人民政治協商會議共同綱領」，而在剛開始的兩年全國都是由各大區軍委領導。新中國廢除了國民黨時期的刑法，但新刑法直到一九七九年才正式頒布。

在毛澤東時代，黨和國家沒有明確的區分。雖有法律法規出爐，但仍主要依據黨中央、國務院和中央人民政府宣布的決定和規定行事。根據一九五四年憲法建立的人民代表大會是全國的議會，但從來不是經直接選舉產生。所有的國家機構都在黨的領導下。一九五九年之前毛澤東既是黨的主席又是國家主席，劉少奇和周恩來——毛在黨內最資深的兩個副手——分別是人民代表大會常務委員會的主席和國務院總理。

對中國共產黨來說，「民主」一詞意味著在共產黨的領導下結成廣泛的聯盟，從舊勢力手中奪取權力，以進行民主革命，將國家交到人民群眾的手上。早在一九三〇年代，毛澤東就向共產國際表示，帝國主義列強阻礙了中國資本主義的發展，使中國的資產階級過於孱弱，不能領導類似於西歐國家上個世紀出現的民主化變革。這使得中國共產黨領導的工人階級成為將中國從封建主義、帝國主義和官僚資本主義的壓迫下解放出來的唯一力量。官僚資本主義原來指的是與一九一一年革命前的清王朝有著密切聯繫的資本家，但是隨著一九二七年共產黨和國民黨聯合陣線的破裂，共產黨開始將官僚資本主義這個詞用於與國民黨官僚有關聯的資產階級的利益。

新民主主義要建立在工人、農民、小資產階級和民族資本家聯盟的基礎上。這種主張反映在中華人民共和國的國旗上，一顆大的星代表中國共產黨，四顆小星代表參與聯盟的各階層。對毛澤東來說，中國新民主主義革命與過去的革命不同（例如法國一七八九年革命），因為這是全世界共產主義革命的一部分，並且得到後者的支持。[4]

建立所謂的聯合共產主義運動之外的各種「愛國」政治力量的統一戰線，包括民族資本家、舊知識分子和少數民族精英，推動了新民主主義。這個戰線也包括聲明反對帝國主義、歡迎新的政治制度的宗教領導人。共產黨允許幾個其他政黨在統一戰線的旗幟下派代表參加人民代表大會。但是從一開始就很明確，這不是其他黨派與共產黨平行的聯盟，共產黨是「領導力量」，具有絕對的權威。

從某種角度來說，新民主主義或人民民主主義是個比較包容的概念。它肯定比「無產階級專政」更具包容性，一九五〇年代後期被無產階級專政所取代，因為共產黨試圖要通過「社會主義改造」消除土地和生產資料的私有制。然而「人民」並不包括所有人，「人民的敵人」就是人民之外的，其所處位置比較危險。一九四六年六月毛澤東在〈論人民民主專政〉的文章中把人民定義為四大聯合的階級，階級敵人分為三類（地主階級、官僚資產階級和反革命），革命要成功必須對這些階級敵人進行專政。毛認為，對階級敵人的專政需要通過國家機器來進行，只有工人階級和其同盟可以享受民主自由和公民權利。[5] 但在新中國初期，共產黨採取了一個稍微不同的做法，他們尋求和一些資本家合作，來幫助企業運轉、管理市政或進行外貿。將「民族資產階級」和「官僚資產階級」區別對待，前者受到同情而後者被鄙棄，共產黨選擇有用的「好」資本家，讓他們發揮所長。儘管一些資本家在共產黨掌權之後逃離了中國，但由於共產黨實行了對民族資本家的寬容政策，一些資本家響應政府號召留在中國或從國外回到中國。[6] 雖然共產黨最初對資產階級有些依賴，但這並不意味著資產階級作為一個階級可以以任何方式挑戰新政權。由於各方實際上的權力關係，經常討論的「第三條道路」（即繞過共產黨和國民黨的進步聯盟）從來不是一個實際可行的選擇。

新民主主義這一概念並非中國特有。從一九三五年開始，共產國際和蘇聯領導人就推行過統

圖2.1　北京的一個市場。

資料來源：葉華拍攝，路德維希博物館提供。

一戰線的策略，呼籲組成一個廣泛的民主和愛國聯盟反抗法西斯。一九四五年納粹德國戰敗後，東歐建立了人民民主的新國家。與蘇聯不同，這些國家不是一黨專制，而是建立了共產黨領導下的多黨議會民主制，共產黨也常常改名為「工人黨」。一九四五至一九五〇年代初期，這些歐洲的人民民主國家都進行了土地改革，因為共產黨希望贏得農民對新政權的支持。這些改革沒有稱為社會主義改革，而是「反封建」的改革。比如在東德，一九四六年時他們提出，分掉老貴族的田地不是社會主義革命，而僅僅是完成一八四八年資產階級革命所提出的任務。同時，共產主義運動中普遍接受的觀點是，土地改革不是終極目標，長期的目標仍然是農業集體化和在農村建立社會主義生產關係。土地改革造成了大量的土地擁有者，但是為了消除階級和工農業差別，必須將分割的土地變成大片的土地，將農民變成農業工人。

這些規劃在中國都沒有保密，但在中華人民共和國早期被淡化了。一九四九年的「共同綱領」承諾土地改革之後保護農民對土地的所有權。國家要推動建立農業和消費者合作社，農民可在自願基礎上加入，私有和國有經濟都可以發展（但要在國有經濟的領導下）。國有企業不是私人擁有，但要根據市場需求、以產生利潤為目的來經營。「共同綱領」規定，國家的最終目標是轉變為社會主義經濟，但是私人企業和自由市場可以和國營企業共存，至少是在近期內如此。[7]

「共同綱領」還為新中國設定了很多其他目標，如在經濟、文化、教育和社會生活中實現男女平等、各民族不論大小一律平等。國家要幫助少數民族發展其書面文字，要建立民族自治系統。重要的是，共產黨推動性別平等、民族平等，但從未推動階級平等。為了消滅階級，共產黨和工人階級必須取得領導地位、鎮壓階級敵人。

很多中國和西方的學者都在問這個問題，即中國共產黨推動新民主主義是真誠的還是作為一個政治戰略來化敵為友、爭取支持，讓共產黨能在自己選定的時間逐步消滅他們？黨的領導人是不是把新民主主義當作一個重要的經濟計劃來執行？共產黨的領導人，包括毛澤東，在共和國剛建立的時候一直在說，新民主主義需要十五年的時間。[8]然而，到了一九五三年，黨已經把新民主主義放到一邊，轉而以第一個五年計劃全力推行社會主義，開始了農業合作化。有些資料表明，這些做法帶來了領導集團內的分歧：一些省委領導如東北地區的黨委領導高崗（一九〇五至一九五四年）和山西省領導與毛澤東站在一起，全力推行社會主義改造。[9]一九七八年以後的中國官方歷史一般都把劉少奇看作力主將新民主主義作為長遠的經濟和政治戰略的領頭人。

另一個有爭議的問題是，新民主主義是毛澤東的創意還是反映了東歐社會主義陣營的大趨勢。[10]中華人民共和國成立時，斯大林鼓勵中國和東歐的共產黨採取漸進的方式，防止採取蘇聯一九二九年所經歷的集體化運動中的激進做法。[11]而且，中國的發展似乎完全緊隨東歐。到了一九五〇年代初期，歐洲的人民民主已經背離了民主階段，向工業和農業的社會主義改造推進。中國不能落在後面，因此有很大的壓力。

土地改革：農村結構的倒置（一九四七至一九五二年）

很長時間以來，不少中國和西方觀察家都讚揚土地改革，將其看作中國革命最重要的成就之一，歡呼它打破了停滯不前的封建制度，向社會公正邁進了一步。一九二〇年代後期共產黨在革命根據地就開始把土地分給農民，一九四六至一九四八年間在東北「老解放區」再一次進行了更廣泛的土地改革。官方的統計資料表明，土地改革把全中國四三%的農田分給了占人口六〇%的農民。[12]二戰後美國政府的官員認為，中國和越南農村對共產黨的支持主要源於分田地的政策，將一九四九年「失去中國」在很大程度上歸咎於國民黨未能進行土地改革。正是出於這種認知，美國顧問在美軍占領日本和南韓期間，以及在國民黨政府統治的臺灣推動類似的改革。

關於土地改革的辯論

現在關於土地改革的看法不是那麼陣線分明。有些中國和西方學者認為共產黨推動的改革從經濟角度看是沒有必要的，革命前的中國農村是一個相對較具同質性的社會，沒有真正的地主階級。很多人指出，美國專家如卜凱（John Lossing Buck）一九三〇年代所做的調查表明，與共產黨所聲稱的相反，中國農村落後的主要原因並不是地主高利盤剝，而且土地分配總的來說也不是極度的不平等。[13]根據這種理解，土地改革首先是打擊農村傳統精英和分裂農村社會的藉口，讓國家可以對農村進行更有效的控制。如果真的有必要重分土地，更合適的方式應該是像臺灣那樣的和平改革。在臺灣，國民黨不僅沒有動員農民進行階級鬥爭，甚至還給失去土地的地主補償損失。

另外一些學者則提出共產黨在土地改革方式上一些重要的細微差別。他們指出，共產黨甚至允許「階級敵人」也保留提供自需的一部分土地，為了收稅而讓「富農經濟」繼續蓬勃發展——

即使是暫時的。這些讓步表明，在農村很多地方，當時可供再分配的富餘土地極少。兩位中國學者認為，土地改革最重要的內容不是沒收土地，而是減少地租。只要佃戶還需要定期向地主繳納昂貴的地租，國家就不能降低通貨膨脹，不能有效地向農民徵稅。取消地租是國家開始從農村獲取資源的前提條件。[14]值得注意的是，有效地摧毀了可以生產剩餘產品的「富農」階層，使國家消除了普通農民和國家攫取機器之間最後的障礙，從而使糧食稅的負擔落到了階梯的最底層。在整個毛澤東時代，農村地區只有非常有限的貨幣流通，這說明國家希望更有效地控制農村經濟。

我認為，由於缺乏全國性的統計資料，我們不可能對一九四九年以前土地擁有的不平等加以量化。但是，通過對民國時期土地調查和統計做一個再評估，我們看到，如果將革命前的中國看作一個小土地擁有者的國度充其量只是一種願望。在一九三〇年代，地主確實擁有大量土地。[15]卜凱和他的美國同事對中國農村問題的解決更感興趣，包括改善農場管理、發展新信貸系統和基礎建設，這種關注似乎使階級問題被掩蓋了。[16]在南美洲和東德，數量很少的大地主擁有大面積的農村土地，中國雖然沒有這種情況，但是剝削還是很厲害，主要因為地租很高。一九三〇年代的估算是四二％的農耕地出租，一般五〇％到七〇％的收成用來交租。[17]

新中國成立之前的農村社區並不是建立在家庭關係和儒家教義基礎上的和諧社會。如果說這種和諧社會曾經在中國有過，那早在一九四五年抗日戰爭結束時就不再有了。八年的抗日戰爭毀掉了很多家庭，在很多地方那些精英要麼被迫捨棄所有財產去逃難，要麼丟掉一切道德操守留下來與侵略者合作。[18]很多村莊都經歷了超乎尋常的暴力洗劫，村子的控制權來回易手，每個新的控制者都要重新撕裂這個社區。

這些洗劫常常不可避免地帶來農田的再分配。共產黨一九四六年在東北進行的土地改革就是這樣。一九四五年以前，中國農民的土地被日本遷居者徵用，一〇％到一五％的可耕地最後落到了個人、土地公司或偽滿傀儡政權手裡。[19]日本撤退和殖民遷居者離開後，需要有人來享有這些被放棄的土地。

有人鼓吹推動在中國大陸按國民黨在臺灣的方式進行土地改革，但大陸面積要大得多，他們失敗了。一九五〇年時，臺灣的人口是七百七十萬，而大陸僅農民人口就有大約四億五千萬。在危機重重的一九四〇年代後期，人們根本不知道在協商一致的基礎上進行改革是否可行。而且，為土地支付補償完全違反了共產黨的理念，這樣也會使結束通貨膨脹和在農村控制貨幣流通這樣兩個目標完全無法實現。

關於土地改革的辯論不可避免地高度政治化，因為農村土地再分配的政策對一九四九年革命的合法性至關重要。土地改革幾乎成了早期共和國存在的理由。此外，共產黨繼續將這段歷史描述成罪惡的地主和善良的貧農之間的鬥爭。這種說法當然有待斟酌，但是有的人將其描述成溫良恭儉讓的儒家士紳與共產主義極端理論所煽動的「流氓無產階級」之間的一場爭鬥，這種說法也漏洞百出。

動員與暴力

談到對「階級敵人」的暴力，土地改革經歷了極端化與去極端化之間的來回變換。從一九二〇年代中期開始，鼓勵進行暴力是土地改革運動的中心命題。最有影響的關於「紅色恐怖」的言論，出自於毛澤東一九二七年所寫的〈湖南農民運動考察報告〉。這個報告印刷出了多個版本，一九四七年五月成為東北「老解放區」參加土地改革運動的黨員幹部的必讀文件。[20]毛關於暴力的論點非常直截了當：在共產黨控制之下，每個農村都必須造成一個短時期的恐怖現象，非如此絕不能鎮壓農村反革命派的活動，絕不能打倒紳權。[21]毛總結了農民的策略，從劃定所有階級敵人的名單、強迫他們戴著紙帽子遊街一直到執行槍決、砸爛寺廟、把流浪漢送去勞改等等。農民們幾個世紀深受舊制度的壓迫，現在階級仇恨爆發出來，出現「過激」的行為是難免的。農民是被壓迫的受害者，毛澤東認為，由他們來懲罰失去了權力的精英貴族是最好不過的了。如果他們認為只有處決這些人才是唯一滿意的懲罰，那這個判斷一定是有道理的，是可以接受的。

這種處決土豪劣紳和反革命的理由在黨中央的很多文件裡經常出現。「過激」是成就的代價，不該給積極分子和群眾「潑冷水」，因為那樣會降低他們的革命熱情。農民所享有的這種自由也影響了很多人被殺害的方式。一九四八年二月，劉少奇堅持要求，處決應該以槍決的方式，而且要經縣以上黨委批准，簡單地把犯人綁起來打死是「封建的方式」。[22]劉少奇的警告是有意義的。在老解放區的土地改革期間，一九四六至一九四七年末之間，大量的處決、拷打和酷刑達到了高潮。土地改革在東北還伴隨著「清查」，在山東同時還有追查特務，這兩項工作使暴力升級，甚至延續到土地分配完了之後。在黑龍江省的一個縣裡，三五%的「中農」都會在這一時期或早或晚成為鬥爭的對象。[23]

雖然開始時共產黨鼓勵不經法律程序的暴力，但也意識到這可能會出問題。不少官方文件中出現「亂殺」「濫殺」等字樣，[24]這或者表明在特定地區被殺掉的人多於領導者的設想，或者表明當地老百姓將目標指向了兒童、貧農或中農以及無辜的黨的幹部。這些被指責為「左傾錯誤」。領導層知道，「亂殺」對共產黨不利。到一九四七年末，毛澤東開始談及土改運動的「過激」行為會讓「中農」與黨離心離德、破壞黨與小資產階級建立的脆弱的統一戰線。而且很多解放軍戰士來自「中農」家庭，嚴厲對待中農可能會影響部隊的士氣。

此後的幾個月裡，毛澤東寫了好幾篇文章要求控制「左傾傾向」。這並不是說不再殺人了，但處決的少了些，而且目標更明確一些。毛澤東和其他黨的領導人多次指出，中國有大約三千六百萬「富農」，這是一個巨大的勞動大軍，在建設新中國的經濟建設中應該使用這支大軍，但他們得活著才行。[25]

進行更有效的階級成分劃分，可以限制錯殺濫殺。階級成分劃分是分田分地的一個重要部分，但是執行者並不總是很清楚劃分的標準。在極端的情況下，地方幹部會採取已被禁用了的「查三代」的辦法，這會造成有些人因為祖父的經濟情況而被劃為地主，這個成分與他們自己目前的情況根本不相符。[26]一九四八年二月，毛澤東提出，「地主」和「富農」只占農村人口的八%，而「中農」「貧農」和「雇農」要占九〇%以上，他想用這樣的說法來解決這個困難的問題。除了將法定鬥爭目標限定在農村人口的八%到一〇%之間外（基本上就是階級敵人的百分比，還留了一點餘地），他宣布只有更高層的黨組織才能批准處決：

> 反動分子革命必須要鎮壓，但是必須嚴禁亂殺；殺人愈少愈好。死刑案件應由縣一級組織委員會審查批准。政治嫌疑案件的審判處理權，屬於區黨委一級的委員會。[27]

一些學者認為，暴力是階級鬥爭理論所直接導致的。但是，我們也看到，毛澤東和其他黨的領導人用同樣的理論為階級敵人設定了一個數目上的上限，來限制暴力的範圍。

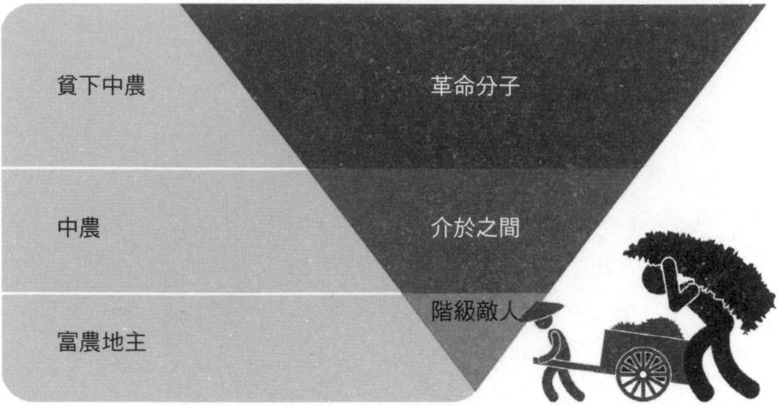

圖2.2　中國農村的階級成分劃分。

然而，即使根據這些限制性的標準，八%到一〇%的農村人口仍然可達到幾百萬人。一九四六至一九五二年土地改革中究竟死了多少人可能永遠也搞不清楚。一九五〇年劉少奇在給莫斯科的一份報告中估計，僅在一九四七年處決的「地主」和「富農」就達二十五萬。在「老解放區」，毛澤東一九四八年的講話過後數字降低了一些，那會兒最極端的處決形式大部分停止了。一九五〇年八月政府做出一個決議，將一九四八年毛澤東的講話同樣適用於「新解放區」，再次批評了「查三代」的做法。但是這對減少暴力所產生的作用是短暫的。鎮壓反革命運動和抗美援朝結束了南方和西北地方的「和平土改」。新一輪的破壞可能沒有一九四七和一九四八年那麼嚴重，也控制得好一點，[28]但是即使沒有全國性的數字，規模也是可觀的，僅在廣東一地，在一九五〇年代初期的運動中，不要說被處決的人數，僅檔案記載的自殺人數就有十七萬人。

農村的階級成分劃分

中華人民共和國成立後很快就通過了土地改革法，政府感到不僅有必要限制受到衝擊的人數，而且要明確打擊目標人群的確切定義（見圖2.2）。一九五〇年八月，國務院頒布了〈關於劃分農村階級成分的決定〉。[29]在之後的二十年裡，這個文件是政府在農村劃分階級成分遇到疑問時的標準參照（見第五章）。有關階級成分的定義是基於蘇維埃政權時期（一九三一至一九三七年），中共在其所掌控的地區於一九三三年頒布的一項規定所制定。不過一九五〇年的決定比以前的規定要細化得多。最重要的是，與東德或波蘭同一時期的土改所實行的標準不同，中國共產黨定義的「地主」不僅僅是土地的擁有超過了標準，而是主要是看一個人從「剝削」他人勞動的所得占其收入的比例。這個統計使地方幹部要做的工作遠比丈量一個人擁有的土地複雜得多。

這個決定把地主定義為不從事體力勞動、靠剝削雇農和收高額地租生活的人。下一個級別是「富農」，富農出租一些土地，但自己也做一些農活。富農的收入也是主要靠剝削，但與遊手好閒的地主不同，他們還參加體力勞動。「中農」擁有一點土地，但一般不剝削雇農也不收租。「貧農」只有非常少的土地或沒有土地，他們靠出賣勞動力維持生計，直接給人幫工或者交租。還有兩個名稱「自由職業」和「高級職員」，包括醫生、教師、律師、藝術家和其他不是以剝削他人為生的人。最後一個類別是「知識分子」，這不是一個階級成分或家庭出身。這些腦力勞動者一般受到新政府的保護，他們的家庭出身已經劃定，如「地主」「中農」。[30]

這個決定還劃定了個人經濟和政治地位的關係。「軍閥」「惡霸」「劣紳」和在國民黨政府工作過的「官僚」被看作（按經濟地位劃分的）「地主階級」的政治代表。以上這些政治含義不好的帽子都會帶來不利的影響，即使戴帽子的人家庭背景不錯。而紅軍戰士和他們的家人則可以分到土地，即使他們的家庭是地主或富農。對革命的貢獻勝過階級成分。「紅軍戰士家屬」這個保護傘可以保護他的父母、配偶、孩子和十六歲以下的兄弟姐妹。如果其他親戚家庭出身不好，則不能因這個親戚關係得到土地。

這個決定也談到婚姻與階級成分的關係。比如，如果一個貧農婦女和一個地主結婚，只要她繼續參加勞動，就可以保留自己的階級成分。如果不參加勞動，她就和丈夫一樣被劃為地主。當時有這樣的保證，即壞成分的帽子最終是可以摘除的。一九五〇年的決定還有一項內容，即地主如果努力勞動生產、不參加反革命活動，五年後可以向地方政府申請將身份改變為「勞動者」。「富農」只要三年期限。[31]但是在現實中，改變身份幾乎不可能，大多數成分不好的人直到一九八〇年才得以擺脫。

農村的階級成分劃分在農村究竟是如何實施的是個尚未研究的問題。中國共產黨的劃分方案是為那些農業是唯一或最主要收入來源的地區設計的。在比較發達的地區，如長江以南地區，很多村民大部分收入不是來自農業，這就讓共產黨的劃分模式難以實施了。[32]實際上，整個的農村革命都有很強的北方背景。革命後南下的幹部一般對南方當地的社會和經濟情況瞭解很少。

階級成分的劃分使好人和壞人有了新的定義。各類宣傳、文學作品和電影中個人所講述的故事讓抽象的階級類別有了形象和具體的形式。解放前的剝削常常通過性暴力的故事展示。一個特別有名的故事是「白毛女」，這個故事講述了貧農的女兒喜兒被地主霸占為妾。因不堪地主家長期的虐待，她逃進了深山，山洞裡的生活讓她的頭髮都變白了，看上去像迷信傳說裡的鬼。後來她和紅軍一起回到了村裡，在土改運動中，她「訴苦」揭發地主，地主最終受到了懲罰。喜兒也和她原先的未婚夫，一個誠實、勤勞的農民結合在一起了。這個故事傳達的意思是，「舊社會」把人變成了鬼，「新社會」則讓他們重新做了人。「白毛女」的故事情節在不同的表演形式中有所差異，這個故事還改編成了京劇、農村業餘劇團表演的話劇，一九五〇年拍成了電影，一九六五年改編為芭蕾舞劇（後來成為文化大革命中的八個樣板戲之一）。[33]值得注意的是，在有的版本裡，所表現出來的最嚴重的剝削行為是地主強姦了喜兒，喜兒懷孕了，躲在山裡的時候又流產了。在共和國早期，各個學校裡流傳的差不多都是相似的故事，學生們由此知道「地主」和「富

圖2.3　圖解土地改革：共產黨眼裡的鬥地主大會。

資料來源：Helmut Opletal (ed.), *Die Kultur der Kulturrevolution: Personenkult und politisches Design im China von Mao Zedong* (Wien: Museum für Völkerkunde, 2100), p.73。

農」都是強姦犯和吸血鬼，「貧下中農」過著悲慘的生活，共產黨來了他們才獲得解放。一九五〇年關於階級劃分的決定表明，實際生活中階級成分問題比這些故事要複雜得多。如我們所看到，這個決定在有些方面特別複雜，包括如何對待配偶的規定、近親和遠親、不同成分和家庭背景的人通婚問題。重視「政治表現」和三到五年表現好可以改變階級成分的規定讓問題更加複雜，這讓那些出身不好的人抱有希望，覺得也許不會一輩子背負這個成分。

鎮壓反革命運動

土地改革摧毀了農村的精英階層、反動會道門和秘密兄弟會，鎮壓反革命運動的目標則是要針對城市。在農村，中國共產黨主要通過自下而上的方法動員農民與地主鬥爭。在城市，共產黨用自上而下的戰略，由黨的官員和公安部門與國民黨的追隨者和反對新中國的人做鬥爭。在農村允許農民主持鬥爭會，但在城市完全是由黨的幹部來主持鬥爭會和公開審判。大批處決「階級敵人」的現場有成千上萬的人觀看，報紙會加以報導，有時還在全國性的廣播上播放。

毛澤東時期一直沒有頒布正式的刑法，政府就用其他形式的條例來確定什麼構成反革命罪，應該受到什麼樣的處罰。最重要的條例之一是一九五一年二月通過的《懲治反革命條例》，這更多的是中央政府的政治宣言，而非正式的立法。條例不僅將組織武裝暴動和間諜活動定為反革命刑事犯罪，同時將輕微一些的違反行為，如「煽動群眾抗拒、破壞人民政府徵糧、徵稅」等也定為反革命刑事犯罪。有些「反革命活動」的定義非常寬泛：條例取締的活動包括「挑撥離間各民族、各民主階級、各民主黨派、各人民團體或人民與政府間的團結」，「進行反革命宣傳鼓動、製造和散布謠言」。上述所有罪行都要處以三年以上徒刑，最嚴重的判處死刑。[34]將「散布謠言」定為反革命罪說明新政權竭力要保證對資訊的壟斷，並通過控制媒體、新聞和出版來保證。對謠言的擔心是可以理解的。在一九五〇年代，在縣城甚至各省之間關於地方上神秘的權貴或魔鬼吃小孩等謠言的傳播會導致群眾動亂。[35]在朝鮮戰爭期間，爆發第三次世界大戰或者美國入侵中國大陸的謠言傳播甚廣。

完成處決指標

如同所有的清查以及土改運動一樣，鎮壓反革命經歷了幾次極端化和去極端化。一九五〇年七月，政府明令禁止「亂打亂殺」和體罰，這個禁令後來又多次重申。但同一個文件同時說，如果拿起武器對抗人民政府、殺害政府幹部或群眾、從事嚴重的破壞活動、破壞公共設施或刺探秘密情報均屬於「反革命」罪，將予處決。[36]黨中央下令，死刑判決要經過省、市或地區一級黨委的批准。唯一的例外是，對於外國人或公眾人物，其處決要得到國務院的批准。[37]政府劃定「惡霸」、土匪、落後分子、特務和會道門成員為階級敵人。在農村，經濟狀況是劃分階級成分的主要依據，城市與農村情況不同，階級敵人主要根據政治標識來劃定。

到一九五〇年底，毛澤東和中央政府都認為，由於一些幹部沒有嚴肅對待這場運動，造成打擊的目標不夠。[38]而土改中部分地區突出的「濫殺」問題也是錯誤的，所以幹部們得在處決太少和「濫殺」之間找到區分的界限。為了鼓勵人們積極開展清查，毛澤東給不同地區處決人數劃定了指標。他指出，在大部分城市，人口的萬分之五應該被處決。在敵人活動猖獗的地區，可以達到萬分之十，至於問題嚴重的地區可以達到萬分之十五。[39]從一開始就很明確，這個指標不是為了控制暴力，而是要增加處決人數。當時流行的說法也證實了這一目的，黨的領導人順應了這樣的看法，即「不殺不足以平民憤」。毛澤東啟動了大規模鎮壓的機器，一九五一年二月，他在給國務院副總理黃炎培的信中談到這一做法的正當理由：

> 不殺惡霸，則農會不能組成，農民不敢分田。不殺重要的特務，則破壞暗殺層出不窮。總之，對匪首、惡霸、特務（重要的）必須採取堅決鎮壓的政策，群眾才能翻身，人民政權才

能鞏固。[40]

一九五一年夏，中央發出「少殺」的呼籲，希望降些溫。儘管有了這個呼籲，到運動結束時，被處決的人數還是超過了毛澤東提出的指標。根據一個中國學者的統計，在華中華南地區，被處決的達到人口的萬分之十五。[41]官方報導的數字是，一九五〇至一九五三年在總數為五億七千四百萬人口中，兩百六十二萬人被逮捕，七十一萬兩千人被處決，另有一百二十九萬人被監禁。[42]不過被處決率遠遠低於斯大林一九三七至一九三八年臭名昭著的大清洗，在那場大清洗中，共一億六千八百萬人口中兩百五十萬被逮捕，六十八萬一千六百九十二人被處決。[43]儘管如此，就絕對數字而言，中國的政治運動範圍比蘇聯的要廣。

一九五〇年代的清查對階級劃分還有一個長期的影響。成千上萬的人檔案裡附上了「反革命」的標籤，而其影響超越了個人，還牽連到家人和親屬。直到一九八〇年代初期，申請入黨、進大學和出國時都要問親屬中有沒有「在建國初期的運動中被鎮壓、逮捕或處決的」。有這樣親屬的人都會被懷疑，得不到信任。一九五四年，中共中央組織部進一步規定，凡是家庭背景有問題的，即有親屬被逮捕、處決或「畏罪自殺」的不得入黨。與這些人有接觸的，即使他們支持新政權，家庭出身也很好，在入黨前仍要經受嚴格的調查。[44]

拍蒼蠅打老虎

早在一九四〇年代的解放區，幹部搞裙帶關係、腐敗、欺騙、「生活作風問題」和挪用公款等就已經開始給共產黨的統治帶來問題。[45]中華人民共和國建立以後，這些問題變得更加嚴重。很多農村幹部在革命後第一次來到城市，他們很少或根本沒有都市管理和消費文化的經驗。黨的領導擔心他們會被城市生活的「糖衣炮彈」打中，因此不僅要鎮壓反革命，還要用紀律處理黨政機關裡腐敗的幹部。

因此，所謂的三反運動目標是針對貪污、浪費和「官僚主義」（指過於官僚的管理和程序）。這場運動的轟轟烈烈與鎮壓反革命相似，兩場運動差不多同時進行。毛澤東呼籲動員群眾不僅要打「蒼蠅」，即那些小規模的貪污，而且要打「老虎」，即那些大量侵吞國家財物的人。最初，在黨的領導人沒有設定打擊目標的額度之前，黨的機構對這場運動並不熱心。一九五一年二月八日，毛澤東發了一則電報：「全國可能需要槍斃一萬至幾萬貪污犯才能解決問題。」[46]最著名的一個案子是一九五一年二月十日槍決劉青山，劉是天津的地區黨委書記。他被指控挪用了幾百萬元人民幣的糧食稅，以及救災款和防汛水利專款。貪污確實很嚴重，但是共產黨極端的糾正措施造成了嚴重的擴大化。他們沒有認真對帳來尋找犯罪行為，而是用殘酷的鬥爭大會逼迫自供。到了一九五二年中，查出了超過一百五十萬的貪污官員。[47]如中央在內部報告中所承認的，很多指控都是錯誤的，那些幹部的坦白不是杜撰的就是在脅迫下做出的。由於出現這些問題，黨中央加強了對運動的控制，最終結束了三反運動。

附件2.1展現了中華人民共和國早期在各地施行的種類眾多的酷刑，為了招供可施行多達六十餘種酷刑。其中很多顯然是從一九四九年以前的國民黨監獄學來的。甚至在三反運動高峰已過之後，還有一些地方幹部在毛澤東發起的「整黨」中自殺。階級成分好、沒有政治問題的幹部也不能幸免。附件2.2記載了一個黨員因為被指控有「非法兩性關係」而羞愧自殺。這些報告出來之後，黨的領導開始努力制止對幹部的暴力。

三反運動中，有些地方幹部得不到上級的青睞，他們自己也成為了被鎮壓和鬥爭的「階級敵人」。擔心失去公職和黨籍以及隨之而來的降低社會地位足以讓很多人努力跟上隊。一位學者認為，除了軍隊之外，地方幹部比任何社會群體都更受紀律約束。[48]

一九五二年上半年，三反運動轉為更廣泛的打擊行賄、偷稅漏稅、盜騙國家財產、盜竊國家經濟情報和反偷工減料的五反運動。黨的領導人認為，有些幹部受「不法商人」的腐蝕，對「非法經濟活動」網開一面。五反運動將目標從幹部轉向了私人企業家。中央政府這時還沒有公開質疑與民族資產階級的統一戰線，也沒有要求將資本家作為一個階級來清除，但是認為打擊「投機奸商」是公正的。這些人違反價格規定在黑市非法銷售得到補貼的原材料。很多公司做兩本帳以假報利潤和繳稅，商人沒有得到許可就將營業所得換成金子或外幣。[49]

一些學者認為，五反運動是邁向下一年開始的社會主義改造運動的重要一步。共產黨試圖動員「合法商人」在城市工人的領導下揭發「非法商人」。政府還呼籲子女說服父母自首或者向當局報告父母的不法行為。甚至全國婦聯也動員和教育「資產階級家庭婦女」為五反運動做貢獻。[50]這場運動的暴力程度低於土地改革和鎮壓反革命運動。但是，有些人不堪承受羞辱，很多人因此而自殺。五反運動還破壞了工業生產，造成勞動紀律懈怠和很多工廠關閉。工人們感到可以譴責老闆，私營企業的盈利空間縮減。共產黨承諾將工人從剝削中解放出來，但同時推動勞資合作。這個新民主主義時期的矛盾暴露了出來，一九五三年啟動的社會主義改造則決然地解決了這個矛盾。

新婚姻法：一夫一妻制和新民主家庭

中華人民共和國早期一個重要的政治現象是家庭制度的變更，建立了新民主形式的婚姻。一九五〇年四月頒布的新婚姻法徹底打破了「封建」的傳統。在舊中國，婚姻不是由兩個人自由選擇，結合在一起，而是兩個父權制的家庭對新娘控制的交換。女子未嫁從父，出嫁從夫，夫死從子。婚姻標誌著女性離開了她的原生家庭，融入了夫家。男性也沒有那麼自由，他們要聽父親和兄長的，父親是家裡的皇帝。

自一九一九年五四運動，傳統的儒教或者說「封建」家庭模式就受到攻擊，浪漫的愛情、青年人的反叛、男女平等和婚姻自由等理念在中國城市地區廣泛傳播。幾十年的戰爭和內亂進一步削弱和改變了傳統家庭結構的經濟和道德基礎。[51]早在新中國成立之前，國民黨政府就頒布過一個婚姻法，其中包括離婚權。但是國民黨政權無力在全國範圍內執行這個法律，所以在一九四九年以前正式批准離婚的極少。而且，民國的法律仍然允許男人納妾，婚姻法也沒有阻止普遍的販賣婦女現象。丈夫將妻子賣給別人是合法的，只要他得到妻子的「同意」。[52]

一九五〇年的新婚姻法將婚姻定義為一夫一妻，將男女平等和婚姻自由及離婚自由寫進了法律。一夫多妻制、納妾、強迫婚姻和童養媳均被取締。但是，平等只走出了這樣一步：最低結婚年齡為男二十歲女十八歲，也就是說國家的預設是丈夫應該比妻子年長。有精神疾病、痲風病或性病的人不得結婚。婚姻法還規定了父母和子女的關係，規定父母有撫養和教育子女的責任，子女在父母年高時有贍養父母的義務。父母責任也適用於非婚生子女，如果雙方未結婚，父親有義務在孩子十八歲之前提供生活和教育費。

在黨外，人們稱新婚姻法為「離婚法」，因為它保障了離婚的自由。但是男人不可在妻子懷孕期間提出離婚。軍人享有特別的保護，就是說軍人不同意時不能離婚。[53]官方的解釋是，新婚姻法的目標不是破壞家庭或鼓勵「亂搞男女關係」，而是建立在相互感情基礎上的婚姻和兩性關係的自由，它為和諧穩定的家庭關係提供了最好的條件。[54]結婚和離婚需要登記，要符合新婚姻法，這讓地方政府可以對家庭關係發揮監督作用。

新婚姻法在中國很多地區受到了抵制。據說成千上萬的婦女因要求離婚被殺害；官方指出這些暴力源自「落後」、「封建」勢力。此外，一些宣傳新婚姻法的幹部被村民殺害。這種情況的發生有多重原因。有些貧困的農民擔心，如果離婚很容易，他們會留不住老婆。還有一些人付了很重的彩禮，因而覺得新制度欺騙了他們。一些以前的姨太太感到前途未卜、險象叢生而選擇自殺。

新婚姻法究竟對婦女的生活有多大的影響仍然是個有待研究的問題。女權問題研究學者認為，農村的父權制讓很多婦女不能根據新婚姻法行使她們的權利，即使提出離婚要求是完全合法的，但在當時卻受到地方幹部的阻攔。[55]不過戴茂功（Neil Diamant）舉出好幾個例子，表明農村婦女可以繞過地方幹部直接在地方法院起訴離婚，常常逃離了丈夫家回到了原生家庭。確實，如戴茂功所展示的，反而是那些在城市受過教育的精英們「有頭有臉的」妻子不願去法院起訴離婚。在城市，工人聚集的城區常常比富裕城區離婚率高。一九五三年之後城區的離婚率實際上降低了，而農村一九六〇年代初期離婚率大幅上升。[56]

從一九五四年開始，中央政府不再把實施新婚姻法作為優先項目。如果是「封建」式婚姻，離婚是好事，但共產黨對一九五〇年之後建立的婚姻關係看法不同，他們認為這些婚姻關係比在封建制度下建立的來得長久。在一九六〇年代，國家開始為離婚設置障礙，比如在批准分居前要先經過調解。黨的領導人至今仍相信，每個「健康的」中國人都要結婚，至少要有一個孩子。與許多其他社會主義國家相反，中國共產黨從不鼓勵單親，他們將婚姻的穩定與社會的穩定聯繫在一起。

從比較的角度看家庭變革

與蘇聯一九二〇年代的改革相比，中國共產黨的家庭政策相當溫和。布爾什維克的女性領導人，如亞歷山卓·柯倫泰（Alexandra Kollontai）呼籲取消家庭，因為家庭從設置上就與私有制和奴役婦女綁在一起。她們推動以公共機構的建設來使家務勞動和家庭教育社會化，如設立幼兒園、公共食堂、公共洗衣設施和托兒所。有些蘇聯的建築師不是以核心家庭而是集體生活的模式來設計建築甚至是整個城市。布爾什維克推行民事婚姻，同時還有在當時全世界最為自由的離婚。與歐洲其他國家相比，兩性平等（至少在法律上）是蘇聯早期最突出的特點之一。法律不再禁止同性戀和流產，「自由戀愛」是城市青年高亢的口號。同時，第一次世界大戰和俄國內戰（一九一八至一九二一年）之後缺乏男性給成千上萬的女性婚姻帶來問題。

一九三〇年代中期，在斯大林領導下，蘇聯共產黨的家庭政策轉向傳統，離婚明顯變得困難。這個變化得到女性的支持，很多婦女看到男人濫用「自由戀愛」逃避離婚贍養費和對孩子的撫養義務。[57]一九三五年蘇聯政府又邁出了一步，宣布流產為非法，並再次將同性戀定為犯罪。第二次世界大戰中，蘇聯失去了兩千萬人口，政府的提法變得特別重生育，鼓勵多生，國家宣傳機構讚譽「英雄母親」。中國政府在中華人民共和國早期這方面也模仿蘇聯。

一九五〇年的新婚姻法在很多方面是新民主主義的縮影。這個法律沒有任何社會主義內涵的規定，沒有取消核心家庭，也沒有以公共機構代替男女家務分工的內容。新民主主義式的家庭更接近於現代資產階級理想的核心家庭和一夫一妻制的婚姻，而不是蘇聯早期的「自由戀愛」模式。直到一九七〇年代，很多工業化國家如西德、法國、荷蘭和瑞士，家庭法仍然規定丈夫或者父親在家裡具有至高的權力。[58]在大部分歐洲國家，離婚無需認定過錯方則花費了更長時間，沒有這樣的一個變化，如果法院判定那些忽略了婚姻義務或者擁有情人的女性是造成離婚的責任方，她們就會有可能得不到扶養費。從這個意義上說，中國一九五〇年的婚姻法比很多西方國家先進。

清王朝的遺產和新的多民族國家

中國共產黨新民主主義革命的中心日程是統一國家和從外國控制下解放出來。在中心地區，共產黨對敵人採取強硬的政策，但在邊遠地區則採取了比較靈活和漸進的方針。共產黨希望以此來回答一九一一年清朝結束以來中國幾次革命不能避免的問題：清朝如何得以在現代將幅員遼闊、尾大不掉的國家揉捏在一起？國民黨和共產黨都是反對西方帝國主義的民族主義政黨，但對中國自己的帝國遺產都心安理得，包括清朝在西部非漢族的區域所進行的領土擴張。毫不奇怪，可能共產黨和國民黨都不認為清朝的向西擴張是帝國主義行為。

清朝是一個滿族王朝統治的多民族帝國。而一九一一年之後中華民國所聲稱的主權是以西方的現代國家理論為基礎，有確定的邊界和國民，有「中國」民族身份。在一九一一年革命和後來的幾次革命裡，國民黨意識到，只要他們想保住清朝的所有領土，這個民族身份就要超越單一的漢族文化。[59]後來國民政府所具有的弱點清楚無誤地表明了這一點。沒有了中央的控制之後，一些邊遠地區很快就脫離了漢族的中央地區，落到軍閥（新疆）、宗教精英（西藏）和日本殖民者

（東北）的手中。外蒙古一九二四年成為獨立的社會主義國家，與鄰國蘇聯有著緊密的聯盟。即使在一九四五年打敗日本之後，國民黨政府也不能在清王朝的這四個重要地區建立有效的控制。

蘇聯對中國共產黨的少數民族政策有著重大的影響力。一九二〇年代和一九三〇年代初期，中共以蘇聯一九一八年的憲法模式來建立國家，推動包括蒙古、西藏和新疆自治共和國的聯邦制。這種半獨立性質的政策允許少數民族擁有自決和地區自治的權利。但一九三七年日本入侵中國內地之後，黨的領導開始淡化多民族統一戰線，代之以強調多民族的聯合陣線。[60]民族自決的承諾變成了少數民族在統一不可分割的大中國擁有有限的自治。共產黨逐步將反對帝國主義的論點轉為對其領土主張的支持。帝國主義列強，特別是英國在西藏、日本在蒙古和東北侵犯了「祖國的統一」和領土的完整，所有愛國者都有責任捍衛祖國的統一和領土完整。[61]不過中國共產黨接受了斯大林堅持的外蒙古的獨立，作為與蘇聯合作的代價。

由於共產黨成功地將西藏和新疆重新納入中國，可以說是共產黨而不是國民黨是清帝國的真正繼承人。畢竟是共產黨將首都搬回了明清兩朝的都城北京。毛澤東在曾經的皇宮紫禁城前的天安門城樓上宣布新中國的成立。天安門成了國家徽章的一部分，這個帝國的象徵重新用於一個新的時代。一開始黨中央沒有在紫禁城內辦公，但是當國民黨空襲的威脅減少了之後，黨中央將總部搬進了中南海，這是過去皇宮旁邊的一個御花園。從此黨中央一直在這個地方辦公。全國人民代表大會的所在地人民大會堂建在天安門外的天安門廣場，它將國家權力融進了帝國的建築空間。一九五〇年代後期，天安門廣場成為新中國最重要的象徵，這是舉行大規模群眾集會和閱兵式的地方。共產黨的領導人沒有將他們自己視作新皇帝，但是他們明顯使用了過去帝國象徵性的遺產。共產黨同時也採用了傳統的帝國戰略來加強中央對邊遠地區的控制。一九四九年後漢族向新疆的移民快速增加，共產黨在西藏早期的政策也是模仿帝國時期的做法，通過與當地貴族的聯盟來融合。

在西藏的統一戰線

一九五一到一九五九年，西藏在新的人民共和國享有特殊的地位。這主要是因為西藏回到中國版圖的特殊情況。一九一三年，西藏地區正式宣布獨立。雖然這從未得到國際承認，但是從一九一一到一九五〇年之間西藏可以說實際上是獨立的，因為內亂和日本入侵使當時的中國政府無力顧及。[62]由於喜馬拉雅山的屏障，西藏與中國內地和抗日戰爭隔絕，這是一個在達賴喇嘛統治下的神權領地，大部分土地由寺廟和貴族擁有。第十三世達賴喇嘛（一八七六至一九三三年）發起改革，希望在西藏建立現代化和教育制度，但是受到僧侶的抵抗而沒能成功。他的繼承人第十四世達賴喇嘛（生於一九三五年）在中華人民共和國成立時只有十四歲，他本人也稱西藏原有的土地擁有制度是「封建式」的。[63]當地的剩餘農產品都用來供養隊伍龐大的和尚和尼姑，他們中極少有人參與體力勞動。

一九五〇年五月所謂的「和平解放」結束了西藏實際上的獨立，北京的中央政府與拉薩的地方政府簽訂的「十七條協議」為此正式畫上了句號。西藏代表團是自願還是在人民共和國政治與軍事壓力下被迫簽訂了這個條約至今仍有爭議。根據這個條約，達賴喇嘛承認西藏「與祖國的統一」。作為回報，中國政府保留傳統的神權統治，允許西藏可以按自己的步調來進行經濟改革和政治運動。協議還保障了宗教自由、地方習俗和佛教寺廟。藏人的軍隊納入人民解放軍，解放軍進駐西藏，地方政府提供後勤援助。中央政府承諾支付一切費用。

協議簽訂以後，三萬解放軍徒步或騎馬越過險峻的喜馬拉雅山進駐拉薩。提供後勤支援是一項艱難的工作。整個一九五〇年代初期，將糧食從廣州海運到印度，用火車運到喜馬拉雅山腳下，再用馬匹運到拉薩，這比從四川通過陸路運送要容易。但如毛澤東所說，這讓中國在西藏的部隊易於受到印度的威脅，因此建一條穿過喜馬拉雅山的直達公路是當務之急。[64]為了使在西藏的部隊從長遠的角度看能做到自力更生，部隊還建設了國營農場。由於缺乏藏族共產黨積極分子和漢族移民的支持，解放軍不得不帶頭開墾，這些農場是國營經濟在西藏的第一個亮點。有趣的是，很多解放軍基礎建設項目招募的都是貧窮的藏族婦女。她們社會地位低下，而且很多藏族男

圖2.4　工人們在擴建天安門廣場。

資料來源：葉華拍攝，路德維希博物館提供。

圖2.5　年輕的十四世達賴喇嘛。

資料來源：葉華拍攝，路德維希博物館提供。

性拒絕為解放軍工作，她們成為國家尋求將普通藏人融入新中國最理想的資源。[65]一九五四年，達賴喇嘛和班禪喇嘛（藏傳佛教第二號人物）成為全國人大常務委員會副主席。沒有其他任何少數民族的首領得到中央政府如此的厚愛。這個階段的中央與西藏關係與清朝差不多，中央政府利用當地精英來統管邊遠地區，繼續保持地方法律和習俗。十七條達成之後的幾年裡，共產黨沒有在西藏推動社會革命，也沒有試圖改變當地地主和寺廟對待農民的做法。政府承認在少數民族地區，社會轉變需要更長的時間，希望西藏能和平融入，西藏人能成為多民族的新中國忠實的公民。根據協議的方針，允許封建和宗教首領繼續維持權力，只要他們不從事反對國家的活動。

西藏的貴族在與中央政府合作還是進行自己的改革問題上分為截然不同的兩派。共產黨希望年輕的達賴喇嘛和他們站在一起反對保守勢力。一九五二年，毛澤東感到有理由在西藏緩慢推進，認為不應在近三年內在西藏推行土地改革和減租，因為西藏與新疆的情況不同，這裡沒有漢族居民支持中央。[66]一九五九年之前，中央政府似乎無意改變漸進的戰略或放棄與達賴喇嘛領導的藏族精英所組成的統一戰線。我們應該看到，這是一個地理上的考慮而不是嚴格意義上的民族政策。對西藏的特殊安排不包括青海、四川、甘肅和雲南的藏區。那些地方的土地改革和集體化幾乎步步緊隨其他漢族地區。

新疆：通過漢族移民進行控制和發展

共產黨對新疆的政策與西藏截然不同。在新疆，維吾爾民族主義在有些地區已經有了一些發展，一九四四至一九四九年間，在新疆北部伊犁附近的三個地區，還曾短期有過一個蘇聯支持的東突厥斯坦共和國。共產黨在內戰中的勝利使斯大林放棄了對維吾爾民族主義的支持，新疆得到了「和平解放」，解放軍部隊西進時沒有遇到什麼阻力。

新疆距北京三千五百公里，與中國內地之間隔著一個巨大的沙漠。新疆面積達一百六十萬平方公里，是中華人民共和國境內最大的政治實體，是一片擁有十三個官方承認的民族的多民族聚集地。一九五〇年代初期，在五百萬人口裡漢族居民占六％到七％，穆斯林人口（主要是維吾爾族）占總數的七五％。[67]一九四九年共產黨黨員人數在全新疆只有三千名。[68]因此，在這麼廣袤且地理區位複雜的地區建立起控制對共產黨來說是個嚴峻的任務，特別是新疆還與蘇聯有著三千公里的邊界。尤其在危機時期，這個邊界完全無法控制，哈薩克牧民和其他人在中國和蘇聯之間自由遷徙。

如同其他地方一樣，共產黨起初提出與當地精英結成統一戰線來進行控制。但是，相較於西藏，維吾爾族人在政府中的影響非常小。因為共產黨沒有採取推遲社會經濟改革的特別做法，土地改革在一九五〇年代初期就強行開始了。如同在西藏一樣，人民解放軍在建立新制度中發揮了中心作用，但是在新疆，其工作主要是支援大規模的漢族移民。一九五二年，毛澤東發出愛國主義呼籲，要求部隊復員人員自願留在「落後」地區，支援新中國建設。開始有十萬戰士復員，參加農墾，建設新的家園、工業和基礎設施。一九五四年，這個項目正式取名為新疆生產建設兵團。這個單位簡稱為「兵團」，它同時具有維護公共安全、平息暴亂和實施邊界控制的職能。共產黨使用兵團來實施對邊遠地區的掌控相當大程度上是歷史的傳承。尤其是清朝後期，帝國通過安置民軍混合的居民點（屯田）來實現對甘肅河西走廊以外延伸到新疆地區的控制。共產黨自己也有從一九四九年以前革命根據地帶來的軍墾傳統。

兵團的規模從一九五四年的十七萬五千四百五十一人擴大到一九五七年的三十一萬一千四百七十人。[69]其主要的勞動力是漢族。很多是以前的國民黨士兵，他們希望以此來獲得好一點的待遇，但也有出於愛國熱情自願從內地來的。在一九五〇年代初期，沙漠地區或其他邊遠地區的生活和工作條件常常特別艱苦，新來的人往往要自己開墾土地建設家園。如同對待跨越喜馬拉雅山進入西藏的部隊一樣，黨將進軍沙漠的戰鬥宣傳為愛國的英雄主義。漢族士兵和移民被描述成幫助當地人的友人。

性別平衡問題是對順利進行兵團工作的一個挑戰。一九五三年中央軍委制定了一個從內地招募九萬九千三百名女兵到新疆兵團的五年計劃。[70]被當作反革命而受到壓制的地主、富農的親屬可以自願到兵團工作或嫁到兵團，這為一些女性提供了一個難得的機會來擺脫不好的家庭出身。

設立兵團成為一個非常成功的戰略，讓新中國能夠建立一個準軍事化的發展網絡，將其控制延伸到遙遠的邊界地區。如石河子那樣嶄新的城市躍現於先前天高皇帝遠的地方。共產黨的政策明顯與以前帝國的集農軍於一體的傳統一脈相承。但是它也與蘇聯依據沙俄的某些傳統所發展的政策有相似之處。斯大林支持俄羅斯人移居遠東，作為一種促進工業發展和設立控制的戰略。一九四九年他建議中國領導人有目標的大規模移民，把新疆的漢族人口從五%提高到三〇%，[71]果然，一九六四年時新疆漢族人口比例達到了三一%。[72]與歐洲人在北美和澳大利亞的殖民活動相比，漢族移民沒有驅逐當地人，也沒有殺害當地的維吾爾和哈薩克人。而是與維吾爾和哈薩克居民區比鄰建設了新的沙漠綠洲。當地人還從新建的學校、公路和醫院獲益，但當地人參加國營經濟工作的人很少。非常清楚的是，從一開始中央政府就更加信任漢族，甚至原國民黨的士兵，而不是非漢族的當地人。一九五〇年代初期就通過漢族移民和將少數民族邊緣化為國家控制奠定了基礎。

在新中國建立的最初幾年，共產黨實現了國民黨各任領導，包括孫中山和蔣介石從一九一一年就開始追逐的目標：統一國家，恢復類似於清朝的國土疆界，包括非漢族的邊遠地區西藏和新疆。新的革命政府，在當時的條件下，在最初幾年裡是非常成功的。

附件2.1 四川萬縣地黨委隱瞞「三反」和「五反」中嚴重的違法亂紀行為

【西南總分社訊】四川省萬縣市及萬縣去年「三反」「五反」運動中強迫命令、違法亂紀現象駭人聽聞，這些極為嚴重的事件，隱瞞將近一年。

一、嚴重的違法亂紀事實

野蠻的肉刑拷打，追贓逼供：計使用刑法有吊、跪、熱、凍、餓、跌、踢、鞭打、棒打、繩打、戴手銬、坐地牢、站毛廁、電刑、燒鬍子、畫地為牢、抓頭髮、吊頭髮、三點一線、針刺臉、火鉗烙、夾手指、香燒、敲螺絲骨、吃罐罐肉、坐老虎凳、關老虎籠、坐飛機、猴子搬樁、乳頭吊柴塊、灌辣椒水、灌肥皂水等六十多種。這些刑法中，許多都是過去國民黨特務使用的。

資料來源：《內部參考》，1953年3月21日。

附件2.2　東北農村整黨中發生黨員自殺逃跑現象

【東北總分社訊】東北個別縣區未能掌握農村整黨的基本精神，在第一批集訓工作中出了一些偏差。有些地區在集訓中對黨員正面教育少，打擊批判多，而且用很大力量清查黨員歷史、男女關係等問題，亂追亂逼，甚至個別地區的黨政幹部抱著「打虎」情緒，採取追逼圍攻的做法，致引起某些黨員恐慌不安和個別黨員自殺或逃跑現象。

東北局農村整黨工作委員會據各省電話的報告，已發現有六名黨員自殺（黑龍江二人，松江、遼東、遼西、熱河各一人），四名黨員自殺未死（吉林、熱河各二人），一名逃跑（熱河）。如熱河朝陽縣大四家村支部書記尤春芳，貧農成分，本身沒有問題，只是工作不很積極，支部不團結。平時對尤有成見的黨員焦永安，就乘機打擊報復，說尤春芳在偽滿時當過土匪，並搞過三個婦女。尤立時含淚說：「人都有倒楣的時候，姓焦的你還有什麼再提吧！」主持會的幹部只說：「這沒有什麼，不要計較」，就算了事。集訓結束，尤回本村途中，在村外吊死。黑龍江省富裕縣在集訓時，未經教育即號召黨員坦白，黨員李貴生交代有貪污和男女關係問題後，訓練班便「培養」其做「典型」，在大會做報告，結果羞愧自殺。還有的縣區，在圍攻時硬扣帽子，不許本人解釋，熱河隆化縣城區二村有的黨員被逼無耐（奈），就吃大蔥蘸蜂蜜（毒藥性質）企圖自殺，經發覺制止，最後逃走。

為防止以上現象繼續發生，中共中央東北局已通報各地糾正以上偏向。

資料來源：《內部參考》，1953年1月31日。

第三章

社會主義改造（一九五三至一九五七年）

蘇聯的今天是我們的明天

百花齊放，百家爭鳴

把心交給黨

一九五七年反右運動開始時，張成覺是一名上海交通大學的學生。也就是幾個星期以前，他還和許多其他人一樣響應黨的號召，幫助黨指出社會和政治制度上存在的問題。作為社會主義事業的支持者，張積極回應，他提議黨應該放鬆對學術和政治生活的控制，國家會因此受益。沒想到，到一九五八年一月他被打成了「右派」，被人貼大字報、開批判會。在高壓下，也為了保護自己，張揭發了別的學生偷聽美國政府資助的自由亞洲電臺廣播。

張的家庭背景比較複雜。他一九三九年在香港出生，但他的父親發家於廣東東莞。張父是個律師、商人，曾經在廣州國民黨地方政府工作，但新中國成立後，他的兩個哥哥是新政府和部隊的幹部。因為家裡有人對革命有貢獻，張父覺得回到東莞很安全。但是回來後，他在土地改革中被劃為地主。張父最後因不向政府繳餘糧而被處決。

張有著這麼不同尋常的家庭背景，但還是進了以科技和工程為主要學科的著名的交通大學，這是很不簡單的。但是，隨著反右運動開始，他的好運結束了。雖然他還是學生身份，但被送到上海郊區接受監督勞動。接著他得了憂鬱症並因此退了學。

為了改變政治地位，張和其他「右派」一起報名從上海去了新疆生產建設兵團（見第二章）。他被分配到新疆省會烏魯木齊附近的一個工廠。一九六一年，黨組織決定給他暫時去掉「右派」的帽子，一般稱為「摘帽」。張以為他不再被視作階級敵人了，於是讓在上海的哥哥幫他打聽能否回到交通大學。他的請求被拒絕了。一年後，他因營養不良得了水腫，被送回廣東老家休息治療。一九六六年廣東政府決定把他送回新疆。他在那兒當了近十年的工人，一九七五年開始當教師。在這期間他結婚了。他的妻子出身農民家庭，她同意嫁給張是在她不知道張是「摘帽右派」的情況下。

與其他相似的案例一樣，只有給他劃右派的單位才能給他完全平反。一九七九年，交通大學黨委推翻了原先的決定，張得以在一九八二年離開新疆回到廣州。一九八八年他移居香港，此後直至最近，他一直在寫作和出版揭露反右運動的材料。在談到自己一九五七年之後的命運時，張引用了毛時代文學作品中的一個經典說法：「話劇《白毛女》中說到『舊社會把人變成了鬼，新社會讓鬼又成了人』……應該說它是把人變成了蟲。」[1]雖然共產黨最後給張平了反，但是反右運動和後來二十年對他的處理再也沒能贏回他的忠誠。

一九五三至一九五七年中國經歷了毛澤東時代最劇烈的社會變革。在這四年裡，黨發動了「社會主義改造運動」，在全國範圍內消除了生產資料私有制，走向了蘇聯式的計劃經濟。到了一九五六年底，工業和貿易全變為國有，農民都加入了農業生產合作社。毫不奇怪，這個大規模的變革引起了廣泛的反抗。在城市，工人和黨組織之間在代表權和工會的作用問題上發生了衝突。在農村，國家的糧食統購統銷引起農民大規模的抵制。

在消除了作為階級存在的資本家和地主後，共產黨開始討論取消階級成分制度問題。然而，儘管資本家和地主作為階級已經不存在，但仍然沒能阻止政府建立全國範圍的勞改營網絡，這些勞改營一九五〇年代中期開始運行，用來讓那些「階級敵人」通過勞動接受再教育。一九五〇年代後期，共產黨向知識分子徵求對其領導的意見，以「糾正」不可取的思想方式，最終導致了反右運動和一場對異見分子尤為可怕的鎮壓。大批的知識分子被指責為持有反社會主義觀點，這場運動是個標誌，它結束了黨和知識分子之間實際存在的統一戰線。

產業工人：在黨的羽翼下？

在毛澤東時代的中國，工人階級享有最高榮譽。在共產黨的語彙裡，「工人」是個相對特定的詞，僅指工廠裡有固定工作的工人，共產黨稱之為「國家的主人」。在共和國早期，這是個有高度選擇性的群體：一九五一年周恩來估計全國有三百萬到四百萬產業工人，占全國人口不足一%。[2]當時大部分現代工業都在上海和東北。

在中國，工人歷來與政府的關係都不太好。一九二〇年代上半葉，城市開始有工人運動，發生了大規模的罷工。一九二七年工人和政府的對立達到了高潮，國民黨屠殺共產黨員和工人運動積極分子，給工人組織以極大的打擊，工人組織此後從未真正得以恢復。這使城市工人運動在中國內戰和一九四九年革命中發揮不了什麼大的作用。人民解放軍解放了各城市後，共產黨在工人中的力量有限，不能號召工人繼續生產，並聽從黨代表的指揮。新中國政府成立後，共產黨限制

圖3.1　工人們豎起的標語牌（1975年，廣州）：「我們是國家的主人」。

資料來源：Helmut Opletal拍攝。

工人代表加入黨主持的全國總工會。在新中國成立後的最初幾年，城市失業率依然很高。社會保障和福利開始實施，但只提供給國營企業的固定職工。

一些學者認為，共產黨管理城市工人的方式承繼了一九四九年以前國民黨的做法。建立官方工會和黨領導的工人民兵都是國民黨的創意，國民黨在抗日戰爭期間建立工作單位的做法也是一樣。[3]共產黨最初的重點是增加生產、加強紀律，在混合型經濟中勞資雙方的共同利益與世界上其他國家合作型體制基本相同。我們對不同案例進行分析，證實了這樣一種印象，即在這方面共產黨承繼了國民黨的做法。對無錫絲綢工業的檔案分析表明，一九四九年前的男性工頭在共產黨取得權力後好幾年仍留下來做車間負責人，雖然明知他們中有些人曾毒打女工。[4]相信共產黨一定會「解放」工人的人感到很失望，因為沒有什麼變化，很多人認為革命沒有實現原先的承諾。在上海，建國初期工人的動亂和罷工讓政府持續受到壓力，也十分不悅。在這樣的情況下，我們如何來理解共產黨崇高的設想：工人如今是「國家的主人」呢？這種說法只是在馬克思列寧主義的理論上才能說得通。馬克思認為，無產階級革命是走向社會主義的第一步，在這場革命開始前，資產階級要從封建勢力手中奪取政權，以資本主義剝削制度取代封建的剝削制度，資產階級是新制度的主要獲益者。[5]然後，工人階級要領導第二場革命，這場革命不僅要解放工人階級自己，而且要通過推翻資本主義制度解放全人類。所以無產階級是最後的解放者，它不僅要取得權力，還要完全消滅階級與剝削。

在中國一九四九年的革命中，農民的作用比城市人重要得多。但是，城市工人代表了共產主義事業的未來，他們是工業化和共產黨所追求建立的社會主義國家的關鍵因素。在一九五〇年代，與東歐社會主義國家一樣，中國共產黨也將工人階級視為最進步的階級。城市的產業工人在工廠接觸先進的技術，一般認為他們的社會關係較少以親屬關係，更多以階級團結為基礎，這種階級關係建立在罷工和在車間進行階級鬥爭等共同經歷的基礎上。一九四九年之後國營企業產業工人的增加擴大了社會主義建設的後備力量。取消土地和生產資料私有之後，每個人都成了工人了。

總之，中國共產黨關於「國家主人」的提法來自工人對社會主義建設作用的理論，提出這種說法也是因為人們期待隨著新中國的現代化，工人階級隊伍會勢不可擋地擴大。根據這個理解，「主人」並不一定等同於領導和主管。實際上，中國共產黨一九四五、一九六九和一九七三年的黨章都不是將共產黨定義為工人階級的公僕，而是工人階級的「先鋒隊」。[6]黨並不是反映工人自己所表達的那種短時的、主觀的利益，而是要反映他們切實的、客觀的利益。為了建設共產主義，黨要向工人灌輸「階級意識」，鼓勵他們根據將人類引向共產主義的社會發展規律行事。

與此相應的，共產黨需要加強其無產階級性質，實現這個目標需要不斷與小資產階級和小農的落後意識形態的影響做鬥爭。要有系統地將工人培養為幹部和領導，取代舊社會遺留的官員。毛澤東領導下的中國共產黨的理論是，清除「階級敵人」、與左傾和右傾做鬥爭，以保持黨的純潔。儘管只有最先進和最革命的工人可以入黨，但國營企業的所有工人都自動成為由官方建立的工會的一員。這些工會是「共產主義學校」，可以教育工人，提高他們的政治覺悟。按照列寧的說法，工會是先鋒隊和工人大眾聯繫的紐帶。[7]這種聯繫是雙向的。一方面，好的工會幹部可以進入黨的機制，另一方面，工會要貫徹政府政策、執行勞動紀律、在單位落實社會福利。

工會：關於代表權的衝突

一九五三年關於工會作用的爭執表明，黨在應對工人階級方面並不總是很順利。同年八月，官方工會向黨中央提出的報告說，工人的罷工、消極怠工和集體請願持續發生。從一月到六月全國各地都發生這樣的情況，從建工行業到交通運輸和採礦企業的工人都參與了。在一些特別嚴重的地方，黨的幹部被工人群眾綁起來拷打。甚至那些自稱為「工人代表」，應該屬於黨的人，也向國家提出要求。

大部分的罷工等事件都是因為對工資和福利不滿而發生，他們批評幹部不是採取解決問題而是壓制的辦法，這都屬於「官僚主義」和「長官意志」。八月工會的報告還指出，有些「反革命分子」利用工資和福利問題挑動異議，進行「反革命」活動。還有一些問題是「封建把頭」造成的，他們中有些人仍然積極為敵人服務。[8]報告指出，加強黨委對工會的領導，同時改善「管理方式」，即更多關注工人的要求，可避免罷工的出現。

在一九五〇年代初，社會主義制度下工會的作用是個有爭議的問題。工會可以代表工人的利益對抗私人資本，但面對國營企業則是另外一個問題了。一九五三年一月，中央解除了全國總工會副主席李立三的職務，理由是搞「工團主義」和「經濟主義」。「工團主義」指李錯把工會而不是黨作為工人階級的最重要代表。李不尊重黨的領導：如同這個決定所指明的，「他沒有理解到我們國營企業中已經沒有階級對抗和剝削關係的存在，個人利益和國家利益是一致的。」[9]「經濟主義」指李為工人謀求物質利益，如要求高工資和高福利，將其置於長期目標之上，如促進生產，而這樣的長期目標是黨的「中心任務」。

隨著李的罷免開展了範圍更廣的反對「工團主義」的運動，工會被置於黨的嚴格控制之下。他的離任也具有更大的象徵意義。李是一個老手：在一九二〇年代上半葉，他曾在安源煤礦領導總罷工。一九三〇年，他是共產黨的領導，直到一九五〇年代他仍是民國時期有影響力的工人運動的象徵。中華人民共和國成立後，他是勞動部第一任部長和全國總工會副主席。他的罷免割斷了新中國與解放前工人運動的聯繫，設立了黨的首要目標。在上海，其他一九四九年前工會高級幹部也在一九五三年被罷免，取而代之的是與過去的城市共產主義聯盟沒有關係的幹部。[10]根據中央的精神，各級新的工會領導人一律是外來的，沒有當地的背景和支持，因此無力挑戰中央政府的權威。

中共對「工團主義」的批判使人聯想到蘇俄一九二〇和一九二一年關於工會作用的辯論。那時托洛斯基認為，社會主義制度下工會的主要任務是通過工人隊伍的軍事化嚴格執行紀律。在新的「工人和農民的國家」裡，那些工會在資本主義制度下為工人提供的特別保護已經沒有必要。

另外一些領導人認為，工人階級不應進行反對自己（國家）的罷工，呼籲禁止罷工一類的活動。列寧則反對托洛斯基的觀點，認為雖然蘇聯是「工人和農民的國家」，但是官僚主義的殘餘仍然會導致偶發的不公正現象。在新建立的蘇維埃國家，產業工人數量很少，他們沒有受過很好的教育，不能指望他們可以面對政府的官僚機構來保護自己，特別是這個官僚機構仍然續用舊制度留下的官員。除了那些沙皇時代留下難以對付的餘孽，布爾什維克黨自己的幹部也開始養成壞習慣，他們不再單純地關注工人的需求。因此，列寧認為，在從資本主義向社會主義過渡的時期，面對國家，工人仍然需要工會保護他們的利益。[11]

一九五〇年代的中國，產業工人不能有獨立的代表。但是很多工人在社會主義改造中獲益匪淺。對於成千上萬的人來說，新中國的建立給他們帶來了穩定的工作和福利。一九四九到一九五七年，享有正式工人待遇的人急遽增加，因國內遷徙管理較為鬆散，城市人口快速膨脹。在這段時間，中國城鎮人口從五千七百六十萬增加到九千九百四十萬，[12]國營企業的工人則從八百萬增加到兩千四百萬，增加了兩倍。對於那些能夠成為體制內固定職工的人來說，新中國帶來社會地位上升的承諾是切切實實的。對於他們的餘生，工作、福利、糧食供應、免費醫療和低廉的住房都是有保障的。他們正式退休年齡是女性五十五歲、男性六十歲，他們也可以放心，至少一個子女成年後可以頂替到他們的單位工作。除了國營企業，集體企業也擴大得很快，從一九五二年的二十三萬增加到一九五七年的六百五十萬。[13]如前所述，工作單位不是中國共產黨的創新，民國時期和蘇聯都有。只是在中國共產黨的統治下，幾乎所有的城市居民都有了單位，社會生活、文體活動都由單位來集體組織。對那些進入體制的人來說，新中國帶來了切實的好處，共和國早期這些成就我們不應忽略不見。

資本家和向社會主義的過渡

一九五三年政府宣布執行第一個五年計劃，旨在將中國建成一個現代化的工業國家。截至那時，世界各國的共產黨都將蘇聯的計劃經濟看作貧窮的農業國家最適宜的發展模式。他們認為，合理、科學地對經濟予以計劃比資本主義市場經濟的「無政府狀態」更先進，因為資本主義市場經濟的生產過度造成週期性的危機，導致高失業率、貧窮、工廠關閉和生產資料的毀壞。共產主義政黨認為，計劃經濟可以規定原材料和消費品的價格，為每個行業和單位設定生產配額，從而使人類走出危機的循環和失業。中國領導人和蘇聯同行一樣，相信重工業的發展不僅對國家工業前景，而且對國防都是關鍵。在第一個五年計劃期間，工業投資的八八・八%放到了重工業上，只有一一・二%用於輕工業。[14]蘇聯專家在關鍵項目的設計上發揮了重要的諮詢作用。共一百五

圖3.2　十一國慶在天安門廣場的遊行。

資料來源：葉華拍攝，路德維希博物館提供。

十六個項目，其中四十四個是國防項目，二十個是鋼鐵項目，五十二個是能源項目，二十四個是機械項目，十個是化學工業項目。[15] 鋼鐵工業被看作是現代化的工業，因為它為機械製造、鐵路和坦克提供原材料。

一九五四年九月，全國人大通過了中華人民共和國第一個憲法，確定國家的當務之急是向社會主義轉變、總體上消除剝削、消除富農經濟和資本主義的所有制。憲法宣布所有十八歲以上的公民不論性別、職業、社會地位、教育程度、宗教信仰和貧富水準都有投票權。憲法第八十五和八十六條確認，所有公民在法律面前一律平等，患有精神疾病的人不享有政治權利，還有那些依照法律被剝奪了政治權利的人。公民享有宗教、言論、出版、集會和遊行示威自由（第八十七、八十八、八十九條）；禁止非法逮捕。所有公民都有工作、接受教育和享受社會福利的權利。總之，一九五四年的憲法比毛澤東一九四九年的〈論人民民主專政〉一文的內容要廣泛，毛在這篇文章裡要求剝奪所有「階級敵人」的一切政治權利，這樣的內容在這個憲法裡明顯不見了（詳見第二章）。[16]

政府發起了對憲法的公開討論，包括通過媒體和城市的工作單位。檔案資料表明憲法草案在幹部和一般老百姓中都引起了相當大的混亂。在一九五〇年代早期，對共產黨進行公開的批評是常見的，[17]對一九五四年憲法草案的批評集中在給所有人以公民權和國家機構已實施的鎮壓措施之間的矛盾上。另一個不明確的問題是，資本家是否真的可以像憲法所寫的那樣成為平等的公民，因為憲法同時又要求結束資本對生產方式的控制。

第一個五年計劃剛開始時，私人企業還繼續存在，但是到了一九五四年，政府下令實行「公私合營」。政府保證私人企業家可以在這些新企業得到領導職位，並且也補償他們損失的利息。這裡所預見的社會主義革命是非暴力的、漸進的。第二步是將這些公私合營企業轉化為國營企業。一九五五年，劉少奇宣布，中國的公私合營不採用徵收的方式，而是採取公司收購這種較少引起對抗的形式。東歐國家以不提供原材料和工作合同迫使私人企業倒閉，而中國則完全不同，官方媒體的報導上到處可見資本家自願加入公私合營的報導。[18]

有些人表現出非常願意與政府合作，這可能是因為，在一九五〇年代中期時，沒有黨組織的支持，私營企業要經營是極為困難的。「五反運動」的劫掠仍然讓好多企業老闆心有餘悸。他們希望對新制度表現出忠誠可以讓他們不被戴上階級敵人的帽子、免受農村地主遭受的那種處罰。有的人甚至幻想可以在國營企業做一輩子經理工作，有較好的工資收入，還有政府允諾的補償金，他們可以繼續擁有較高的生活水準。

起初的跡象還是挺鼓舞人心的。一九五五年，毛澤東宣布要給資本家工作，要保留他們的政治權利，而「地主」則對新制度構成威脅，雖然可以讓他們吃飽飯，但不能保留政治權利。[19]同時，共產黨承諾，如果資本家願意為國家工作，在第三個五年計劃之後可以重新劃定成分為工人。[20]有的企業家，特別是那些難以為繼的企業家，他們高興能有機會拿國家工資，而不是自己在市場上掙扎。那些最底層的工匠、小販常常最為困難，他們不算資本家，直接就被組織進合作社。一九五〇年代中期到一九七〇年代，合法的小商販絕跡了。工業、手工業和商業向社會主義過渡是在黨的領導和組織下自上而下進行的。轉化相對平和，那些資本家只能歡迎社會主義，期待自己能夠保住公民地位。

「勞改」和勞改營

可以說，共產黨早期對待「資本家」的處理在很多情況下還是比較寬容的。對地主則比較嚴厲，但在其他方面，重點是新民主主義和逐步向社會主義轉化。然而，一九五〇年代前期，國家公安部門的觸角有了很大的擴展，特別是在刑罰方面。清朝晚期和國民黨的民國時期，已經有了一些建造現代監獄的努力，包括監獄工廠和勞改營。中華人民共和國早期，這些努力仍在繼續。新中國成立初期的運動中幾十萬人被處決。但那時大多數黨的領導人傾向於給「階級敵人」以改造的機會。毛澤東一九四九年提出要強迫「反動派」勞動，[21]這個說法出自當代共產主義運動關於勞動與所謂的「思想改造」關係的信念。勞動不僅僅是將這些人改造為以勞動為生的新社會成員的唯一方式，而且通過工作可以體驗勞動的艱苦和創造的愉悅，讓先前的剝削者或者罪犯可以瞭解廣大人民的苦難和他們以前的「寄生生活」。強迫勞動不僅具有懲罰性也具有教育性。

新的刑事司法制度將「勞動教養」和「勞動改造」（簡稱「勞改」）區別開來。「勞動教養」是行政處罰，可以因較輕的罪行由工作單位或警察決定。「勞動教養」最長為三年，不必經過法院。比較嚴重的犯罪要送去勞改營「勞改」，時間較長。共產黨認為司法制度是「人民民主專政」的延伸，因此在判決時，犯人的階級成分起著很重要的作用。

一九五一年，新政府開始在全國各地建起了勞改營網絡，其規模遠遠超過了國民黨時期。很多勞改營都建在西部邊遠地區。有些在沙漠裡，不必設圍牆和柵欄，因為條件特別惡劣，逃跑幾乎等於送命。關於中國勞改營的研究很少，尤其是與蘇聯的「古拉格」系統的研究相較來說，獲得有關檔案材料很難，因此有關研究都比較困難。[22]但較為明確的是，勞改營系統在一九五〇年代大為擴展，在文革初期才崩潰。一九七〇年代這個系統得以重建，然後一直運行到現在，雖然「勞改」這個詞不再用了。

人民共和國早期，共產黨毫不避諱「勞動改造」這個詞。黨的領導人讚譽這個制度成功地教育了末代皇帝溥儀。溥儀曾在日本控制的滿洲國當了十多年的傀儡皇帝（一九三二至一九四五年），後來被人民共和國作為漢奸關在遼寧撫順戰犯管理中心，一九五九年國慶十周年時被大赦。政府宣布他已被改造好，給他在北京植物園分配了一個工作，這個案子成為人民共和國的教案，反映了新中國對昔日敵人的大度和人道。溥儀的回憶錄由李文達代筆撰寫，書中記敘了他勞動改造的經歷，被翻譯成了好幾種外語出版。[23]毫無疑問，對普通罪犯的待遇比昔日的皇上要差得多了。

一九五〇年代關於勞改的明文規定是「改造第一，生產第二」。但是，思想改造，即教育犯人的願望，和國家利用他們的勞動創造利潤之間存在著明顯的矛盾。一九五一年五月，劉少奇談到勞改系統的五百萬勞動力時說，「〔這些勞動力〕不需要保險和工資……在蘇聯，他們讓勞改犯建造了好幾條運河。如果我們使用得好，可以有經濟和政治獲益。」[24]到了一九六〇年，劉少奇當時所估計的五百萬勞改人數已經增長為一千兩百至兩千萬。[25]一九八〇年代，至少有一個官方出版物說勞改單位給國家創造了可觀的利潤；同一個出版物還說到，一九四九至一九五三年和大躍進期間，由於工作條件十分艱苦、分配的糧食不足，勞改犯的死亡率非常高。[26]勞改單位能夠盈利並不是所有人都認同的觀點。一位西方學者提出，勞改單位的勞動力規模很小（僅僅是全國國民生產的〇．六五％），其創造剩餘價值的能力是很有限的。[27]我們只能猜測毛澤東時代有多少犯人死於獄中，但是很難想像，監獄裡的條件能夠讓很多犯人感覺到社會主義制度的優越。

親歷者的敘述講到，在勞改營，糧食分配成了加強管制的工具。在勞改營，犯人分為「一般犯人」和「政治犯」兩類。勞改大隊和犯人都是根據產量來劃分級別，犯人們要相互監督並報告犯規行為。根據一九五四年勞改規定，犯人勞改期限結束後仍然可以留在勞改營，就是說，勞改可以是無限期的。那些勞改結束，但仍然構成威脅的人被稱為「勞改釋放分子」，他們不能回到原工作單位，但可以在勞改營之外生活，拿正常的工資，也可以把家人接來在當地一起生活。[28]

除了勞改系統之外，一九五〇年代初期隨著政府在城市懲治犯罪，另一個輕一點的處罰「勞動教養」越來越重要起來。妓院、鴉片館和爵士樂俱樂部、夜總會、賭場以及大多數餐館統統被關閉，妓院和鴉片館的工作人員被送去勞動教養，這些被稱為「腐朽的資產階級」夜生活。在城市裡，性工作者、乞丐、吸毒者、街頭小販和無家可歸者等邊緣化人群，都被送去勞教。這些人被視作舊社會的受害者，但他們的「寄生傾向」使他們成為思想改造的對象，很多人被送到新建的職業訓練和思想改造中心。至於這些人如何看待共產黨對他們的政策，很少有人知道。一九五七年，政府宣稱，大多數乞丐、妓女和小偷都被改造過來了，但檔案材料顯示，在很多情況下，再教育的目標並沒有實現預計的效果。

到了一九五〇年代後期，那些妓女和犯輕罪的人已經不能再自稱為「（舊社會的）受害者」了。[29]他們以前不響應接受再教育的號召被看作抵制新的社會制度。由於政府的控制，賣淫與大多數的吸毒現象消失了，直到一九八〇年代初期才再現。黨的宣傳部門將消除賣淫和吸毒讚譽為革命的重大成就。上海性交易和鴉片交易的廢除尤其具有重要的象徵意義，因為這些交易既有中國客戶也服務於外國客戶，被看作是中國革命前，道德頹廢和被半殖民、受壓迫的遺跡。然而值得一提的是，儘管職業性賣淫被取締了，為了生存而發生性關係的現象沒有消失。毛澤東時代的檔案裡有很多關於婦女為了得到食物或更好的待遇與地方幹部進行性交易的記錄，在危機時期如大躍進時期，或在困難時期如年輕女性在文革期間下放農村，[30]這種現象更為普遍。但很少有人將這些稱為「賣淫」。

一九八〇年代隨著改革開放的到來，犯罪率上升，人們開始有一種懷舊情懷，稱一九五〇年代為黃金時代，認為那會兒社會治安很好，夜不閉戶、路不拾遺。文件記載表明這些很可能是美化的想像。附件3.1描述了重要的工業城市包頭的情況，一九五六年偷盜、持械搶劫、「流氓」鬥毆、調戲婦女等事件明顯仍然頻繁，部分原因是政府對城鄉間的流動仍然控制不力。對於犯罪分子，包括「流氓」和「流氓無產者」大量實施勞改和勞教。共產黨在城市工作單位推行道德模式，甚至干預私人生活，如婚外戀也會受到「勞動教養」的處罰。但由於勞教和勞改制度涉及面特別大，我們對那些勞教、勞改犯回到社會以後的生活知之甚少，而對那些從未重返社會的則更是一無所知。[31]

農業合作化和爭奪糧食的鬥爭

土地改革是中國革命的中心工程之一，但是從來不是最後的目標。到了一九五一年，全國有些地方已經開始了黨計劃的下一個階段：農業合作化。最初，這個過程稱為「合作化」，以區別於蘇聯集體農場的新組織形式。首先是幾個農民家庭組成「互助組」，在秋收季節互相幫助，所有制的私人性質不變。第二步，更多的家庭組成初級社，進行集體生產。在這些初級社階段，大家集體生產，但收成的分配受各家投入的土地、勞力、牲畜和生產資料多寡的影響。第三步是加入高級社，土地、牲畜和機器都成為集體所有，糧食分配根據勞動工分進行。各家可有一塊「自留地」滿足基本生活所需。一九五七年之前，允許農民自願加入合作社，理論上說，加入後還可以退社。但到了一九五六年末，至少在漢人聚集地區，幾乎所有農民都進了社會主義合作社。

為什麼共產黨要在土地改革完成後這麼快就推動合作化呢？一個重要原因是，共產黨相信，根據當代馬克思列寧主義的理論，大規模的農業生產可以提高生產率。大規模地使用土地、勞力和農業機械更加有效。毛澤東和其他黨的領導人同時也關注土地改革之後的農村社會發展。他們察覺到農村社會出現了階級新分類的跡象，擔憂出現「新中農」和「新富農」，並且像以前的地主一樣剝削雇工。在新的一輪剝削中，「貧農」仍然會是受損失的一方。合作化會消除農村的私有制，讓每個人都變成農業勞動者，這是一勞永逸消除剝削的唯一辦法。

合作化和階級路線

與蘇聯相比，中國的合作化相對較和平，這個不同在很長時間裡讓研究這個問題的學者感到困惑。中國共產黨從未覺得有必要像蘇聯在一九二八至一九三一年間那樣，把階級敵人從農村流放到其他地方。中國也未遇到烏克蘭在合作化過程中爆發的那種國家和農民之間的內戰。一個可能的原因是，中國共產黨的漸進政策，允許合作化分步驟進行，讓農民逐步適應新的生活。但是這最多是一個局部方案，因為黨的三步走方案根本沒有在所有地方得到一致執行。一九五五和一九五六年合作化的壓力之大，使很多村子根本沒有經過先建立互助組，再到初級社的步驟。很多地方「一步跨入天堂」，從互助組直接建立了高級社。

中國可以和平轉變的另一個原因是，到了一九五五年，中國共產黨已經消滅了農村裡大多數的敵對勢力。在蘇聯，一九二八年時富農和教堂在農村生活中仍然有較大的作用。蘇聯共產黨不得不在實行集體化的同時摧毀農村的精英勢力，在所謂的「去富農化」運動中將幾百萬人流放到西伯利亞。而在中國，到了一九五一年土地改革運動結束時，可以說農村所有的精英都被消除了，所有的組織都在共產黨的控制之下。而且中國共產黨在農村的根基比蘇聯共產黨強。一九五五年，全中國二十二萬個村子裡有十七萬個黨支部，並宣稱有四百萬黨員。[32]蘇聯共產黨在農村的實力要小得多，他們依靠組織起來的號稱「兩萬五千名」城市工人去支持進行合作化。

在合作化運動的早期，中國共產黨執行的階級路線是只讓階級成分好的人進入合作社。這個限制造成了很大的問題，因為那些受到限制的人往往是比較富裕的農民，很多合作社因沒有他們的牲畜和農具而缺乏生產工具。當地的黨組織在不同的場合向中央提出地主和富農加入的問題，他們的擔憂主要是，放鬆排除政策可能會讓那些人從內部破壞社會主義制度。一九五四年，黨中央部分放鬆了限制，學生和其他家庭出身不好的年輕人可以成為合作社成員，但這些人中只有共青團員才能擔任領導職務。[33]直到一九五六年全面合作化的壓力增大時，至少在漢族地區，才要求農村全部人口都加入合作社。

共產黨雖然破壞了舊的精英結構，但也沒能防止合作化受到抵制。一九五六年和一九五七年上半年，幾百萬農民退出合作社，同時大量屠殺牲畜。[34]在四川和青海的藏區，當地政府根據「農牧結合」的政策試圖將遊牧民組成合作組。他們還在有些地區強迫牧民改變遊牧的生活方式，這兩方面加在一起導致了多起武裝暴亂，最後不得不讓解放軍來平息。

黨的領導層在合作化的速度問題上也有不同意見。一些主要領導人建議放慢合作化的進程，讓自願加入有更多的空間，而另一些領導人則認為應該加快速度以打破抵制的勢力。毛澤東最終選擇了第二種建議，要求進行全面的農村社會主義改造。如同在其他運動中一樣，毛澤東說他的選擇是不得已而為之：在他看來，農民和地方幹部已經採取了主動，創建了「農村社會主義運動高潮」，黨沒有別的選擇，只能順應潮流。[35]合作化當然得到了廣泛的支持。很多地方幹部、積極分子和農民真心相信，農業集體化可以讓他們增強應對自然災害的能力、促進農業現代化，讓他們富裕起來。但很快地方上的看法就無關緊要了。到一九五七年末，黨中央取消了農民退出合作社的權利，開始了強制集體化的階段，這個階段一直延續至一九八〇年代初期。

圖3.3　一個中國農民。

資料來源：葉華拍攝，路德維希博物館提供。

爭奪糧食的鬥爭

中華人民共和國早期，養活快速增長的城市人口給政府帶來了相當大的壓力。傳統上，一般是豐裕的「富農」有較多剩餘的糧食，這些糧食最後運到了城市。土地改革削弱了這些人，而替代了他們的「貧農」則不願意賣糧食。貧農曾多年食不果腹，現在他們更願意自己吃得飽飽的，而不是將糧食用來支援城裡人。新民主主義階段農業生產有增產，但是增加的產量都用來滿足那些過去營養不良的農民了。到了一九五三年，中國城市遭遇了嚴重的糧食供應危機。為此，中央政府開始推行國家壟斷，推行糧食的「統購統銷」。其目標是養活城市人口和支援遭受自然災害的農村地區。到了一九五七年，這種壟斷的購銷方式擴展到幾乎所有的農產品，包括棉花和其他非糧食作物。城市糧食定量供應開始於一九五三年，於一九五五年全國統一施行，保證城市居民得到廉價的糧食和基本消費品。

在統購制度下，採購價是很低的，國家宣傳機構把農民賣餘糧描述成愛國責任。在有些地區，這個責任特別沉重，因為國家不僅收購剩餘的糧食，還把手伸到了農民的口糧裡，使當地農民的口糧發生短缺。在整個毛澤東時代，統購統銷制度使共產黨得以剝削農村的資源，來推動城市和工業的發展，直至一九八〇年代中期才廢除這個制度。政府以自定的價格獲取它想要的任何數量的糧食，使其可以向其他社會主義國家出口糧食，用來進口工業技術或向蘇聯還債。糧食定量使國家能夠以限制「體制內」的消費來加強控制。農民的愛國責任是廉價銷售餘糧，國家也不斷提醒城市居民有責任避免浪費糧食。在共和國早期，儘管國家施行高度的控制，在農村的生產和城市的消費之間維持平衡仍然是個巨大的挑戰。由於城市消費人口在增加，不可避免地要從農村採購更多糧食。但是當時人均產量仍然很低，很多地區整個一九五〇年代都經常遭遇自然災害（見圖3.4）。

農業合作化使國家對餘糧的控制容易得多，政府只要跟有限的一些大的生產單位打交道，而無需面對土改造成的小農的海洋。有的中國學者認為，這才是共產黨推動合作化的主要原因，而不是純粹的意識形態考慮。[36]從國家的角度來看，合作化的實際好處只有在對統購統銷的抵觸越來越大時才更加明顯。附件3.2描述了一九五七年陝西省大規模抗議糧食短缺的情況，農民攻打幹部，甚至逼迫一些幹部自殺。這個極端的情況發生在合作化之後，但不這麼極端的其他情況在一九五三和一九五四年執行統購統銷政策後，全國各地都有。儘管黨的宣傳稱讚該制度為社會主義改造的核心，在很多地方，農民以低報土地和產量減少賣糧配額。還有的人擴大自然災害造成的損失以獲取國家救濟。

每個村子裡，農戶都被分成「餘糧戶」、「自足戶」和「缺糧戶」。村民們想盡一切辦法不做

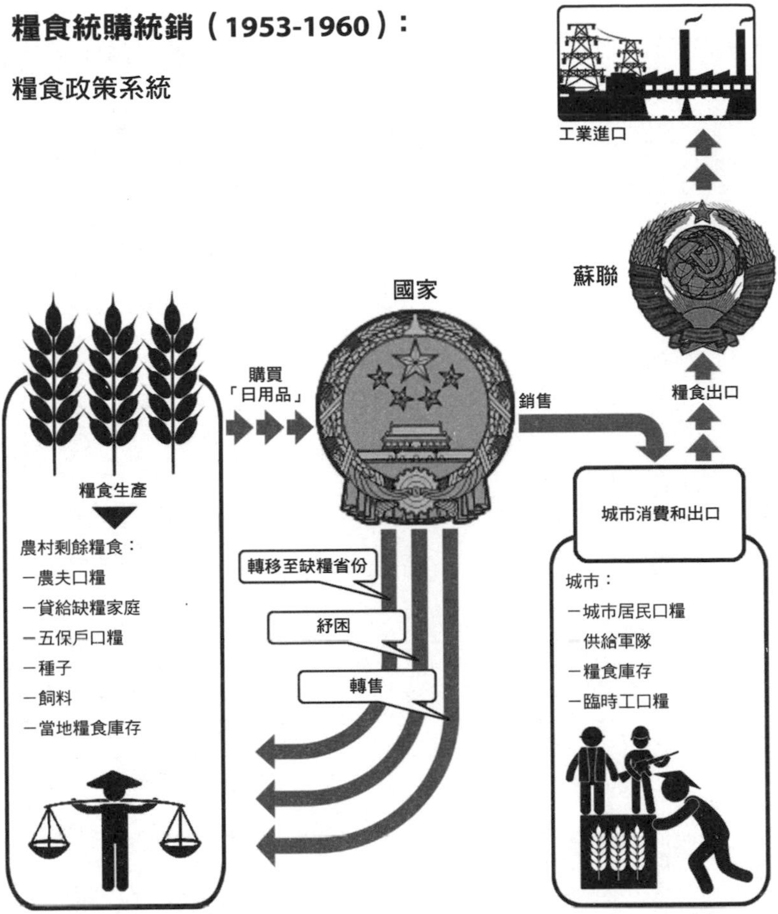

圖3.4　糧食統購統銷（1953-1960）。

資料來源：Felix Wemheuer, *Famine Politics in Maoist China and the Soviet Union* (New Haven, CT: Yale University Press, 2014), p. 88，經出版社許可後轉載。

「餘糧戶」，因為這個頭銜會增加賣糧的負擔。一九五三年，毛澤東估計「缺糧戶」占農村人口的一〇%，同時兩千萬至四千萬農民每兩年就要遭遇一次自然災害。[37]可是，黨中央很快開始懷疑很多糧食短缺和饑餓是謊報。報紙上出現文章談到農民要破壞糧食採購制度、騙取救濟。政府開始越來越不相信農村糧食短缺的報導。黨的領導人指責「地主」和「富農」組織抵制國家政策的執行。就這樣，一九五〇年代隨著時間的推移，談論農村饑餓逐漸成為禁忌。當一九五九年發生全國性饑荒時，這個禁忌導致了毀滅性的後果。[38]

第八屆黨代會和階級成分制度

一九五六年九月中國共產黨召開了第八屆全國代表大會。這是一九四五年以來的第一次。第九屆黨代會直到一九六九年才召開。黨代會的一個任務是選舉中央委員會，一九五六年進行這個工作是有爭議的。在蘇聯，赫魯曉夫的上臺伴隨著一場「去斯大林化」運動，在這場運動中，有人認為，斯大林時期發展上的一些失誤部分原因是「個人崇拜」，而斯大林鼓勵個人崇拜。在蘇聯和東歐集團，對國家領袖的個人崇拜在下降。在中國，毛澤東沒有受到直接的攻擊，但一九五六年黨代會決定把毛澤東思想的提法從黨章中刪除（這也是自一九四五年就沒有改變過的）。

黨代會還宣布工業和農業的社會主義改造成功結束。中國新的政治情況要求進一步修改黨章。經修改的黨章規定，只要一個公民不剝削他人，他就可以要求加入中國共產黨。理論上說，這個定義允許漢族地區的每一個人入黨，但在實際上，還需要申請人有一段預備期來證實其「可靠性」。一九四五年黨章規定工人、貧農、革命軍人和城市貧民的「預備期」為六個月，但中農、職員和自由職業者預備期為一年。[39]而新黨章規定，無論階級身份如何，預備期都為一年。同時，由於中國新的社會經濟現實，有人提出了現有的階級劃分是否合適的問題。中國共產黨總書記鄧小平對修改黨章做了如下的解釋：

取消原有的不同的入黨手續，是因為原有的社會成分的區別已經或正在失去原有的意義了。在第七次大會以前和以後的相當時期內，對於不同的社會成分規定不同的入黨手續，是必要的，起了良好作用的。但是，在最近時期，情況已經發生了根本的變化。工人和職員已經只是一個階級內部的分工；苦力和雇農已經不存在了；貧農和中農現在都已經成為農業生產合作社的社員，他們之間的區別很快就只有歷史的意義；革命士兵由於徵兵制度的實行，已經不成為單一社會成分；知識分子的絕大多數在政治上已經站在工人階級方面，在家庭出身上也正在迅速地改變著；城市貧民和自由職業者差不多已經失掉成為社會階層的條件。每年都有大批的農民和學生變為工人，每年都有大批的工人、農民和他們的子弟變為職員和知識分子，每年都有大批的農民、學生、工人和職員變為革命士兵，又有大批的革命士兵變為農民、學生、工人和職員。把這些社會成分分為兩類還有什麼意義呢？而且即使要分，又怎麼分得清呢？[40]

這個講話對於過去做法是一個極大的改變，混合的階級制度不僅涉及到個人在經濟結構中的地位，也涉及家庭出身。鄧小平那時表示，由於徵收了地主的土地、資本家的資產，建立在那種特殊的所有制基礎上的社會階級消失了或者正在消失。因此，這種階級成分的劃分比一九四九年之後中國共產黨所建立的混合式劃分更加接近於馬克思主義基本理論。

鄧小平的講話是對斯大林關於一九三六年蘇維埃憲法論點的重要回應。斯大林當時也說，隨著工業的社會主義改造和農業的集體化，剝削階級已經被消滅了。所留下的只是結成聯盟的工人和集體農莊農民兩個階級，知識分子不再作為一個單獨的階級存在，而是散見於上述兩個階級之中。斯大林認為，階級鬥爭只有在先前的剝削階級、「有害的社會成分」以及敵對國家派出的間諜對蘇維埃制度進行破壞時才會存在。[41]在二次大戰以後斯大林時代的最後一個階段裡，蘇聯結束了「階級路線」政策，而在這個平權政策下，工人和農民有接受教育和入黨的優先權。

鄧小平的講話和黨的八大報告讓人覺得，中國就要擯棄以前的階級體制了。然而，這一步直到一九八〇年代初期才邁出，部分原因是黨的領導層在如何對待知識分子問題上出現分歧。一九六〇年，毛澤東在批判蘇聯標準政治經濟教科書時，認為教科書沒有談及對「資產階級知識分子」進行再教育，使他們變得「又紅又專」的必要性。[42]在他看來，這是社會主義改造進程的一個重要部分。

知識分子：改造對於一些專家是急需的和必要的

自從中國共產黨一九二〇年代建立以來，共產黨和知識分子的關係一直很複雜。很多黨的早期領導人如陳獨秀和李大釗都是從北京大學出來的，陳獨秀來自院系，李大釗是圖書館負責人。其他人如劉少奇、周恩來和鄧小平都在國外留過學，有的人還在國外留學多年。毛澤東自己也曾在北京大學工作，雖然只是個圖書管理員，由於他積極參與政治活動，同時因為他第二任妻子楊開慧的關係，他認識當時知識分子領導層的人。從根基上來說，中國共產黨起源於知識分子，雖然早期依賴於蘇聯共產黨的有力支持，但它最早起源於一九一九年的五四運動。

現在有人認為，毛澤東憎惡知識分子，這種憎惡源於他自己沒有大學文憑、沒有接受過正式的大學教育，因而有一種自卑情結，這是一種簡單的大眾化心理推論。而我認為，至少從一九四〇年代後期開始，毛澤東就把自己看作偉大的思想家，他關於戰爭、革命和社會變革的理論，加上他領導中國革命走向勝利的成功實踐，已經讓他具有了遠遠勝過任何一個大學教授的理解力。在他看來，他是最終將理論付諸實踐的知識分子。根據這個理解，在共和國早期，共產黨作為一個整體也把自己看作知識分子的運動。一位學者曾說過，在大多數情況下，黨的領導人把黨和知識分子的分歧看作一部分知識分子和另一部分的爭論。[43]

但是，中國知識分子精英的構成給共產黨帶來了一個實實在在的問題。在民國時期，大學入學率很有限，學生主要來自於上層社會。根據一個學者的統計，一九一一至一九四九年，全中國只有一百五十萬大學畢業生。[44]所有這些受過高等教育的年輕人，如果參加共產主義運動，都要「背叛」他們的家庭。而且一九四九年以前，中國的主要研究機構都是由在美國獲得學位的學者主持，大部分教會大學和學校得到美國資金的資助。外國資助者當然對正式的教學課程和這些教學機構中知識分子的風氣有影響。因此，一些來自農村的黨的幹部把學術界看作受西方帝國主義影響、與資本家和地主利益相呼應的外來勢力並不奇怪。一九四九年，共產黨為了解決這個問題，提出必須改造「資產階級知識分子」，進行馬克思列寧主義思想的教育。同時，黨也看到，需要專家做科學研究、工業建設和開辦大學。按照蘇聯的模式，中國共產黨強調科技和培訓工程師及科學家的重要性，以保障中國工業的發展。對這些學者來說，給予他們在自己領域的科研自由明顯比給作家、電影編輯和藝術家以言論和出版自由更重要。

早在一九四二年，毛澤東在〈在延安文藝座談會上的講話〉中，就強調文藝在中國革命中的重要性。他認為，作家和藝術家需要放棄自己的特權，和廣大人民群眾打成一片，創造服務於人民大眾的藝術作品。[45]但是由於一九四九年以前沒有義務教育，在新中國從普通人當中培養出「又紅又專」的一批人之前，只能依靠「資產階級知識分子」。新中國在這方面全力以赴。他們關閉了傳教士開辦的學校、私立的學校和大學，政府對藝術產品和出版業加以控制。民國時期，具有政治傾向的知識分子有不少職業選擇，他們可以在政府部門工作，也可以成為獨立作家或評論家，以此為生。[46]獨立作家和評論員的成功與否來自於商業考慮。但在新中國，作家和藝術家都要在官方的機構工作，因而沒有這方面的擔憂。如同其他城市工人，他們在「體制內」，工作單位和糧食都是分配的，工資由國家支付。在最高一層，「高級知識分子」可以做文化幹部和「國家教師」。有這些職位的人不必考慮他們的工作是否有商業成功，但他們也沒有在「體制外」謀生的手段。

知識分子很快就失去了他們在民國那些好日子裡所享有的言論和思想自由。在中華人民共和國，不僅工作的內容受到黨的控制，形式和風格也要符合社會主義的現實主義標準。按照從蘇聯引進的理論，藝術和文學必須反映社會主義的成就和社會主義社會的前景。為了符合廣大群眾的口味和群眾喜聞樂見的形式，抽象和前衛的藝術作品遭到擯棄。政府控制的文化產業出版發行那些願意為政府工作的作家、藝術家和導演的作品。很多作家和藝術家抵制這種方式，但大量的知識分子接受這樣的方式。害怕抵制的後果並不是唯一的原因：有些知識分子真心希望中國成為強大的工業化國家，並希望為此做出貢獻。人們常常忘記了這一點，即科學研究、藝術和科學本身並不要求民主，近代歷史上有很多科學家和作家十分樂意為獨裁政權工作的例子。

一九四九至一九五七年間，中國共產黨對待知識分子的態度有過多次不同的轉向。鄧小平一九五六年在黨的代表大會上的講話已經提到知識分子的階級成分問題，這也常常引起爭論。一九五〇年關於劃分階級成分的規定說「知識分子」不是一個獨立的階級，[47]但是黨的領導人在這個問題上還是沒有一致的看法，即知識分子究竟是工人階級的一部分還是屬於資產階級，這個問題直到一九八〇年代取消了階級成分制度時才得以解決。總的來說，「知識分子」這個詞在新中國比在民國時期的含義要廣得多。知識分子包括所有大學畢業生，有時還包括前國民黨政府的工作人員和家庭婦女。如果考慮到職業，有時只有中學教育背景的人也包括在內。[48]各個運動可能只涉及到這些知識分子中的某一部分，比如從一九五〇年在大學開始的思想改造運動。幾年以後，作家替代學生成了被關注的對象，如一九五五年所謂的「胡風反革命集團」運動中大規模的逮捕。胡風是一個左派作家、詩人和文藝評論家，他因為沒有遵從黨的方針，一九五五年之前就受到過黨的多次批評。一九五五年的運動規模則擴大多了，黨要求知識分子、甚至一般群眾也要批判這種「反革命」思想。

百花齊放運動：動員知識分子幫助黨整風

到了一九五六年，共產黨相信讓知識分子與黨同心同德方面已經取得了不錯的進展。同年二月，黨中央通過了一個決議，認為新產生的知識分子大多數家庭出身好，這樣的知識分子已經成為勞動人民的一部分。文件說，只有五％的知識分子仍然是「反革命」，一〇％有落後或反動思想，其他的大部分都支持社會主義建設。黨中央因此發起運動，鼓勵知識分子加入共產黨，提出到一九六二年「高級知識分子」中三分之一應該入黨。黨中央還批評基層幹部未能肯定知識分子的作用，提出為了滿足科技和經濟發展的需要，要大大增加黨員中知識分子的數量。這個決議提出了一個雄心勃勃的計劃，要培養新型知識分子，使中國在十二年裡趕上其他發達國家的經濟、文化發展水準。[49]

在百花齊放運動中，知識分子的作用就更重要了。這場運動現在看來臭名昭著，運動的發起源於毛澤東在匈牙利一九五六年秋反共產主義起義之後所產生的擔憂。蘇聯派兵進入匈牙利，鎮壓了這場暴動，使匈牙利回到社會主義制度，中國領導人歡迎蘇聯的行動。毛澤東擔心這樣的事件在中國發生，堅信避免這種局面的首要責任在共產黨本身。他找出了黨的兩個錯誤，一個是未解決官僚主義問題，另一個是沒有正確解決「人民內部矛盾」。

緊接著匈牙利事件後，北京爆發了學生抗議活動。一九五七年春，上海爆發了罷工浪潮。[50]面對人們對共產黨統治所表現出的某些不滿，毛澤東呼籲知識分子幫助黨找缺點，並開始「整風」。為了鼓勵自由表達意見，他們提出了一個新的口號「百花齊放，百家爭鳴」。這個運動釋放的信號是，應該允許在媒體、藝術作品和大學中表達不同的看法，以幫助黨找到問題、尋找解決辦法。

毛澤東一九五七年二月在〈正確處理人民內部矛盾〉的講話裡，說明了這場運動的必要性。他提到兩類矛盾，敵我矛盾和人民內部矛盾。敵我矛盾最終是對抗性的，只能以鎮壓反革命勢力的方式解決。但是「人民內部矛盾」，也就是忠於共產主義事業的人之間的不同意見，則在本質上是非對抗性的，可以用討論和勸說的方式加以解決。毛澤東提出，共產黨不該害怕批評和公開辯論。[51]毛還肯定了那些罷工和學生抗議，因為這些行動迫使黨做出改進。但是，他也提出警告，如果黨不能正確應對這些挑戰，非對抗性的矛盾會很快轉化為對抗性，如同在匈牙利一樣。

這種將有無批評權利的「人民」和「敵人」區別開來的做法非常符合毛澤東的世界觀。值得注意的是，對於一個批評是「人民內部」的意見還是反革命的進攻是由黨來決定的，如果是後者則要被鎮壓。很多其他權威人士，包括劉少奇和蘇聯領導層對毛的做法感到疑慮，在運動早期，由於對此不明確，知識分子不願站出來提意見。

但是毛澤東堅持他的看法。他呼籲放鬆對媒體和學術界的管制，一九五七年四月下旬到六月初的幾個月裡確實提出了一些公開意見。幾周過去了，沒有出現鎮壓，知識分子開始認為，毛澤東是真心想聽批評意見。在很多問題上的公開辯論開始了，包括缺乏法制、忽視憲法對個人公民權利的保護。不少評論認為，應該嚴肅對待一九五四年憲法所保障的言論自由、出版和示威遊行的自由，人們也應該行使這些權利。還有人質疑黨委和非專家對大學的控制、藝術上的教條主義、農業合作化的影響、蘇聯專家的支配地位，甚至質疑過去黨的各項運動中對無辜人士的指控。[52]尤其是非專家——即農村出身的黨的幹部——不應領導專家和知識分子的看法挑戰了黨對城市和學術機構領導權的原則。持這種批評意見的人還質疑「階級路線」原則和黨給予沒受過正式教育人的傾斜政策。共產黨一直認為，藝術和學術研究應該服務於廣大群眾和革命的利益，但現在有些知識分子公開提出科學只該按照學術規則辦事。在藝術上，他們認為，藝術作品應該是藝術家個人的創造和藝術表達，而不是宣傳部門指派的任務。有人推測，中國可能要出現匈牙利式的事件。

到了六月，毛澤東和其他領導人認為這個運動已經失控了。知識分子的批評比他們預想的要尖銳，不僅針對表面的問題，而且直指整個政治制度，甚至是黨的領導。一九五六年初黨認為大多數知識分子支持社會主義，現在看來這是過於樂觀了。政府為了努力贏回主動權發起了反右運動，打擊和清除學校、大學、文化單位、其他小的政黨以及共產黨內部的極端聲音。

反右運動：鎮壓異見

學術界對百花齊放運動為什麼突然轉向反右運動有兩種主流解釋。一種是，百花齊放運動是一個精心算計的政治欺騙，是毛澤東為了讓隱藏的敵人走出來而設定的陷阱；[53]另一種解釋是，毛澤東低估了社會上的不同意見，人們對黨批評的嚴厲程度讓他感到震驚。如果這樣，毛澤東要暴露反革命分子的說法就是他自己為了掩蓋其錯誤判斷而有意發出的虛假資訊。毛澤東感到震驚而不是他主宰了一切的這種解釋得到了新近出現的檔案文件的證實。值得注意的是，直到一九五七年五月中，毛澤東才第一次表示要策略性地「引蛇出洞」。[54]

從之後的情況來看，共產黨在百花齊放運動結束時感覺受到了極大的威脅，看到這一點是十分重要的。工人罷工、學生抗議和農村的動亂都大規模發生。一九五六年和一九五七年上半年，幾百萬農民退出合作社，回到獨自耕種局面。甚至很多農村幹部也對社會主義化農業生產的優越性沒有信心，看到這些毛澤東非常憤怒。城市和農村的反社會主義勢力是分別發起的，黨的領導層都擔心現在他們會聯起手來形成廣泛的全國性運動。[55]這樣一個運動跨越了階級劃分，有可能會導致對共產黨作為工人、農民唯一代表的質疑。無論一九五七年秋的這種擔憂是不是有道理，共產黨很快便著手應付他們所感受到的危險。與反右運動同時，另一場自上而下的新的社會主義教育運動橫掃農村、工廠和少數民族地區。

以前的運動常常來回反覆，這次與以往不同，反右運動隨著運動的推進而越來越激進化。到了一九五八年底，已有超過五十五萬人正式戴上「右派」帽子，很多人是無辜的，是惡意誹謗和「擴大化」的犧牲品。[56]同樣各單位又有指標來找到反社會主義的人，公布的指標是：大學教師裡五%到一〇%的人是右派。一九五七年十月，中央委員會發出一整套確定右派的指南，包括反對社會主義制度或工、農業的社會主義改造，拒絕黨對教育和文化事業的領導，不支持對「資產階級知識分子」的改造。右派的定義還包括污蔑工農幹部和攻擊社會主義。[57]在媒體上和大學裡，右派分子和觀點受到攻擊和譴責。在農業政策方面，諸如「農民生活艱苦」、「糧食價格太低、徵購比例太高」或「農民沒有足夠的口糧」之類的都被批判為「右派思想」。[58]

黨這個文件傳達下去時，農村很多地方政府已經給一些人戴上了「右派」帽子，戴帽人的數量常常相當可觀。最後中央決定，不給工人和農民戴右派帽子。在農村，其他四個標籤「地主」、「富農」、「反革命」和「壞分子」仍然是階級敵人的標識。在城市的工廠裡，高級幹部和技術員可以戴右派帽子，但一般工人可以免除。農民和工人在這個文件下達之前被打成右派的應予糾正。[59]

在大多數情況下，「右派」帽子是專給知識分子的，但省至縣一級的黨幹部有時也會戴上這個帽子。中部的河南省，反右運動發展的軌跡很特別。一九五七年夏，只有九百一十一個右派，省委第一書記潘復生被指控為反對快速推動合作化和嚴格執行糧食徵購配額。一九五八年夏，潘被解除了職務，因反右不力自己被打成右傾機會主義分子。這個事件對河南的黨組織產生了嚴重的後果。在全國其他地方，反右運動高潮已過，而潘復生的繼任，原黨委副書記吳芝圃「重新劃定階級成分」，強化反右工作以彌補失去的時間。一九五八年，河南省七萬人被打成右派，這是全國總數的一四%。[60]這個後來趕上的高潮與大躍進的開始重疊了。吳芝圃和其下屬把河南省變成了大躍進過激政策的典範，其結果是，河南省在接下來一九五九年初開始的大饑荒中受災特別嚴重，這一點第四章還有闡述。

右派分子與一九五一年鎮壓反革命運動中的反革命不同的命運是，他們沒有被處決。他們被送到農村，往往是邊遠地區接受再教育，在很多情況下一直延續到一九八〇年代初。被遣送的人失去了城市戶口，成了「體制外」的人。這場運動極大地破壞了黨與知識分子的關係，對高等教育、科研、文化產業產生了毀滅性的影響，也極大地破壞了人們對統一戰線的信心。很多中國人由此無奈地得出結論，如果黨尋求「誠懇意見」時最好的辦法是閉嘴。批判性的評論只能在家裡說，或者在最密切的朋友之間，絕不能在公開場合表達。

如同其他階級敵人的標籤，這五十五萬「右派分子」的劃分給他們的家人帶來了長期的影響。幾百萬的人作為右派的妻子、丈夫或孩子在工作單位面臨著巨大壓力。黨要求他們和右派家屬劃清界限。有些官方文件記載，「四類分子」（地主、富農、反革命和壞分子）擴大為「五類分子」，右派與新民主主義革命的對象放在一塊。其實，因為這些右派在一九四九年之後都站對了隊，而他們的罪行（對社會主義改造態度不正確）應該相對較輕。

一九五七年之後官方的說法是，隨著工業和農業社會主義改造的完成，中國已經建立了社會主義。反右運動是在思想戰線同時取得的勝利。共產黨確實贏得了高度的統一，但是，這種統一也意味著害怕說真話，到了運動的末期，大多數人除了說黨想聽的話以外什麼也不敢說。這對以後幾年的大躍進運動有著災難性的後果。

附件3.1 「包頭社會治安很不好」

【新華社呼和浩特二十六日訊】包頭鋼鐵工業基地的社會治安工作存在不少問題。根據內蒙古自治區公安廳最近情況簡報：包頭市隨著經濟建設的發展，全市人口已從去年的二十三萬人增加到三十多萬人（據說到今年年底將增加到近四十萬人口），但是各項工作沒有能趕上這一發展情況的需要，特別是社會治安情況很不好，嚴重地影響到職工生產、工作和群眾的正常生活。僅根據今年半年來的統計，就發生各種刑事案件一百三十七起，較去年同時期上升了二五·五%；現已破獲各種刑事案件六十五起，占發生案件總數的四七·四%。

偷盜案件也不斷發生，包頭新市區百貨商店一個月內就被盜走手錶七只，鬧鐘兩只；鞍山建築工程公司包頭分公司幹部傅鈞義的照相機鎖在文件箱內的也被偷走了。華北建築工程公司包頭公司第五處一個工人的二百元銀行存摺竟被盜去，等這個工人發覺到銀行去登記遺失時，二百元只剩下二十元了。最嚴重的是強盜得財傷主，華北建築工程公司包頭公司工人楊常心在下班回家的路上，竟被兇手用繩子勒死，搶去人民幣三十元。這一案件發生後，曾引起職工恐慌，不趕（敢）早起晚歸。

由於社會治安工作薄弱，流氓分子活動也很猖狂。在半年內，構成流氓犯罪活動的案件即有十六起，如強姦婦女、幼女，三、五成群的白天公開調戲走路婦女等事情不斷發生。流氓分子猖狂到不僅在夜間偏僻地點摟抱攔阻婦女行路，甚至在深夜闖進女幹部宿舍。不久前就有一個流氓闖進四七七廠女幹部宿舍，摸索摟抱一個女幹部，女方大喊起來，流氓分子才被嚇走，但走時還偷去背心、褲衩各一件。

最近，在包頭新市區新興大街一帶還發現有六、七名無業遊民，白天亂串茶館，夜間宿於攤商席棚之內，並且有一女流氓經常勾引一小撮無業流氓亂搞男女關係。至於在夜間工人家屬宿舍發現敲門問戶、偷看婦女一類事情則經常發生。因此，曾一度引起華北建築工程公司包頭公司職工家屬害怕，在夜間不敢睡覺。也引起一些職工白天不能安心生產，恐遭意外不幸。

資料來源：《內部參考》，1956年10月26日。

附件3.2 「陝西省漢中專區因糧食供應緊張連續發生鬧社事件」

【新華社西安八日訊】陝西省漢中專區，許多地方的農民，入春以來因為糧食供應問題不斷發生哄鬧事件。小龍社社主任彭德茂被要口糧的幾個農民拉著遊了一條街，還吐了滿臉的吐沫，氣得彭德茂哭了三天，一個多月藏在家中不敢露面。社主任陳克義因其母被社員打罵，非常氣憤，扯掉黨費證，將社裡的許多文件拋扔到鄉政府，賭咒不當社主任。二里橋、王子嶺兩個社二十六名隊長、主任中因此提出不幹的就有一大半，他們說：「公家不給糧食，這樣弄下去社員都要把咱連骨頭吞嚥下去了！」焦山鄉鄉文書因群眾曾多次哄鬧過鄉政府，於是便把鄉政府大門鎖上不敢歸來。長林鄉鄉長因此事跑到縣上一面哭一面硬要縣長立即撥糧，否則就不回去。聯鄉區區委書記在下鄉時被群眾包圍要糧，後來經區書多方婉言勸說才被放回。楊灣鄉農民一天聽說縣長要來開水利會議，霎時蜂擁了一百多人準備鬧事，後來沒有等著，才逐漸散去。縣委副書記喬均到張家灣檢查水庫時也被群眾包圍，費了很多周折才被放回，回來後對人說：「農村真的不敢去，去了就難走脫。」

城固、略陽、南鄭、洋縣都曾幾次發生群眾性的鬧事。城固縣大槽壩村一百多農民擁到縣人民委員會，他們提出：「共產黨不能眼巴巴看著叫我們餓肚子！」城固縣南坎營鄉每天平均有二十五、六人到鄉上要糧吃，他們氣憤地說：「入了社了，上至房下到地都交給社裡了，你們公家不管誰管。」一些農民藉此要求退社，僅據城固縣三個區一個直屬鄉的統計，要求退社的有二百二十多戶，已經有數十戶把自己入社的土地翻犁後自行種上洋芋等莊稼了。

造成以上問題的原因，據瞭解：第一，去年和前年漢中部分地區歉收，糧食總產量比一九五四年減少了。第二，許多社員錯誤地認為既然入了社，一切都靠社來管，沒有注意節約糧食。西鄉縣樹林坪農業社不少社員平時不注意節約糧食，餵豬不利用代食品而用糧食，一些社員大興土木請工叫人因此多吃了糧。還有不少社員乘機倒販糧食，圖掙錢。洋縣戚氏農業社七十八戶社員中就有七十三戶把分的口糧以黑市賣掉了，反要國家供應自己口糧。漢中市、城固、褒城等地的一些農民乘糧食自由市場放鬆管理之際，把口糧拿出一部分以黑市賣出，黑市糧價一般都比市價高三分之一左右。第三，有相當一部分農民（特別是富裕農民）假叫喊。城固縣漁洞子鄉一個農業社中叫喊沒糧吃的有六十八戶，經過排隊摸底，發現真正沒糧吃的只有十六戶，其餘都假叫喊。該縣沙河營鄉因糧食問題到政府鬧過事的有四百三十二戶，實際上真正不夠吃的只有一百零五戶。褒城縣和平農業社社員張炳青，家中還有積存的糧食，只是因為去年分配時收入比單幹時稍微減少了一點，因此便到社主任家中去哄鬧，並叫自己的女人和兩個兒子在社主任家中搶飯吃，還威脅社主任說：「你不信，就到我家中去搜！」社主任逼得走投無路便到他家中去搜，結果找出糧食一千多斤。

資料來源：《內部參考》，1957年5月8日。

第四章

從大躍進到大饑荒（一九五八至一九六一年）

超英趕美

共產主義是天堂，人民公社是橋梁

吃飯第一

佘德鴻是河南南部信陽地區的一個農村幹部，他因懷疑大躍進的成就被打成「右傾機會主義分子」，並受到批判。成千上萬的黨員幹部有過這樣的經歷。一九五九年時，佘德鴻感到中國農村有些事不太對勁。那年十二月他回家鄉淮濱縣，家鄉的所見所聞使他意識到真的出了大問題。

在離村子幾里之外的地方，他看到了一堆屍體，可能有一百具左右，有的看上去像是被動物啃食過。到家時，看到家裡幾個星期內餓死了好幾個人。這個地區每個村子都有吃死人的現象。

回到信陽的工作單位後，他沒敢將實情告訴上司，只說村裡有年紀大的親戚病了。後來，在鬥爭他的大會上，他對審訊他的人說，他相信，老家的情況一定會好轉。他在回憶錄裡寫到，挨鬥的和鬥人的是不平等的：「只能是他打你挨，他罵你聽，打死你算是罪有應得，逼死你算是畏罪自殺，叛黨叛國。」[1]

一九六〇年春，佘德鴻的情況和當地餘糧收購情況都有好轉。這時，幹部的任務是組織挖掘大規模的墳墓，常常要能裝得下幾百具屍體。佘德鴻看到冬天那些遍布四野的屍體在腐爛，發出難聞的氣味。他瞭解到，那時在靠近光山縣的叔叔家裡，十一口人餓死了十個。那年晚些時候，中央的一個正式報告上說，信陽縣在大饑荒中九百萬人口餓死了一百零五萬人。在官方的報導中，這個慘案僅僅被稱為「信陽事件」。[2]

信陽在大躍進中走在了前面。第一個人民公社就是在那個地區的遂平縣建立的。一九五八年全國的報紙都做了報導，將其作為其他地區的楷模。佘德鴻認為信陽地區很快走向危機跟自然災害沒有什麼關係，都是國家的失誤，這與黨中央說的不一樣。他認為，一九五九年的自然氣候情況雖然不好，但完全沒有像一九四九年那樣嚴重，真正的問題是地方政府希望維持高速發展的假象，因此不願打開糧倉救濟挨餓的人。佘德鴻對這些經歷一直保持沉默，直到退休後才在二〇〇三年發表了一篇短的回憶文章〈信陽事件〉。在這篇文章裡他談到，地方幹部為這場災難承擔了主要責任，對此他感到不滿。一九六一年初，中央派出三萬解放軍到信陽，解除了地區黨委書記路憲文的職務。他們對十萬人做了調查，幾千人受到懲處，有的幹部被關進了監獄。但是，如佘德鴻所說，路憲文的主要支持者、河南黨委書記吳芝圃所受到的懲罰僅僅是調離河南，在北京得到一個新的職位。

一九五八至一九六一年可以分為兩個階段。一九五八年是大躍進的全盛時期，這是中國通過農村工業化和成立人民公社找到走向社會主義的一個激進的嘗試。黨的領導人以一種烏托邦式的激情宣告共產主義很快就能實現，[3]要為農村提供全民社會福利，讓家庭勞動社會化。可是，到了一九五九年初，因為收成不好和政策失誤，一些農村地區出現饑荒，第二年全國都出現饑荒。從一九五九到一九六一年，一千五百萬到四千萬人餓死，其中主要是農民。本章要評估大躍進的影響，以及饑荒對農民和幹部的影響，還要評估大躍進和饑荒對婦女解放以及西藏統一戰線的影響。我們還要分析大躍進失敗的原因，以及饑荒的規模和其對人口發展的影響。

一九五八年及通往災難之路

第一個五年計劃強調蘇聯模式，大躍進是對這個模式的一個背離。重工業仍然是投資的重點，但整個計劃體系去中央化，北京的中央各部委將越來越多的責任賦予省政府，可是定調的仍然是中央。黨中央希望加快中國的經濟和工業發展，動員農村勞動力實現「超英趕美」。其主要目標是鋼鐵生產，因為鋼鐵是工業現代化的標誌。一九五八年上半年，中央發動「小高爐煉鋼」運動，在全國各地農村熔煉鋼鐵。另一個主要目標是糧食生產。一九五七年有的領導如陳雲就明確說到，中國解決糧食問題需要時間。因此，動員幾億農民，修築堤壩，以減少自然災害對農業生產的影響。

一九五八年下半年，資訊流通和理性的經濟計劃都崩潰了。在高亢的熱情和上級政治壓力的混合作用下，地方幹部開始虛報飆升的糧食和鋼鐵產量。很快，各縣各村開始競相上報高得令人難以置信的產量，導致所謂「浮誇風」的形成。各級政府受到高產的鼓舞，提出更高的鋼鐵和糧食生產指標，這反過來又給地方幹部增加壓力，讓他們虛報更高的產量。直到那年冬天，毛澤東和中央領導才意識到，他們所相信的大躍進取得的成就很多都是虛報的。這時，毛澤東要求幹部報告真實的產量，但不肯大規模降低生產指標。

產業大軍和農村的「鐵飯碗」

「浮誇風」沒有立即產生影響，這使其惡劣影響益發嚴重。一九五八年的收成相對不錯，中央領導因此推進更激進的改革，他們錯誤地相信糧食問題已經解決了。一九五八年八月在海濱城市北戴河舉行的會議上，黨中央決定全國漢族地區農民都要像河南省那樣組織人民公社。每個公社都有上萬個社員，公社管理該地區的農業、工業、民政、財政、文教和武裝等各項事務，將來可能全面取代國家機構。共產黨提出人民公社是通向共產主義的橋梁，官方的新聞上全是農民在公社食堂想吃多少就吃多少的欣喜若狂情景。

領導人的如意設想是公社社員會變為集工人、農民和知識分子於一身的全能人才。為了實現這個目標，農民需要「知識分子化」，而知識分子則需要「工人化」和「農民化」。[4]最緊迫的問題是農村缺乏教育。於是黨在農村開始了快速掃盲運動，鼓勵新建的人民公社設立小學和中學。各村競相恢復鄉村文化，收集、創作民歌。城裡的大學生和大學教師被迫到農村支援大躍進，大學建工廠和農場，以幫助培養新的人民公社「全能社員」。

在大躍進早期，政府提出口號並鼓勵「組織軍事化，行動戰鬥化，生活集體化」。在有些地區，農村勞動力按軍隊組織編制稱為「勞動大軍」。黨中央還計劃，到一九六二年，十六歲到五十歲的七億中國人都要加入民兵，只有地主、富農、反革命、壞分子、右派分子和殘疾人除外。[5]曾經在抗日戰爭中作為民兵作戰的婦女一九四九年之後被排除在一線之外，現在婦女再次武裝起來。民兵的任務是保證生產、保障公共安全和支持解放軍的國防活動，婦女和武裝農民都接受地方黨組織的領導。中共再次啟用「游擊隊」式政策，是對蘇聯高度集中和專業化軍隊系統的一種間接挑戰。

一九五七年，最尖銳的「右派」言論包括批評共產黨建立「二元社會」，限制人口流動，將農村人口排除在國家福利之外。一九五八年初，戶籍登記制度進一步擴大，全國人口分為「農業戶口」和「非農業戶口」。領導層不僅沒有放鬆對人口流動的控制，反而進一步加強了控制。他們認為，國家還沒有能力為全民提供城市所享有的社會福利。在這個背景下，人民公社可以看作是他們應對「二元社會」問題的方案。人民公社要為所有人提供各種福利，為農民提供一整套新的生活方式。這是解決中國農村問題、縮小城鄉差別、開始消除工業和農業勞動區別的「新方案」。

《人民日報》將模範公社描述為，簡單的集體所有轉變成了「全民所有」，私有制幾乎不復存在。河南省遂平縣的衛星人民公社的規章寫明，所有自留地、房產、樹木和積蓄都要歸公社所有。《紅旗》雜誌公開發行了這個規章，並作為樣板文件多次印刷。與這些改革相伴而來的是允諾提供各種福利。一九五八年九月，《人民日報》自豪地宣布，「河南農村實行口糧供給加工資制：人民幸福生活的保證」。同一篇文章還肯定地宣示，農村人也要端上「鐵飯碗」了。[6]模範人民公社宣稱將負責社員的糧食、衣物、醫療、教育和住房，並負責生育和婚喪等各項費用。一九五八年秋，除西藏之外，中國大陸各地人民公社都建起了公共食堂。剛開始，隨著鼎盛時代的來臨，很多地方都取消了嚴格的口糧定量分配和「按勞分配」原則。

人民公社內的依附性

中國共產黨把建立人民公社作為逐步把農民由「體制外」變為「體制內」的一種方式，建立人民公社在漢族地區沒有遇到什麼阻力。很多地方幹部和農民熱情回應，向農村的落後宣戰、向農民提供糧食保障和生活福利。但是一九五八年的烏托邦在一開始就有災難的因素。農民失去了自留地和家庭糧食儲存，他們沒有任何自給自足的能力，吃糧要完全依靠公社。這種依賴性的一個後果是，管理公共食堂的地方幹部權力增大。這種新權威的潛在危險在饑荒開始之前已經顯現，河南的一個決定中就宣稱，人民公社要保證「不勞動者不得食」。[7]一九五八年冬季糧食緊缺之後，很多農民只能受制於幹部。糧食緊缺變成饑荒之後，與這些掌大權的人建立和保持好的關係成了生死攸關的大事。

農村勞動力的軍事化意味著農民要服從上級的命令，很多人一九五八年實際上是累死的，他們一方面吃不飽，另一方面缺乏休息。除了在地裡幹活兒外，農民還要為大煉鋼鐵做貢獻。所有的鐵製品，包括各家做飯的鐵鍋和廚房用具都要收集起來在院子裡熔化煉鋼。一九五〇年代初土地改革時，「階級敵人」的家裡已經被洗劫過，一九五八年家庭出身好的人也第一次遇到了家產被拿走的情景。公社財產也成了目標，大片的森林被砍伐用來煉鋼。然而產量卻差強人意。因為當地人不懂煉鋼技術，很多時候煉出來的是含碳量很高的生鐵。檔案材料表明，在村子裡，很多農民不僅失去了家產，連家都沒了，因為要拆除房子，給公共食堂和公共宿舍騰地方、提供用具。在一些地方，大躍進高潮時期，成千上萬的農民短時間內無家可歸。墳墓被搗毀來開發更多的農田，這讓人們十分憤怒，因為敬祖仍然相當普遍。[8]

改革開放時期所做的官方記載主要將「浮誇風」的責任推給了地方幹部，農村財產的全面社會化也主要是地方因素造成的。官方的說法強調，因「小農絕對平均主義」刮起了農村的「共產風」，這是農民中自發產生的。[9]我認為，這種將大躍進災難的主要原因推給地方，對中央政府來說是太過仁慈了。確實，「全民所有」和農村「鐵飯碗」最初是地方上提出的動議，但是，正是官方媒體如《人民日報》和《紅旗》雜誌的贊許使這些做法推廣到全國。黨的領導起初沒有要求農村採取激進的政策，但是他們讓地方幹部明確地感到在幾年內過渡到共產主義是可行的，因此激進的做法是可取的。在一九五八年下半年，地方幹部也確實需要報告各方面的快速進展，壓力很大，他們也有理由相信人民公社要成為全面共產主義的機構。直到十二月，中央委員會才明確指出，雖然人民公社要有共產主義因素，但仍然是建立在集體所有制基礎上的社會主義機構，不是屬於全體人民的全民所有制。這個決定表明，取消商品生產、以「按需分配」取代「按勞分配」的共產主義，並不是馬上就可實現。同時，需要進一步提高生產力，為向共產主義過渡打下基礎。[10]這年十二月的決定是對大躍進初期冒進派的打擊。到了一九五九年初，隨著一些省開始走向饑荒，烏托邦不管怎麼說都結束了。

第二次婦女解放的失敗

如前所述，大躍進初期既涉及到農業和工業，也涉及社會方面的改革。一九五八年隨著人民公社的建立，黨中央號召在全國實行「家務勞動社會化」，讓公共機構取代家庭的一些功能。但是，這個政策更多的是因為水利工程和大煉鋼鐵需要大量勞力，而不是為了解放婦女。官方文章和文件反映了黨中央此舉的動機，這些文章和文件大量談論的不是「解放婦女」，而是「解放婦

圖4.1 鄭州的日托幼兒園，1976年。

資料來源：Helmut Opletal拍攝。

女勞動力」。

新中國成立後婦女參加工作的人數已經有了極大的增加。一九四九年，婦女占城市勞動力的七．五％，在此後的十年裡增加了兩倍，到一九五七年已經超過二五％。在農村，婦女在家庭之外參加勞動的比例從一九五二年的六〇％增長到一九五八年的九〇％。[11]大躍進期間，國營企業女工數量增加得更快，從一九五七年的三百二十萬增加到一九五八年的八百一十萬，一九六〇年增加到一千萬，是國營企業工人增加量的一倍。[12]但是直到一九五八年，家庭中的再生產勞動和照護工作的性別分工基本上沒有變化。只是在大躍進的高潮時期，在那個一切走向激進的秋天，人們才就未來共產主義社會中國的基本家庭結構提出了一些嚴肅的問題。隨著大躍進的深化，就家庭是否很快消失問題爆發了一場辯論。

家務勞動社會化

一九五八年八月，黨中央提出，人民公社要設立公共食堂、托兒所、幼兒園、中學、養老院和公共浴室，以開啟新型的集體生活，提高農民的集體意識。[13]按照黨的宣傳，設立公共食堂的主要理由是，可以「解放婦女勞動力」。一個官方發布的小冊子《人民公社和共產主義》提出，中國經濟發展落後的原因是農業和工業都缺乏勞動力，將婦女從家務勞動中解放出來可以部分緩解這個問題。這個小冊子的作者伍仁引用了一個統計資料，七個省通過「家務勞動社會化」解放了兩千萬婦女，使她們進入生產線。[14]伍仁的說法是，新民主主義革命和社會主義改造已經把婦女從政治上和經濟剝削中解放出來。現在，建立人民公社讓她們能夠走出「狹隘的小家庭圈子」，這是消除舊社會遺留的封建主義和個人主義的觀念的又一步。伍仁所預見的是，家庭作為一個經濟單位正在淡出。另一位作者宣稱建立公共食堂和幼兒園是對婦女的「第二次解放」。[15]

中國共產黨是不是真的要用公共食堂和幼兒園來取消家庭是個有待討論的問題。但毛澤東和劉少奇都喜歡引用清末哲學家康有為的《大同書》，康在這本書中預見未來是一個沒有國家、階級和家庭的大同世界。中央政府從未通過任何決議要求取消家庭，但是一些模範公社確實推動了這類政策，將孩子和父母、丈夫和妻子安排在不同的宿舍。根據官方文件的記載，很多在場的幹部也對這樣的政策表示疑慮。一九五八年十二月解放軍的一個內部報告記錄了當地幹部提出這樣的問題，例如：「如果我們實現了共產主義，我們還要不要保留家庭？將來家庭成員之間的關係會怎樣？」[16]全國婦聯收到不少婦女來信，詢問共產主義社會是不是不要家庭生活。[17]

官方媒體開始討論取消核心家庭和是否以新型的社會主義家庭取代舊的資產階級家庭問題，以及是否乾脆徹底取消家庭模式。河南省黨委書記吳芝圃主張完全取消，傾向家庭勞動社會化：

> 建立人民公社以後，家庭不僅不是生產單位，而且也不是生活單位。家庭變成親屬關係了，在生產、生活上，都不構成為單位，這樣，家庭對人的限制，慢慢就打破了，人的家庭觀念慢慢也就薄弱了，大家真正以社為家，以國家為家，將來以全世界為家，世界為家，世界大同。所以，生活集體化的變化很大，這也就是最大的變革。[18]

哲學家杜任之（男）認為，人民公社應該承擔教育兒童和照顧養老院老人的責任，這種做法的結果是，家庭的定義僅限於夫妻關係了。他說，「這樣一來，母親對嬰兒的責任僅僅是哺乳。」[19]

另外一些人認為，家庭勞動社會化就是以一種家庭形式取代另一種。一九五八年九月，《紅旗》雜誌的一篇文章描述了資本主義的發展如何破壞了封建式的家庭。現在，家庭勞動的社會化將打破作為社會和生產獨立單位的資產階級家庭，以社會主義家庭取而代之，社會主義家庭將保留傳統的核心家庭結構，但允許家庭成員通過新設的公共機構與外界建立更加緊密的聯繫。家庭仍然存在，但是有了一種有利於中國人民福祉的新形式。[20]

一九五八年北戴河會議之後，很多人民公社計劃建造適合集體生活的新大樓。在河南省的衛星人民公社，農民們可以住上跟城市工人一樣的樓房。設計者認為，集體住房要取代傳統的一家一戶住房，並為此做出了很多相應的規劃。第一步是根據年齡和職業分成不同的群組，分住不同的宿舍，還讓幼兒和小學生住進單獨的宿舍。結了婚的夫婦可以有一個私人房間，但未婚男女，包括公社的年輕勞動力，都要住在集體房間裡，每間房住三到四個人。每個人平均居住面積三．五到四平方公尺就夠了，因為大家都在公共食堂吃飯，不需要做飯和其他家庭生活的空間。年輕的男勞力是人民公社的主要支柱，要為他們建一個可容納四千人的單獨食堂。[21]

父權的復興：保留下來的農村家庭

因缺乏資金，大部分這樣的規劃都未能實現。很多農村的公共設施即使在大躍進高潮時也只出現在紙上。我們已經看到，在一九五九年初大饑荒開始之前，黨中央已經開始強調共產主義是一個未來的目標，關於取消家庭的討論也逐漸淡化了。公共大食堂開始很流行，「共產主義就是吃飯不要錢」的口號對農村人特別有吸引力（「不要錢」在這裡是指糧食不再定量分配）。但是一九五九年隨著公共食堂的糧食緊張，人們的態度開始變了，一九六〇年一些地區完全停止供糧時，人們對大食堂的支持進一步下降。人們沒有從家務勞動中解放出來，而是使盡尚存的力氣去找糧或者偷糧。不僅是公共食堂因為饑荒而無法運行，幼兒園和養老院的供糧和對老人及孩子的照顧也一樣糟糕。婦女名義上是解放了，但實際上由於托兒和養老機構解散了，她們要面臨收拾爛攤子的壓力。毫不奇怪，到地裡幹活和參加水利建設對很多人來說都是第二順位。

毛澤東自己則繼續公開提倡人民公社和大食堂。一九五九年上半年政府減少了共產化的壓力，參加的人也就少了。但這年夏天廬山會議後，反對大食堂被稱為「右傾機會主義」行為，這時參加的人又增加了。到了一九六一年公共大食堂才徹底關閉。到這會兒情況已經很明確，「家務勞動社會化」給中國農村帶來了很大的災難。但這並不意味著婦女回到了過去的生活。現在，她們既要到地裡幹活，又要照顧家庭。白天勞累照舊，晚上還要縫縫補補。

一九四九年以前，年輕婦女往往主要在家聽從婆婆的使喚。由於越來越多的年輕婦女開始在地裡幹活，照顧小孩和老人的擔子逐漸落到老一輩人身上。儘管有這些變化，吳芝圃等激進派取消家庭作為生產和消費單位的願景從來就不曾實現。到了一九六一年，自留地恢復了，按勞動工分進行分配也恢復了，這意味著家庭收入回到了高度依賴男性壯勞力。

女權主義學者茱蒂絲．斯泰西（Judith Stacey）認為：

大躍進衝擊了不成文的父權社會主義的制度安排……〔大躍進的〕政策試圖跨越農民家庭經濟的生產和消費模式，農民極力抵制這種反家庭的政策。這種抵制與自然災害、外交上的壓力交織在一起嚴重地破壞了國家的經濟。政府被迫投降。[22]

這個觀點有一定長處，但是我覺得，農民完全有理由因現實生活的考慮抵制大食堂，根本用不著考慮任何社會結構問題。很多人民公社接過糧食管理和分配工作，但他們根本就管不了社員吃飯。我們只能假設，如果「家務勞動社會化」得到有效的實施，農民會不會接受。但是，在出現大饑荒時，很多地方回到過去的生存戰略是可以理解的。

大躍進之後，激進的改革不可避免地有所收斂。結果，共產黨只能接受農村的父權制以及男女勞動分工方式。一九六二年以後，共產黨發動的運動仍然反對「封建思想」如重男輕女，但是沒有設立任何機制來處理農村的性別分工問題。我的看法與斯泰西相反，我認為，大躍進的災難不是因為抵制父權制造成的，而是大躍進的失敗強化了農村的父權制。中國農村在後來的幾十年一直處於半社會主義狀態，部分是因為大躍進的失敗。

城市的大躍進：城市人民公社和婦女動員

一九五八年之前，國家不願動員城市的「閒散」婦女參加工業生產。國營企業一般都避免招收工人的家屬，因為這會增加社會福利和住房的負擔。而且年紀大的家庭婦女一般沒受過正式教育，很多單位覺得招收這些人要增加額外的培訓費用。同時，招收一個有年幼孩子的婦女意味著單位要設立幼兒園照顧她的孩子，招這樣的婦女比招男工費用要高。在有些部門，人們認為婦女不適合做某些工種，這種顧慮無疑也有一定的作用。

隨著大躍進的開始，中央政府的態度有了改變。這時，大量的城市婦女被動員起來，包括在崗職工的配偶和親屬，同時還有學生、以前的小商販以及家庭出身不好的婦女。一九五七到一九五八年間，城市就業女性從三百萬增加到八百萬。有些地區推行在商業和服務行業用女工替代男工的做法。[23]

到了一九五九年春天，中央政府要求減少城市工人數量。原計劃男工女工減少相同的數量，但是到了六月，全國婦聯和全國總工會黨組的一個報告指出，在有些地方，他們只減女工。報告避而不談裁減職工問題，卻嚴厲批評了這個工作中的性別歧視。已婚婦女在新招收的女工中占一〇%，她們當然很容易成為裁減的目標，因為人們覺得家務和照顧孩子的負擔讓她們不能全身心地投入工作。[24]但是，裁減並未持續很久。廬山會議之後，激進主義再次成為例行日程。一九五九年下半年，政府開始進行新一輪的動員。到了年底，國營企業女職工人數達到八百四十萬，占全部職工的一八%。[25]

圖4.2　杭州附近龍井茶葉生產大隊的女茶農，1974年。

資料來源：Olli Salmi拍攝。

城市大躍進的另一個顯著特點是，黨中央推動城市模式的人民公社。如同在農村，黨的這一政策與讓更多的婦女參加經濟建設的努力密切相連。一九五八年末到一九六〇年初，不少城市建立了城市人民公社，鼓勵居民區設立與國營企業並立的小工廠。一九六〇年三月，中央下達指示，所有城市都要建立人民公社。這些新設的機構不算國有，就是說，其工人和職員不享受正式工廠的較高工資和福利。「五類分子」不能成為公社社員，但他們仍然要參加勞動。

城市的人民公社提供了一種動員婦女勞動力，又不增加國家負擔的方式，這種方式主要向女性勞動力傾斜。十一個城市的統計情況表明，公社工業七六%的職工是婦女，在北京這個比例達到了九五%。[26]一九六〇年七月，中央轉發了勞動部黨組的一個報告，報告讚揚了城市公社動員婦女勞動力和在工作單位及居民社區擴大托兒所服務的成績。不過這個報告並非都是正面消息，報告還批評了有些工廠在分配工作時未能適當關注女工的健康，還引用了統計資料指出，城市女工如果懷孕，有一四%都要流產。很多國營工廠不給女性合同工開產假工資，有的還公開讓懷孕婦女離職。日托幼兒園供不應求，公社提供的社會服務仍然十分薄弱。[27]

為什麼中央領導選擇在饑荒的高潮時期建立城市人民公社仍然是個有待探究的問題，因為這個時候國家成功啟動新項目的能力是最弱的。無論出於什麼動機，這個項目是短壽的。一九六二年五月，中央政府決定，除了個別極為成功的城市公社以外，所有的公社工廠都要關閉。關閉的時候，這些工廠大約有一百五十萬職工，包括一百萬走出家庭參加工作的女工。[28]女職工同時也因國營企業的縮減受到嚴重影響。一九六〇年高峰時期女工總數達到一千萬，一九六一年減為八百八十萬，一九六三年減至六百五十萬。[29]基於這個統計資料，一些學者認為城市女性實際上構成一種「勞動儲備」，國家需要時動員她們參加工作，國家要縮減勞工隊伍時則讓她們回家。對這些女工來說，社會主義福利不是「鐵飯碗」而是易碎的「泥飯碗」，比所有人的飯碗都容易打碎。[30]這些看法從很多角度看都十分引人注目，為研究國家如何對待女性勞動力提供了思路。但不管怎麼說，我們不該忘記，在國營企業得到「鐵飯碗」的女職工於一九五七到一九六三年之間增加了一倍，從三百二十萬增至六百五十萬。[31]一九六三年的數字相對於一九六〇年高峰時期已經大為降低，但是總體來看在將女性納入城市勞工大軍方面仍然是一項進展。

大饑荒

為什麼大躍進的結局是大饑荒？為什麼大饑荒造成了成千上萬人的死亡？在中華人民共和國，大饑荒問題直到一九九〇年代後期都是討論的禁區。一九八一年黨中央關於若干歷史問題的決議根本沒提到這個詞，而僅僅用「極大的經濟困難」和「對廣大人民造成的傷害」等詞，把責任歸咎於自然災害、毛澤東犯的「左傾錯誤」和蘇聯突然撤走專家。[32]其他的集體領導也和毛澤東一起因對饑荒的處理受到指責。過去十年，對大饑荒問題的禁忌有所解禁，有些中國歷史學家已經開始用「大饑荒」取代官方定性的說法「三年困難時期」。

偏向城市的制度

要想瞭解饑荒是怎麼開始的，我們必須審視整個糧食生產和分配制度。如上所述，一九五五年年中建立的糧食定量供應和分配制度已經非常偏向城市，而且主要是為了從農村收購糧食以滿足城市的工業發展。即使在饑荒前，很多農村地區的平均糧食消費已經很低了。在這個背景下，一九五八至一九六〇年糧食大規模減產。改革開放時期公開的統計資料表明，當時全中國的糧食總產量減少了近三分之一。

造成糧食減產有多重原因：建立大公社所造成的混亂、勞動積極性不高帶來生產率減低、農業生產總體缺乏勞動力。自然災害和惡劣的氣候也是一個重要原因，但是，沒有一個嚴肅的西方學者或者中國學者認為惡劣的氣候是饑荒的主要原因。減產本身不會造成幾百萬乃至千萬人餓死。令人驚訝的是，餓死人的情況主要發生在產糧的農村，而不是在城市。

農村在饑荒中首先受到衝擊，部分原因是統購統銷讓國家仍然按照計劃和需求徵購糧食——

即使農村已經出現餓死人的情況。國家徵購糧食占收成的比例在一九五六年後上升了，從一四．九％上升到一九五九年的二八％，一九六〇年農村饑荒最嚴重的時期有所降低，但仍然達二一．五％。這些所謂的餘糧用來供應給膨脹的城鎮人口和農業區之外的農村勞力，還有一部分糧食用來出口。[33]儘管在全國都實行了戶籍制度，一九五七到一九六〇年，中國城鎮人口還是增加了三千萬，為了完成大躍進宏大的計劃，工廠繼續從農村招工。[34]這就是說，種糧的人數減少，卻要供養更多的城市人口，儘管糧食產量已經開始下降。

從一九五九年起，農村地區的平均糧食消費開始下降。因此，一九六〇年九月，中央政府決定減少糧食定量。可是，雖然削減計劃既針對農村也針對城市，但實際上城市的定量減少不多，而農村則大幅減少，減到了餓死人的程度。即使是這樣少的定量也到不了農民的手裡，因為農民沒有資格得到糧食。在很多地區，農村人根本就得不到糧食，生存不得不依靠替代品，比如地瓜秧、玉米殼，這些東西往往沒有什麼營養。儘管出現了饑荒，中央政府仍然大量出口糧食到蘇聯和東歐國家去還工業援助所欠的債。一九五九年中國出口四百七十四萬噸糧食，在一九六〇年饑荒最嚴重的時候仍然出口了上百萬噸糧食。儘管相對於總的收成來說只占了很小的比例，但是對那些餓死的人來說，這是有決定意義的。按照每人每天五百克糧食（大約一千七百五十卡路里）的定量，一九五九年出口的糧食可以供兩千五百九十萬人吃一年。一九六〇年減少出口的糧食又

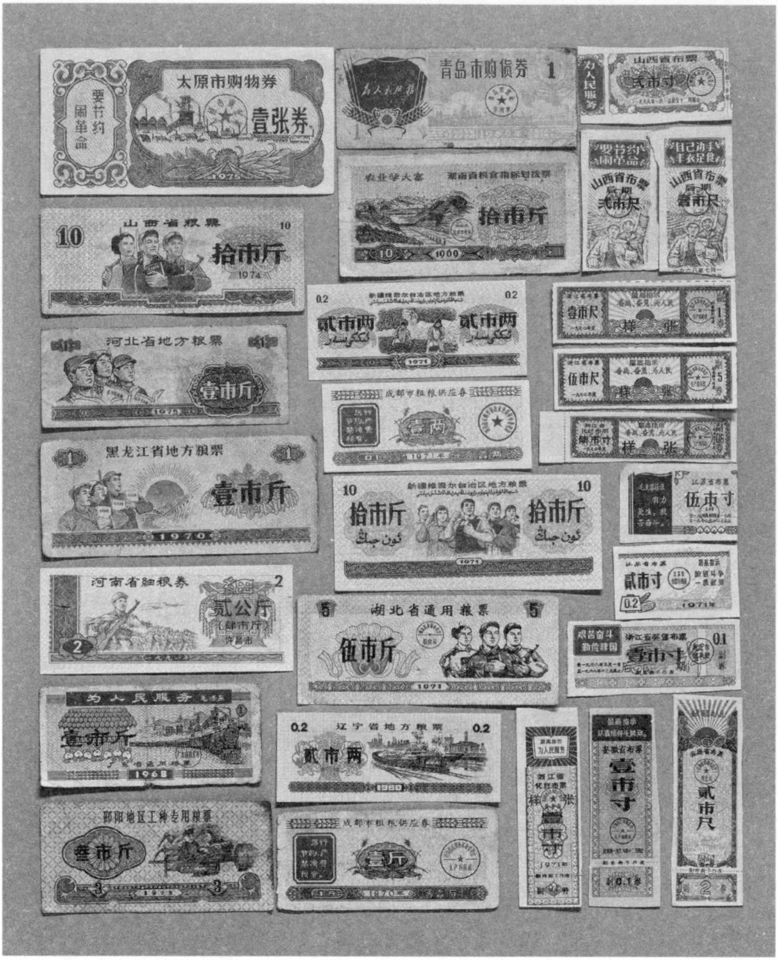

圖4.3　各種票證。

資料來源：Helmut Opletal (ed.), *Die Kultur der Kulturrevolution: Personenkult und politisches Design im China von Mao Zedong* (Wien: Museum für Völkerkunde, 2011), p. 228.

可以養活五百四十萬人。[35]直到一九六〇年底黨中央才改變這一做法，開始進口糧食。

饑荒期間，城市居民平均糧食供應情況比農村好得多。但即使在城市，糧食分配情況也有很大不同，這是由社會等級和政治級別決定的。中央政府的好幾個決定都規定糧食優先供應給北京、上海、天津（以及重要的工業中心遼寧省）。[36]這不可避免地造成了鄰近地區嚴重的饑荒。為了保證上海的供應，大量的糧食從安徽、浙江和江蘇省徵購運到上海，導致運出糧食的這些地區餓死人，特別是安徽餓死了幾百萬人。主要城市的腹地的死亡率則取決於省領導的決策情況。有的領導通過與中央談判，成功減少了他們省需要運出的糧食，有的領導則不折不扣地執行中央的指示，造成的後果可想而知。河南、四川和安徽省在狂熱領導人的主持下，繼續向其他省運送糧食——儘管大規模的饑荒已經是不可否認的事實。

在城市裡，有些人則比其他人得到優先供應。軍隊是最安全的地方，在整個饑荒期間，軍隊的糧食供應都很穩定。政府還給高級知識分子和關鍵企業的工人提供特別定量的糧食供應。[37]重要幹部還可以得到特供糧食，他們被叫作「糖豆幹部」。在大學裡，很多老師和學生因為營養不良而浮腫，但很少有死人的情況，最開始聽說大量餓死人是他們回家探親看到的。隨著饑荒情況的惡化，一九五〇年代中期所建立的等級制度，從決定誰可以有特權在很大程度上轉為決定誰可以活下去（見圖4.4）。

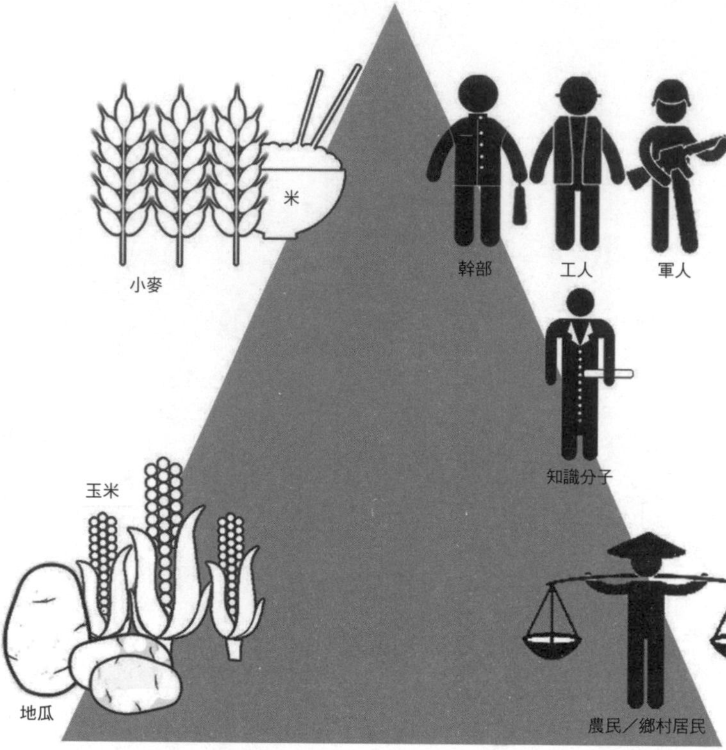

圖4.4　中國糧食分配等級制度（1955-1983）。

資料來源：Felix Wemheuer, *Famine Politics in Maoist China and the Soviet Union* (New Haven, CT: Yale University Press, 2014), p. 245，引用得到該書出版社的許可。

共產黨的清洗和對饑荒的影響

隨著中國農村問題越來越明顯，毛澤東在一九五九年上半年親自監督對大躍進進行「糾偏」，把前一年冬天擾亂農業生產的一些政策又改回來了。但是那年夏天在廬山會議上的權力之爭導致了另一個回轉，造成重新建造大食堂、鋼產量翻倍和轉入全面共產主義的討論。

引起第二次走向激進的導火線來自國防部長彭德懷給毛澤東的一封私人信，他在信中批評大煉鋼鐵。彭德懷是朝鮮戰爭的功臣（譯者注：中國入韓作戰的志願軍總司令）。毛澤東覺得這是對大躍進和他個人威信的攻擊，而彭剛剛出訪過蘇聯和東歐，毛更加感覺到是蘇聯支持的一個反對他的陰謀。毛強力反擊，解除了彭的國防部長職務，指責彭及其支持者為「反黨反社會主義集團」。這是一九四九年以來第一次黨的核心領導成員因在內部提出批評意見而受到清洗。

從一九二〇年代以來，中國共產黨用「左傾和右傾」的概念批評背離了正確政治路線的黨員。這時，從彭德懷的信件來看，對於反對大躍進的人又歸納了一個新的錯誤類別來加以批判。中央指出，「右傾機會主義」就是懷疑或者反對「三面紅旗」，即社會主義建設總路線、大躍進和人民公社。黨內的「右傾機會主義」傾向反映在社會上，就是階級鬥爭和遺留的資產階級意識形態。一九五九年十一月，強調這一標籤不用於民主黨派、工商界和老的知識分子。中央領導通過統戰部明示，上述三類人已經在反右運動中接受了再教育，因此「右傾機會主義」的標籤只用於黨內鬥爭。[38]

反對彭德懷右傾機會主義的運動造成了毀滅性的影響。一九六〇年中央決定在幹部中找出一%的右傾，並且要清除一%的黨員。[39]然而實際的做法遠遠超過了這個比例，中國共產黨當時一千三百五十萬黨員中有三百六十萬被打成了右傾。[40]一九五八年十一月一個由大學派到其他省去的調查組體驗了從「糾偏」到開展反右傾鬥爭的轉變，他們的經歷很能說明這個轉變的影響。北京大學和人民大學共派了一百六十二個研究人員到河北和河南調查人民公社的進展情況。這是全國最有名的兩所大學。他們大部分工作集中在信陽地區。這個地區不久就成了大饑荒的受災重鎮。在第一個烏托邦，調查組沒有看到輝煌的成就，而是看到災難就要降臨的景象。人民大學教師陳年慧（化名）是這個調查組的成員。我對他進行採訪時，他告訴我，一九五八年的收成是不錯的，但是建立人民公社後，農民的積極性完全消失了：「沒人再認真工作，到處都是極大的浪費，很多人拚命地吃。一九五九年所有東西都吃光了。」[41] 幹部還有得吃，但一些農民已經因饑餓而出現浮腫。

調查組的組長是人民大學的副校長鄒魯風。他是抗日游擊隊的「革命幹部」，他的共產主義背景無可挑剔。這個調查組的最後報告批評了急匆匆建立人民公社的做法，提出了對取消按勞分配的疑慮。這時，毛澤東「糾正錯誤」的政策還在繼續，幹部們還在努力尋找大躍進中的錯誤，這個報告的批判性基調沒有招來非難。但是廬山會議以後，調查組開展工作的基礎變了。這兩個大學的黨組織領導重新評估了這個報告，宣布其為詆毀三面紅旗。調查組的成員被指責為「右傾機會主義分子」，被迫在內部批鬥會上做自我批評。批鬥的壓力和羞辱讓鄒魯風無法忍受，一九五九年十月二十六日，他在北京大學附近的一個湖裡投水自殺了。黨組織隨後做出決定，鄒是為了逃避批判而自殺，並且在死後被開除出黨。陳年慧的命運要好一些，他也受到了批判，但懲罰僅僅是下放到北京郊區的人民公社。他記得當地幹部對他很不錯，因為他們對報告中所提出的人民公社的問題都太熟悉了。隨著大躍進的結束，信陽調查組恢復了名譽，然而對於鄒魯風，這來得太晚了。

一九五九年夏至一九六〇年上半年，共產黨動用宣傳機構慶祝大躍進的「成就」，證明「右傾機會主義分子」的攻擊是錯誤的。很多仍然對大清查有清楚記憶的幹部，大約在一年裡都不敢報告他們所管地區餓死人的情況，很多人都緘口不提不好的情況。有的關於饑荒的報告沒有送達中央，直到一九六〇年秋天，送達的報告都在繼續低估災荒的情況。

當毛澤東和中央領導最後開始親自處理災荒的時候，地方幹部成了替罪羊。幾千個農村幹部因貪污或對村民使用暴力而被關進監獄，而在省一級，一些領導幹部不過是被迫做自我批評。一九六〇年十二月，山東省黨委書記舒同在黨的內部會議上對本省大規模餓死人的問題進行檢討（見附件4.1）。他的講話提到，一九五九年到一九六〇年上半年共有六十五萬人「非正常死亡」，他稱自己對此負有責任。對他的懲罰是調到陝西當省委書記處書記。當然這是一個降級處理，但是對於超過五十萬條性命的喪失，這就根本不算什麼了。

那麼對於這麼大規模的災難誰應該承擔責任呢？部分責難當然要落到地方幹部和省級幹部的

頭上，他們的做法與這個地區死人多少有不小的關係。但是毛澤東絕不是無辜的。他親自設計或支持了大躍進的所有中心政策，從人民公社到大煉鋼鐵、建立公共食堂和反「右傾」運動。他未能就大規模餓死人的報告採取行動，遲至一九六〇年秋季才來處理災荒問題。廬山會議再次確認了他的權威，使領導層的其他人沒有任何糾正錯誤或減少災荒的可能。下面我們還要回到這個問題。

農民的求生之戰

一九五九年饑荒十分嚴重時，全國大部分地區的農民都在死亡線上掙扎。一個辦法是動用一切關係找吃的。村幹部控制糧食供應、為他們自己單獨設了食堂，別人很願意與他們組成同盟。有親戚在公共食堂做廚師也很有用。如果在饑荒之後對這些幹部做一個調查，很多人都會被指控為給他們的親戚或者相好的提供額外的糧食。有的人利用婦女想得到點糧食的心理，與她們發生性關係，還有的人直接強姦那些因營養不良無力抵抗的婦女。[42]農民則常常從公社糧庫、地裡或者家裡人那裡偷糧食。幹部盡最大努力防偷防盜，有的地方抓住小偷就打。河南洛陽附近的農民陳初五（化名）在採訪時對我說：「你就是害怕也得偷，你不偷就得餓死……人人都偷，老人小孩都偷。」[43]

有的農民半夜溜到地裡偷未熟的小麥或玉米，這個做法一般稱「吃青」。這樣讓這些偷食的人能在國家收購「餘糧」之前得到他們的份額。當時「吃青」的做法非常普遍，以致中央委員會的文件中都提到了。[44]但是，對如何歸類這樣的偷竊行為還是一個有爭議的問題。特別是，「吃青」能不能被看作反政府行為，因為除非大批農民捲入這個行動，否則這是不會妨礙國家收購糧食的。「吃青」也不會降低糧食徵購指標，幹部們防「吃青」並不是因為侵占而造成影響，而是它會影響莊稼的生長，抽象一點說，因為它對幹部壟斷糧食分配形成了挑戰。

另一個辦法是生產隊一級採用的，即低報糧食產量。這個做法要有當地幹部的合作，或者最起碼他們要「睜一隻眼閉一隻眼」，不向上級彙報。這種做法有相當程度的風險，特別是在一九五九和一九六〇年幾個省的政府發動反瞞產運動之後。最嚴重的情況是，被發現在家裡藏糧食的農民被打死，有的幹部收繳了所有的私人存糧和種子糧以完成中央下達的徵糧指標。[45]

這些村幹部處境艱難。幫助農民瞞產會被打成「右傾分子」，被逮捕、毒打，會坐牢。可是如果他們按中央指示徵收了所有的糧食，他們自己也得挨餓，因為他們和縣級以及再高級一些的幹部不一樣。他們不享受政府糧食定量分配。很多縣裡的幹部常常從一個地方調到另一個地方，但村幹部總是生活在他們相識多年的普通農民之中。稍有失誤就會在政治風向改變時遭到鄰居的報復。地方幹部的處理方式對饑荒期間死人的數量有著直接的關係，一個村子和鄰村的情況可能大相徑庭，取決於村幹部的做法，綜觀整體各種各樣的情況都存在。

和其他饑荒時的情景一樣，人在快要餓死的時候，吃什麼是沒有禁忌的。村民們吃樹皮、草根和各種寵物。有人殺了人民公社的牛，但這是很危險的做法，他們可能會被指控為搞破壞。在大躍進期間，全國的牲畜量急遽減少，特別是在牧區，但是大部分原因是牲口自己餓死了，而不是饑餓農民的屠殺。

在河南省，農民靠一種叫「觀音土」的東西活命，這是一種用佛教女菩薩的名字命名的白色泥土。全中國各地都有很多人因食用不能吃、不好消化或有毒的東西而死亡。在中國南方和其他氣候溫和、植物種類比較多的地區找吃的要容易一些。政府控制較弱和黑市比較活躍的山區會給人一點額外的保護。具有諷刺意味的是，「缺糧區」有時比「餘糧區」要好過一些，因為政府不向「缺糧區」徵收過多的糧食。在西部的四川省，這個一直被稱為中國「天府之國」的省份，死亡率特別高。新建的成都至西安公路方便了從這個省往外運糧，這條公路將四川省省會與中國北部平原及其東部的地區相連，一九五八年建成的。一九六〇年黨的領導層普遍意識到饑荒發生後，中央政府強迫「餘糧區」向大城市提供更多糧食。在很多地區，在運輸線和鐵路附近死亡率明顯上升。[46]

農民最後的求生辦法就是暫時逃到其他地方。以前饑荒發生時，河南人一般都逃到陝西，山東人會逃到東北。農民有時也會不走這些久經證明的逃生之路，而只是哪兒有親戚可以投靠就去哪兒。在大饑荒期間，不同的地區饑荒出現的時期不一樣，也有的地區從頭到尾沒受到什麼影響。很多中部地區的農民逃到西部的青海和新疆，那裡地方當局開墾土地搞農業，需要勞動力。我採訪的河南信陽的一個農民告訴我，饑荒時，他們村裡所有的男勞力，包括幹部和民兵都去了青海。後來聽說自留地恢復了，他們在一九六一年又回到村裡，可是當時留下來的婦孺老人很多都已經餓死了。

雖然沒有準確的數字，但很有可能那些大躍進期間到城市的新工人中至少有一些是逃荒的難民。但以這種方式逃避饑荒受到了戶籍制度的限制。有的地區政府控制不嚴，但另一些地區地方當局動用民兵在火車站和重要的交通樞紐建立檢查站，並設立了遣返收容所。在信陽，很多企圖逃難的人被所謂的「棒子隊」打死。[47]在當地的郵局，地方政府收繳私人信件以防止關於饑荒的消息走漏到信陽之外。

各地地方官員對饑荒所導致的人口遷徙做了詳細的記錄和統計。表4.1就是根據江蘇省宜興縣的一份檔案報告做出的。江蘇不是受災最嚴重的省份之一，但是一九五九年十月至一九六〇年三月之間僅一個宜興縣就有九千四百一十八個農民出逃。大部分是十六歲以上男性「貧農」，但是明顯有很多兒童也逃走了，逃走的還有一些生產隊幹部。寫這個檔案的人列舉了多種出走的原

表4.1　宜興縣1959年10月1日至1960年3月10日外流情況統計表

外流人口	總數		9,418
	1959年10月至12月		2,568
	1960年1月至3月10日		6,850
性別	男		7,152
	女		2,266
年齡	16歲以上		8,726
	10到16歲		517
	家長帶走的小孩		175
成分	貧農		4,885
	中農		2,880
	富裕中農		552
	地主		513
	富農		414
	反革命分子		68
	右派分子		15
	其他		91
成員	幹部	大隊幹部	89
		生產隊幹部	743
		教師	46
	工人		111
政治成分	社員		8,429
	黨員		167
	團員		874
外流主要原因	幹部	因為經濟上糧食方面有問題怕處理的	154
		不關心農業生產	682
		生活困難	42
	群眾	有嚴重資本主義言行怕批判的	658
		不安心農業生產	6,677
		受壞分子拉攏欺騙的	775
		生活困難的	430
主要去向	上海		2,433
	江西		4,169
	內蒙古包頭		956
	西北蘭州		285
	東北大連		377
	新疆		190
	浙江		278
	其他地區		730
落實情況	有固定工作		3,830
	尚無固定工作		5,588
其他	走親友的		350
	來來往往的		266
	搞投機買賣的		147
	本縣內的		51
	小計		841
已回來的人數			2,297
至1960年6月9日共返回人數			6,466

資料來源：宜興縣檔案，〈江蘇宜興縣委員會辦公室，關於群眾疾病、人口死亡、外流、棄嬰的重要資料〉。

因，包括「不安心農業生產」、「生活困難」和「害怕受到懲罰和批判」。很多人都是逃到附近的城市，無錫、蘇州、上海，但也有農民逃到很遠的地方如甘肅省的蘭州或東北的大連。到一九六〇年七月，三分之二逃難的人都回來了，可能是因為家鄉收成情況有改善。

附件4.2描述了農村人在城市求生的一些方式。一九六一年七月，山東省濟南市委政法工作部的一個報告關注了參與偷竊和黑市買賣的一些女「流氓」的活動。這些婦女大都二十歲左右，來自農村或其他城市。她們散見於火車站、集市、茶館、公園或餐館，尋找男人進行報告所描述的「零星的性交易」，可能這是對賣淫的一種委婉說法。有些婦女以前就有過這樣的行為，而另一些則是為了賺點錢度過饑荒的一種權宜之計。報告說，那些不願改過的「流氓」會被抓起來、被判罪並送去勞教。對一些罪行較輕的要盡快送回老家。濟南市政府還得解決街頭流浪兒童問題，有些只有五歲或更小。到一九六一年七月，濟南市收容了一萬零九百零三個十六歲以下的流浪兒童。[48]文件強調要採取措施減輕這些年輕人的痛苦，但是大躍進造成的孤兒問題在中國是討論的禁區，對於幾百萬因饑荒而失去父母的兒童，他們的經歷和命運，還沒有相關的專門研究。

中國共產黨取得政權得到了農民的支持，而且建立在一個承諾之上，即再也不會餓死人。我們可能會覺得奇怪，為什麼在大饑荒期間沒有農民發動起義。一個可能的原因是大饑荒爆發得太快。一九五八年秋天時，人民公社還宣稱，農民在公共大食堂可以想吃多少吃多少，僅僅幾個月之後，一九五九年初，有些地區就開始缺糧。至少是在現代，「因饑荒而暴亂」和因糧食問題進行抗議一般都是當人們擔心很快會挨餓而發動的，不是當他們已經開始挨餓的時候。當人們全力做生死掙扎時沒有什麼精力來組織起義，這是毫不奇怪的。[49]

發動起義缺乏吸引力還因為中國共產黨的制度有很強的內部控制。糧食定量供應、戶口制度和民兵力量的加強都限制了老百姓跨越社會階層組織起來的能力。在地方上，糧倉都得到了很好的保護，想用武力去搶糧食是很危險的舉動。沒有能挑戰共產黨的組織可以在一九五〇年代初的各項運動後生存下來。黨對消息和新聞的封鎖意味著，很多挨餓的農民根本就不知道全國範圍都發生了饑荒。即使他們有意反抗，政治上也沒有誰可以替代共產黨。最有可能取代共產黨的是國民黨，但國民黨在大陸失去了信譽。其實，在臺灣的國民黨想到了反攻大陸，但因美國的支持不能落實而擱置。[50]沒有任何外來干預的前景，農民們最大的希望就是毛澤東採取救災措施結束饑荒，儘管這場災難起先就是由中央政府的政策造成的。

最後一個有利於政府的因素可能是共產黨對資訊的控制，儘管大饑荒造成了極大的破壞，但共產黨和毛澤東的聲譽都沒有受到毀滅性的損壞，即使在農村。直到今天，還有農民相信發生饑荒的責任在地方幹部。他們認為，毛澤東的下級沒有告訴他實情，當毛澤東知道了饑荒的情況馬上就採取措施了。

饑荒造成的人口變化

現今，大饑荒餓死了多少人的問題帶有很大的政治含義。一方面，歷史學家馮客（Frank Dikötter）說，大饑荒餓死了四千五百萬人，他稱之為「人類歷史上最大的屠殺之一」。[51]另一方面，中國和其他地方的新毛派認為只有幾百萬。[52]這些作者認為，饑荒是對毛澤東熱愛人民說法的重大挑戰。

研究人員可以獲得的官方文件中沒有有關共產黨所認為的饑荒死亡人口的表述。很有可能根本不存在可靠的資料，因為大躍進期間隨著三面紅旗的「成就」無中生有地創造出來，整個報告制度完全崩潰了。地方幹部對報告餓死人的情況小心謹慎，村民們也願意隱瞞死人和失蹤的情況，這樣他們可以繼續領分配給這些人的糧食。同樣，虛報人口也可以用來增加分得的糧食。

政府在饑荒期間所做的饑荒情況調查只持續了很短時間。從一九六〇年末到一九六二年，很多縣級公安局報告了死亡人數和死亡原因。例如，安徽無為縣的檔案顯示，一九五八年人口大約九十五萬，此後的三年裡死了二十八萬。[53]但是，我們不能得到足夠多這樣的地方資料來對全國的情況做出一個有意義的估計。表4.2來自宜興縣的檔案，記錄了一九五九年十月到一九六〇年底的情況，這份檔案讓我們看到幹部如何將因饑荒而死亡的人進行分類。好像官員們很想避免直接提及餓死人，而是用「浮腫」或「瘦弱」等明顯源於營養不良等作為死亡原因。毫不奇怪，大多數人死於一九五九年冬天到一九六〇年糧食收穫之前。根據統計，六十歲以上的是死亡人數最多的一個群體，由饑荒造成的死亡和年老自然死亡兩個因素加在一起。十六歲以下的兒童死亡了一千七百六十一個，六十七人溺水或上吊自殺。一九六四年進行了一次全國人口普查，但普查結果一開始沒有公布，到了一九八〇年代初研究人員才可以查閱。此外，這次普查與一九五三年的普查一樣，品質比一九八二年的差很多，一九八二年的普查也是人口學家估計饑荒中死亡人數的主要依據。一九八二年的普查是為了提供可靠的資料，讓政府可以計劃和評估獨生子女政策。

西方和中國學者根據這些資料所做的數學模型分析得出了各種不同的死亡數的估計，從一千六百萬到三千萬不等。中國人口學家彭希哲給出的一九五八到一九六二年全國超額死亡人數（excess deaths）大約為兩千三百萬。一些西方學者認為有三千萬，包括一千兩百二十萬十歲以下兒童。[54]資料有這麼大的差距主要原因是需要考慮沒有登記的出生和死亡，這兩個情況根本就無法得到可靠的資料。由於中國國家人口登記制度的不完善，特別是在新中國成立初期，考慮未登記的出生和死亡尤為重要。此外，計劃生育政策開始以後，超計劃生育孩子的要受到處罰，這造成了幾百萬嬰兒沒有登記，及全國各地非法出生的所謂「黑孩子」。最後一個困難是，各省人口資料的可靠性不一。

表4.2　宜興縣1959年10月1日至1960年3月底人口死亡狀況

時間		1959.10.1～1959.12.31	1960.1.1～1960.3.10	1960.3.11～1960.3.31	總計
死亡總數		2778	7420	1224	11422
性別	男		7276	879	8155
	女		2922	345	3267
年齡	1-16		1604	157	1761
	17-50		2014	271	2285
	51-60		2587	350	2937
	60以上		3993	446	4439
原因	年老		4385	442	4827
	久病		1904	291	2195
	浮腫病		1529	247	1776
	消瘦病		830	141	971
	青紫病		275	39	314
	投河上吊		59	8	67
	被人殺死		2	1	3
	其他疾病		1214	55	1269

資料來源：宜興縣檔案，〈江蘇宜興縣委員會辦公室，關於群眾疾病、人口死亡、外流、棄嬰的重要資料〉。

即使出生和死亡情況很精確，超額死亡人數也只能對比「正常」年分來估算。如何得出一九五九到一九六一年的基準數是個很複雜的問題，因為饑荒之前的幾年裡死亡率是多少也完全沒法準確知道。官方統計顯示，一九四九年前中國總死亡率和兒童死亡率都很高。一九四九至一九五七年之間，報告的死亡率大大下降，在不到十年的時間裡從約二・五%下降到一%。如果真的是這樣，這就意味著，毛澤東時代早期的經濟和社會變化「挽救」了三千萬生命。歷史人口學家寇馬克・歐葛拉達（Cormac Ó Gráda）對這個數字表示懷疑。在這麼短的時間內有這麼急遽的下降讓人難以置信。如果我們接受他的看法，即一九四九到一九五七年死亡率沒有減少那麼多，那麼饑荒開始之前的總死亡數一定比先前人們所相信的要高。有了這個增加了的死亡率作為基數（死亡率最高為大躍進期間的二・五四三%），意味著饑荒造成的死亡率沒那麼高。考慮到這些因素，歐葛拉達估算饑荒死亡人數為一千五百萬到兩千五百萬。但是即使是這個較低的數字，在絕對數上也使大饑荒成為現代史上死亡人數最多的。[55]中國學者曹樹基的估計比這個高，他根據官方縣志的人口統計（不計青海和西藏）估算出因饑荒死亡的人數為三千兩百四十萬。[56]

有些研究這個大饑荒的人口學家認為，不僅要考慮到超額死亡數，還要考慮到三千萬因饑荒而「未能出生的人」。大饑荒造成了一九五八年之後出生率的大為下降，因為營養不良造成性欲下降、一些婦女停經（女性月經暫時停止），一些夫婦推遲結婚或懷孕。如果沒有出生率的這個下降，死亡率可能會更高。饑荒對人口的影響超過了記載的死亡率，提及這一點無疑是很有用的。不過，將沒有出生的三千萬看作是「失去的」生命有失偏頗，因為接著大饑荒期間的出生率下降之後，很快就有了一九六〇年代初的出生高峰。一九六二至一九六五年之間多餘的出生率超過了一九六〇至一九六一年減少的出生率是完全可能的。[57]長遠來看，大饑荒對人口發展趨勢沒有什麼影響。到了一九六四年，中央政府已經十分關注出生率增長問題，並提出了計劃生育政策來控制人口增長（見第五章）。

對於上述比較高的傷亡數字統計，一些新毛派認為，將大饑荒期間的死亡率與民國時期的正常死亡率做比較更加合適。根據國民黨所做的人口統計，一九三六年和一九三八年的死亡率大約在二・八%。大饑荒期間二・五%的死亡率比民國「正常」年分的要低，在這些學者看來，大饑荒不大可能造成了上千萬人的死亡。[58]他們認為，大躍進是「人類歷史上最大災難」的說法是反共學者杜撰出來的，目的是詆毀毛澤東時代的成就。

這裡也要說一說相反的看法。首先，最明顯的是，一九四九至一九五七年之間，公共衛生條件的改善挽救了幾百萬人的生命。這是值得歡迎的事，但是它不能防止人們在接著而來的大饑荒中因饑餓而死亡。醫療衛生條件的改善意味著，到一九五七年，幾百萬嬰兒存活到了一歲，他們本來是可能已經離世了的。但這並不是說，大饑荒期間較高的兒童死亡率實際上沒有發生。第二，與民國時期的死亡率進行比較在統計學上意義有限。一九四五年以前，國民黨的統治只覆蓋不到一半的國土。在內戰和日本入侵戰亂不斷的時間段，沒有做過有代表性的人口統計，足以向我們提供有關全國死亡率的可靠資料。再者，將大饑荒期間死亡率與國民黨統治的整個階段相比不具有可比性。儘管「正常時期」因貧困的生活條件造成的早亡情況很重要，但必須與饑荒時期相區別，因為在饑荒時期死亡率突然火箭式上升，達到峰值後又開始下降。根據粗略的估計，民國時期因饑荒和自然災害而造成的超額死亡人口大約一千五百萬到一千八百萬，比大饑荒時期的要少，而且有一個長得多的時間跨度。[59]應該把大饑荒放在一個比較大的歷史框架內來審視，如同新毛派所努力爭取的那樣。但是我們不該忽略一個因素，那就是一九五八至一九六一年的饑荒不是發生在戰爭期間或者政府只能有限控制國家的時期，而是發生在和平時期、經濟發展時期，我認為這是很關鍵的。在有扎實資料和分析支撐的嚴肅的人口研究面前，那些認為大饑荒只餓死了幾百萬人的說法是站不住腳的。這些說法可能也忽略了這個災難最為悲慘的部分：那就是，這個災難本來是可以避免的。

統一戰線的結束和西藏的起義

前面我們已經談到，共產黨對西藏當局的妥協使西藏能夠將土地改革和建立人民公社一直推遲到一九五〇年代末。這使西藏成為一個特例。從一九五八年開始，西部的其他少數民族地區，包括四川、青海和甘肅的藏區都開始感受到大躍進的影響。在這些地區，人民公社的建立常常和共產黨與「落後習俗」的鬥爭並行。在牧區，共產黨發動階級鬥爭，動員貧窮的牧民鬥牧主。同時，他們組織少數民族地區的農民加入人民公社，有時真的是一夜之間完成的。政府在這裡採取了「一步走」戰略，跨越了一般進行集體化的最初幾個步驟。很多新的人民公社是多民族的，取消了村與村之間的界限，同時對少數民族的同化加大了壓力。

大躍進對少數民族地區的影響最引人注目的例子發生在西部省份青海。一九五八年六月，省政府開始了一個雄心勃勃的變草場為良田的運動。幾個月之後，一九五九年四月，省領導宣布，青海的每個專區都要在兩年內在糧食、蔬菜和牲畜飼料上實現自給自足。這場運動造成了極為嚴重的後果，毀壞了大片草場，激化了原有的農民和牧民的衝突。新開墾的耕地糧食產量很低，與之相伴的安置牧民和「農牧業結合」的措施導致了這個省損失了三分之一的牲畜，從一九五七年的一千五百萬頭減至一九五八年的一千零八十萬頭，到了一九六〇年只有九百三十萬頭了。[60]結果，牧民食用肉配額減少，而糧食配額又沒有相應增加來抵消損失的部分。在這個省的重災區，在一九五八年上半年就出現餓死人的情況了。到了一九五八年底，牧區已進入饑荒狀態。

一九五九年拉薩的暴動是眾所周知的，但在此之前，一九五八年春夏在青海邊境的少數民族地區發生的暴動則較少有人記得，這場暴動也與饑荒有關。暴亂在四月從撒拉族穆斯林聚居的循化縣開始。這個所謂的「循化事件」最後演變為該省藏族人的武裝暴亂，燃至六個自治州、二十四個縣和三百零七個寺廟。官方統計資料是，共有十萬人捲入，達到該省藏族人的五分之一。[61]情況變得越來越糟，以致中央政府不得不派出解放軍，在有些地區解放軍與武裝牧民的槍戰延續了六個多月。

官方出版的《當代青海簡史》指稱，在一九五八和一九五九年，暴亂導致五萬兩千人被逮捕。官方說法是，暴亂之所以能得到那麼多人的支持，主要是因為「反動階級」利用宗教和寺廟來動員力量。牧民一般擁有大量的武器、彈藥和長矛，動亂得到了西藏和國外「反動力量」的支持。隨著衝突的發展，解放軍似乎把所有因饑荒而逃難的牧民都當作「叛匪」。大量的難民和很多真正的叛軍在鎮壓開始後逃到西藏。拉薩成了反華勢力的中心。

隨著事件的發展，中央政府面臨的真正危險是青海動亂要蔓延到西藏。毛澤東把這個前景看作一個機會。一九五八年六月，毛澤東批准了青海省的強硬立場，宣布「西藏要準備對付那裡可能的全域叛亂。亂子越大越好。只要西藏反動派敢於發動全域叛亂，那裡的勞動人民就可以早日獲得解放，毫無疑義。」[62]七月十四日，中央委員會宣稱，西藏的「反動派」可能正在準備發動武裝暴動，解放軍要準備平亂。但是中央仍然維持推遲西藏改革的決定，表示希望西藏地方政府能繼續支持一九五〇年達成的和解。毛澤東預計的暴動實際上九個月之後才爆發。當有人傳出謠言解放軍要劫持達賴喇嘛後，一九五九年三月十三日拉薩爆發了大規模抗議。很快全面的暴動開始了。反叛部隊中有青海來的游擊隊，也有西藏併入中國之後仍然獨立於解放軍之外的藏軍。解放軍幾周後很快平息了暴亂，但之後游擊隊的活動在邊遠的山區持續了一段時間。

一九五九年晚些時候，周恩來本來要在一個講話中說兩萬西藏人參加了暴亂。[63]後來公布的官方文件對這個數字做了很大的修改，該文件指稱九萬三千名西藏「叛亂者」被殺、受傷或被抓獲。另一個中國的官方來源宣稱，雙方共有五千人在衝突中喪生。[64]幾千人追隨達賴喇嘛逃到印度。西藏叛亂是中華人民共和國成立之後最為重大的反抗共產黨的暴動。但是因為中國其他地區沒有社會和種族動亂，這個事件對於共產黨的權力只是一個很小的威脅。

比結束動亂更困難的任務是贏得和平。北京政府把暴亂描述成傳統精英中的「封建反動勢力」所策劃的，他們背叛了一九五〇年達成的和平解放協定，北京希望以此贏得人心。根據共產黨的說法，「平叛」的同時將要進行「民主改革」，旨在打破動亂的社會基礎——封建勢力。他們指控反動勢力勾結外國帝國主義和國民黨，企圖恢復帝國主義和封建勢力在西藏的統治。而勞苦大眾和精英階層中的愛國人士則歡迎和支持解放軍的平叛。

政府希望以這個資訊表明，暴亂沒有跨階層聯盟的捲入，不是一個全民起義。緊接著事件之後，共產黨甚至說達賴喇嘛不是自願去印度的，而是被反動勢力劫持去的。[65]這樣，黨中央給他返回中國留了一扇門。中央領導很清楚地知道，沒有達賴喇嘛的支持，中國在西藏人心中的合法性會大打折扣。一九六三年當達賴公布了新的西藏流亡政府的憲法之後，官方輿論對達賴活動的報導變得非常不友善。一九六四年底，他被稱為「叛徒分子」，被解除了在中國的官職。[66]

達賴不在期間，藏傳佛教第二位重要的人物班禪喇嘛成了西藏統一戰線的主要代表。一九五九年，他被任命為西藏自治區籌委會主席。計劃中的「民主改革」很快就開始了，同時寺廟和貴族的土地分配給了農民。這些措施是中國其他地區已經進行的土地改革的再現，正因如此，這些被稱作「民主改革」而不是社會主義性質的措施。分掉的土地量很大，一個中國學者指稱，一九五九年僅僅西藏三大寺廟就擁有九千八百公頃土地和一萬一千頭耕畜，並擁有四萬個農奴。[67]官方的媒體和政府支持的文化產業很快就開始宣傳這樣的說法，即舊西藏是一座「人間地獄」，是解放軍解救了奴隸和農奴。

圖4.5　西藏農婦獲得分配的土地，1959年。

資料來源：葉華拍攝，路德維希博物館提供。

班禪喇嘛同意在一九六〇年代初進行「民主改革」，一些流亡的藏人因此稱他為中國人的傀儡。土地改革觸動了西藏佛教的經濟基礎，因為原來是寺廟的土地養活數量巨大的僧侶和尼姑。一九五〇年代，西藏人口中一〇%是僧侶，在城市僧侶人數則到達人口的五〇%。[68]共產黨認為，這一大群人是「不勞而獲」，他們需要參加勞動，使自己轉變為社會主義的一分子。不過共產黨與班禪的合作是短命的，他們很快就轉向了新的同盟（見第五章）。雖然口頭上仍然在談統一戰線，但是一九五九年的暴亂和隨後而來的鎮壓宣告了共產黨與西藏宗教精英聯盟的破裂。西藏比中國其他地區落後了九年，但階級鬥爭還是得進行，新民主主義革命終於來了。

中國共產主義道路的失敗

早在一九五八年，蘇聯專家就對大躍進表示擔憂。有些專家由此想到了斯大林時期在一九二九至一九三二年為快速發展所進行的激進的集體化和過於雄心勃勃的計劃。蘇聯和中國的緊張關係已經持續了好幾年，但對蘇聯共產黨進行公開的批判則始於一九六〇年四月，也就是饑荒的高峰時期，當時《紅旗》雜誌上發表了一篇名為〈列寧主義萬歲〉的文章。中國共產黨批評蘇美和解和資本主義與社會主義之間的「和平共處」，堅持認為，美帝國主義本質上具有侵略性，暴力革命是「解放」第三世界國家人民的唯一方式，必須予以支持。[69]這些批評間接地質疑了蘇聯對世界共產主義運動的領導權。由於文章發表時中國正在經歷幾百萬人餓死的事件，現在看來，這個時候進行公開對抗是個錯誤的選擇。

七月十八日，蘇共領導人赫魯曉夫下令立即從中國撤走一千四百個專家。這是一個極為令人不快的舉措，影響了很多工業項目。但那種認為蘇聯撤走專家導致了農村饑荒的說法基本上沒有什麼根據。沒有一個撤回的蘇聯專家曾直接參與農業生產。[70]而毛澤東後來要在五年內償還欠蘇聯的債務也是為了減少對蘇聯「老大哥」的依賴。至少在一九六〇年上半年，挽救饑荒中挨餓的人明顯不是毛澤東的優先考慮。

中國共產黨的首次嘗試，以建立人民公社作為社會主義向共產主義過渡的替代道路，這最終導致了災難。一九五八年，黨的領導認為農民是實現革命轉變的主要力量，並推動農業的工業化。但是在饑荒期間，給農民提供福利不再是共產黨日程上的內容，中國共產黨採取了與蘇聯同志在一九三一至一九三三年的饑荒期間同樣的做法。在主要城市和工廠，軍人、黨的幹部和高級知識分子都得到了保護，而在廣大農村很多普通農民被餓死。在一九五〇年代中期糧食分配制度上已經十分明顯偏向城市，在饑荒時期再一次痛苦地證明了這一點。一九六〇年八月中央政府提出了一個新的口號：「吃飯第一」。同月，中央多次下令從農村調糧食保證主要城市的供應。吃飯問題可能是放在第一位了，但是什麼人首先吃到飯是毫無疑問的。

為了讓全國走出饑荒，所有大躍進期間「新生」的機構到了一九六一年底都關閉了。大型的、半共產主義農村公社、公共大食堂、軍事化農村生產組織、城市人民公社和後院煉鋼作坊都不見了。一九六一年之後在農村仍然存在的小型人民公社更近似於一九五〇年代中期的高級社，而不像一九五八年秋季烏托邦時期的模範公社。城市化的進程逆轉了，一九六〇年代早期，大約兩千六百萬在大躍進期間來到城鎮的人又被遣返回了農村。饑荒對農民是一場災難，但對共產黨也是導致了嚴重的危機。黨的領導層有些感覺到失去了對農村黨組織的控制，對中國未來經濟和社會發展的方向問題產生了分歧。

附件4.1 「我的檢討」（一九六〇年十二月十日）

舒同（山東省黨委書記）：
我省農村情況從一九五九年以來一再惡化。今年夏秋已經發展到十分驚人的嚴重地步：人口大量的外流（八月底尚未回來的就有一百零九萬人），水腫病及各種疾病激增……人口死亡率逐年增加（自一九五九年至今年上半年非正常死亡六十五萬人）；耕畜銳減（比一九五五年減少兩百三十七萬頭），而且體質大都瘦弱不堪……今年糧食產量猛烈下降，退回到相當於一九四九年的水準……城鄉糧食供應與物資供應更形緊張，廣大人民生活迅速下降到難以維持的地步；有的地方甚至發生人吃人的慘痛事件。黨在人民群眾中的政治威信受到嚴重損害……特別是人民公社在一部分人民群眾中產生懷疑……為什麼在山東會造成如此嚴重危險局面呢？主要原因不在於兩年來的自然災害（有較大的影響），不在於工業躍進得太快……特別是我個人工作上和領導上所犯的嚴重錯誤。我在最近兩年來特別去年以來，在貫徹中央的方針政策上犯有嚴重的錯誤……只有向黨負荊請罪！向山東人民負荊請罪！

資料來源：山東某縣檔案，〈1960年曾希聖、譚啟龍、舒同同志在五級幹部省委擴大會議上的講話，「我的檢討」〉

附件4.2　中共濟南市委政法部關於收容審查流氓婦女的情況報告（一九六一年七月）

市委並省委政法部：

我市最近在收容遣送外流人員中，收容了一批有流氓行為的婦女。這些人經常活動在車站、自由市場、茶社、飯館、公園等複雜場所……為了查明這些人的墮落原因，研究對策，我們對其中十個有流氓行為的婦女專門進行了調查。這十個人中，家住青島的一人，即墨的三人，平原的二人，濟南的一人，兗州的一人，北京的一人，鞍山的一人……貧農出身的六人，城市貧民二人，中農一人，反革命子弟一人……她們外流墮落的原因，大體有四種：

1. 過去就有流氓偷盜惡習，現在乘自由市場開放和外流人口增多的時機，又大量進行流氓活動……如王麗海，二十二歲，即墨縣人，貧農成分，她由於母親的影響小時就沾染上了流氓偷盜惡習。經常亂搞男女關係……一九五八年七月她開始在外流浪，先後到過青島、濟南、天津、瀋陽、哈爾濱、佳木斯等若干城鎮、碼頭，進行坑、蒙、拐、騙……
4. 家庭生活困難。屬於這一種情況的二人。馬美麗二十六歲，即墨縣人，貧農成分。十五歲初小畢業，十九歲同復員軍人張海濱結婚。生有子女二人，大的六歲，小的四歲……

根據上述情況，我們對收容的這批流氓婦女，是採取了如下辦法處理的：對個別流氓成性、經常進行偷盜、屢教不改的分子，逮捕判處徒刑；對於沾染流氓惡習較深，而一時不能轉變的，均收容勞動教養；對於確因生活困難和其他原因，為了混吃混喝，而有一般流氓行為，均進行教育，遣送原籍，適當安置。

資料來源：山東某縣檔案，〈中共濟南市委政法部關於收容審查流氓婦女的情況報告〉

注：引用時採用化名，而非原文檔案中的原名。

第五章

後饑荒年代：從重新調整到社會主義教育運動（一九六二至一九六五年）

國民經濟調整

千萬不要忘記階級鬥爭

反修防修

李輔於一九三八年出生於山西省的一個小城鎮。新中國的建立給他的就學和事業開通了一條大道。他先在一個培訓學院學習農業專業，一九六〇年被省委黨校選拔去學習政治理論，這是成為幹部的第一步。在國家機關的新工作讓他接觸到了大躍進中最糟糕的一些事情。那年年底，省委派他參加「壽陽事件」調查隊，這個事件中，很多農民被餓死，或者死在壽陽縣地方幹部的手中。調查隊的任務是調查事件的經過，並撤換有過失的幹部。

李輔於一九六二年入黨，畢業後在省委政治研究室工作。一九六四年，他開始在社會主義教育運動中心工作。此後的兩年他參加了一系列外派工作組，去農村搞「四清」，調查地方幹部的腐敗情況。工作組組織村民開地方幹部的鬥爭會，有的地方幹部承受不了，自殺了。李輔對杞縣的一個案子特別不能釋懷。那兒有一個幹部在群眾批鬥大會之後「畏罪自殺」了，儘管沒有證據證明他犯了什麼嚴重的錯誤。在同一個縣，工作組組織批鬥生產大隊黨支部書記，但是沒有撤他的職，因為沒有人能替代他。[1]李輔回憶道，在河北省桃源大隊人們感到一種強烈的怨氣，這個大隊曾在一九六四年被宣布為全國模範大隊。當時，國家主席劉少奇的夫人王光美曾經帶領人數眾多的工作組進行大規模、高代價的鬥爭會批判地方幹部。根據李輔的回憶，早在一九六六年，當地幹部就明顯對劉少奇和王光美夫婦不滿。

一九六七年二月文化大革命期間，李當了省直機關的造反派頭頭，後來革命委員會取代省政府時，他是革委會的成員。一九七〇年他開始走厄運了，和其他幹部及造反派頭頭一起被下放到農村。在那兒，他看到了幾年前曾參加的「四清」運動所留下的長遠影響：

我去的村子秦莊仍在受到四清運動的影響……那兒的自然條件很好，土壤肥沃。過去，這個村子要向國家交兩百萬斤糧食……可是他們以極左的方式開展了四清，大隊黨支部書記被打成了反革命，支部五個委員中四個被開除出黨，領導班子被完全打爛了。新上任的幹部也害怕，什麼都不敢做。簡直亂成一鍋粥了。莊稼長熟了就給偷了。最後年底我去那兒的時候，總產量只有六十四萬斤……從原來的上交國家兩百萬斤餘糧，產量下降到一九六九年總產量六十四萬斤。[2]

一九七一年，李輔被批准回到省委，但是一九七七年粉碎「四人幫」後，他又受到清查。一九八一年，他再次得到平反，回到政府，擔任平遙縣黨委書記。一九八四年政治風向又發生了不利於他的轉變。李因在文革期間與造反派的關係受到清洗，被開除出黨。後來他在一個圖書館工作，直到退休。他想寫回憶錄，因為他覺得黨組織對他不公。很多幹部的政治生涯在毛澤東時代像坐過山車一樣忽上忽下，他的經歷就是一個例證。如果得到上級的賞識就會提升很快，但失去了領導的賞識很快會變得脆弱。

大饑荒和文化大革命期間的這些年對毛澤東時代社會史具有特別重要的意義。確實，如何對這個過渡階段進行歸類是個有爭議的問題。有的學者認為這一段是一九六六年夏天開始的文化大革命的前奏。[3]在他們看來，一九六二至一九六六年是一個逐步強化的階段。中共反「蘇修」的公開辯論使中蘇對抗升級並公開化。毛澤東警告中國出現「資本主義復辟」。隨著美國開始直接捲入越南戰爭並於一九六五年對社會主義北越進行有系統的轟炸，衝突的威脅在增加。

從另一角度來看，也可以說一九六二至一九六六年是恢復時期。大饑荒對農村的影響極大，很多人需要重建家園。有些地區一九六二年仍然沒有走出饑荒。四川省農民這一年仍然在挨餓，真正的恢復得到一九六三年才開始。[4]同時，全國一九六二至一九六三年出現了一個生育高峰，造成了令人擔憂的人口增長問題。換句話說，一九六〇年代初期，中國在不同的政策領域和不同的社會部門經歷了相互矛盾的發展。我們最多只能做一個粗略的階段劃分，即分為兩個階段：一、一九六一年初至一九六二年末，中央政府集中關注「調整」經濟，戰勝饑荒；二、一九六二年九月中共第八屆十中全會後，毛澤東發出「千萬不要忘記階級鬥爭」的警告，開始了一個更加激進的時期。這個階段一直持續到一九六六年夏天文化大革命開始。

本章將討論大饑荒之後大力精簡城市工人和學生的情況。「緊縮」政策大大減少了社會流動性，限制了接受教育和獲得非農業性工作的機會。我們將探討為什麼政府在一九六三年感到有必要計劃生育，以控制城市和農村人口的增長。在農村，大饑荒削弱了中央政府對地方幹部和農民的控制，政府希望以社會主義教育運動（一九六三至一九六七年）重新獲得主動權，這個運動的目標是打擊地方上的「走資本主義道路當權派」和地下「經濟」。在後饑荒時期，共產黨努力恢復統一戰線政策，以重新贏得高級知識分子和少數民族的支持，這兩個群體與共產黨的關係在大躍進期間受到損害。但是黨的領導很快就在做出多大的妥協問題上產生了分歧。「調整」政策帶來了經濟復蘇，但是許多潛在的社會衝突也因此出現並在文化大革命中升級。

大精簡

一些學者認為，農業的恢復主要就是人民公社所有制結構的改革。這一改革的關鍵性文件是一九六一年頒布的「農業六十條」。文件確定了人民公社的三級結構。最高一級是公社，第二級是生產大隊，最後一級是由一些家庭構成的生產隊。根據這個文件，集體所有制和工分的計算要落實到最低的一級生產隊進行。公社社員可以擁有自留地和數量很少的牲畜。

這些改革很重要，主要因為改革提高了農民生產的積極性，但這只是事情的一個方面。恢復自留地和加強生產隊在人民公社的作用是後來提高農業生產力的一個步驟。不過這個效果只能在饑荒後一個生產周期和有了收成之後才能看到，不能立即增加糧食供給。實際上，根據毛澤東時代之後公布的官方資料，一九六二年死亡率大幅下降，儘管糧食產量仍然低於一九五九年。[5]也就是說，不管提高生產率多麼重要，中國不是靠這個走出了饑荒，而是如我下面所論證的，恢復主要靠的是重新平衡供給系統。

精簡城市人口和勞動大軍

國民經濟調整的設計者是黨的資深官員陳雲和李先念。陳李二人都認為，應該減少城市勞動大軍和進口糧食，以平衡城市的糧食消費者和農村的糧食生產者之間的關係。陳雲尤其認為，城市人口無控制的增長不僅是造成大饑荒的主要原因，也導致了一九五三、一九五四和一九五七年小規模的糧食供應脫節。[6]減少城市定量糧食供應的人數意味著減少國家從農村徵購糧食的壓力。這個調整不僅可以增加農業勞動力，而且關鍵是減少國家需要的糧食總量，因為給農業人口的糧食定量遠遠少於給有城市戶口的人所提供的定量。陳雲還認為，在人民公社恢復自留地可以讓那些從城市下放農村的人自給。[7]

陳雲估計，如果將農業生產和城市糧食消費人口都考慮進去，一九六二年需要有兩千萬人從城鎮回到農村。在大躍進期間進入城市的人是這個「精簡」政策的主要對象。一九六〇年底到一九六三年總共有兩千六百萬人口被精簡。[8]表5.1列出了國營企業勞動力減少的情況：一九六一年減少了八百七十萬，一九六二年八百六十萬。而福利待遇較差的集體企業的工人在這個時間段卻稍有增加。在這個時期，統計資料把一些進行農業生產的郊區居民也作為城市人口，這使得準確評估陳、李恢復計劃對城市人口所造成的影響變得複雜。考慮到這個不正常的因素，毛澤東時代中國城市非農業居民的總數從未超過二〇%。在這麼低的人口比例中，這個改革確實有比較顯著的效果。城市非農業人口的比例在一九六〇年代繼續下降，從一九六四年的一四%下降到一九六八年的一二．九%，直到毛澤東一九七六年逝世這個比例都沒有提高。[9]政府有效地為城鎮人口封頂，限制了糧食定量、福利和非農業工作的數量。這是中國共產黨的領導人從饑荒中得到的重要教訓。

但僅僅是這些措施在饑荒後時期仍然不

表 5.1　1960至1965年國營企業和集體企業的職工人數（單位：萬人）

年份	總數	全民所有制		集體所有制	
		職工數	比上年增加人數	職工數	比上年增加人數
1960	5969	5044	483	925	211
1961	5171	4174	-870	1000	75
1962	4321	3309	-865	1012	12
1963	4372	3293	- 16	1079	67
1964	4601	3465	172	1136	57
1965	4965	3738	273	1227	91

資料來源：中共中央書記處研究理論組編，《當前我國工人階級狀況調查資料彙編》（北京：中共中央黨校出版社，1983）第2卷，第105-106頁。

足以穩定糧食供應。改革措施還要配以糧食進口來進行緊急救助。如陳雲所說：「如果我們進口糧食，就可以少向農民徵糧，就能穩定他們的生產情緒和提高生產積極性。如果我們用兩到三年來發展農業生產，國內市場問題就能解決。」[10]一九六一至一九六五年間，中國每年平均進口五百萬噸糧食，淨進口大約每年四百一十八萬噸。[11]這些進口糧食沒有送到饑荒受災區，而是用來供應北京、天津、上海和遼寧。這四個地區都是直接由中央政府管理的城市糧食供應區，所以進口糧食只是一種間接的救災援助，減少了農民交糧的指標，從而讓糧食能多留一點在農村。用這種方法救災，政府避免了將進口糧食通過農村幹部發放，因此減少了欺騙和私人侵吞的可能。從一九六二年開始，糧食徵購指標得以穩定，讓農村可以走出饑荒。嚴格執行戶口制度幫助了維持農業生產和城市消費的平衡。

緊縮政策和精簡城鎮人口都是必要的，但這些措施對城市裡人們的情緒也有很大影響。即使在全國糧食供應最有保障的上海，工人們也在抱怨糧食定量太低、生活用品缺乏，比如衛生紙缺乏（見附件5.1）。我們在檔案中找到一封居民的信，信中抱怨老百姓對饑荒情況所知甚少，他們聽不到中央領導的報告。這封信還批評幹部「走後門」，獲得魚、肉等緊缺商品的腐敗做法。這封信還說，自從新中國成立後已經絕跡的偷盜兒童的現象現在又到處可見了。一般老百姓如何看待精簡政策，以及城市和農村對這個政策態度的異同，我們無從得知。但我們可以說，很多人會同意陝西一個工人的說法：「資本家叫倒閉，我們叫停產。資本家叫開除，我們叫下放。美國叫失業，我們叫精簡。反正我們沒事幹，還不是跟資本主義國家一樣。」[12]

全國的各個單位都要按指標精簡人員。有的城市居民向地方政府請願不要把他們送到農村去。請願者大都聲稱本人身體弱、懷有身孕或家有需要照顧的人。還有人威脅說，不讓他們留在城裡就自殺。[13]精簡人員的目標基本上都實現了，這意味著這些請求都沒奏效。中央政府在饑荒的高峰期仍然能夠實現大規模的人口轉移，反映了中華人民共和國早期強大的國家能力。

很少有人研究從城市回來的人對農村的生活有何種影響。與文化大革命中的「下鄉知青」不同，一九六二和一九六三年被精簡的人很多是幾年前剛剛從農村去城市的，他們對農業生產還比較熟悉，在家鄉也不是陌生人。很難說，他們到底是作為新增的勞動力受到了歡迎，還是被看作搶奪有限資源的競爭者。但是有一點是明確的，在共產黨新政策之下，農村的經濟最終恢復了。為了實現農村經濟恢復，政府犧牲了快速工業化的計劃，而在一九六一年之前，工業化是主要靠出口糧食、進口外國技術來支撐的。國家還提高了糧食徵購的價格來刺激農業生產，但是為了確保城市的穩定，糧食銷售價格仍保持不變。這個宏大的補貼項目所造成的損失給國家後面二十年的預算帶來很大的負擔。[14]

總的來說，一九六二至一九六六年，由於嚴格執行戶口制度、刻意減少享受城市福利的人

圖 5.1　上海大廈的外景，1974年。

資料來源：Carl Seyschab拍攝。

數，城鄉的分化加深了。這些政策的一個附帶作用是農村人口的社會流動性減少了。不過黨的領導層都支持這些新政策。毛澤東一生都未質疑過戶口制度，也沒有對精簡城市人口的各個方案有過任何疑問。

三線建設和西部工業化

一九六一和一九六二年，中央政府集中關注的是經濟平衡。但是，從一九六三年開始，毛澤東特別推動三線重工業投資。這個項目要把中國部分現代工業基地搬遷到內地，但在很多年裡都是一個秘密項目。對這個項目還有很多分析研究要做。很多那個時期的官方經濟和工業統計都排除了三線建設的內容。不過，這個戰略考慮的動因很清楚。到了一九六三年，中央政府十分關注兩個對國家安全的威脅，即美國加深了在越南的軍事捲入[15]和蘇聯在中蒙邊境集結重兵。不論與這兩個國家中的哪一個發生全面戰爭，中國都無法避免對方海軍或空軍的入侵。任何這樣的入侵都會重創中國的現代工業，因為大多數工業基地都在東北或東部沿海。共產黨的想法主要是根據第二次中日戰爭期間（一九三七至一九四五年）國民黨不惜重金遷往四川的經驗。三線建設旨在將新的工業基地設在西部，這樣可以為反侵略的人民戰爭提供經濟基礎。一九六三至一九六五年之間，全國總投資的三八・二%用到了三線項目上，直到一九七一年，三線建設都是中央政府的優先項目。[16]

三線建設的第一階段中，主要項目在四川、貴州和雲南，都是在看上去不太可能的地方。比如，四川比較小的城市攀枝花被選作鋼鐵生產的中心。青海、甘肅、陝西、湖北和湖南的一些地方後來也列進了計劃中。工業基地的重新選址加快了區域運輸網絡的標準化。新建的鐵路將內地的城市連接起來，中國鐵路線從一九六四至一九八〇年增加了八千公里。[17]主要公路如昆明—成都—貴陽線和西寧—格爾木線都是三線項目的產物，同時還有連接天津和南部廣西的鐵路線。三線項目改變了中國的布局，減弱了東部地區在工業和運輸基礎建設上的支配地位。

政府動員了上百萬的民眾參加三線建設。有些是上海和其他沿海發達地區的熟練技術工人，也有當地的農民、「城市青年」或民兵。這些項目的條件都相當艱苦，毛澤東提出了「一不怕苦，二不怕死」的口號，在很多情況下，人們對這個口號真的完全按字面意義來理解和執行了。根據不完全統計，建設成昆鐵路期間，鐵路建設局因事故而死亡的達兩千一百人，另有五千六百八十七人受傷，[18]這條鐵路和其他幾條鐵路一樣需要穿過地勢險惡的高山地區。共產黨以愛國主義來保持工人的士氣。但是很多三線工程都是軍事秘密，所以工人們得不到公眾的瞭解和認可。除了個人危險外，很多工程還要求漢族工人搬遷到少數民族地區。黨中央準備應對的戰爭從來沒有發生，有些當代歷史學家因此質疑三線工程的價值。整個工程花費了很多人力和資金。工廠的選址取決於國防的需要，所以經濟有效性被放到了一邊。三線建設的社會歷史需要專門撰寫。

勞動市場和教育的改革：強制實行雙軌制

一九六二至一九六五年間，政府在勞動市場和教育上實行了雙軌制。除了常規的勞動市場和學校之外，還創建了一種需要較少的資金和削減了福利的「二級」體制，滿足需求的同時又不給國家帶來過多的負擔。結果是，至一九六四年，城市就業人口又開始增長（見表5.1）。在勞動市場設立所謂的「雙軌」體制原因是很明顯的。很多工廠需要新的工人來實現生產目標。但是中央政府又不願增加拿國家工資人員的數量，因為在大躍進期間，這個數量的增加帶來了適得其反的結果。一九六〇至一九六三年之間，國營企業職工的數量從五千九百萬減少到四千三百萬。有些減少可以用集體企業的增加來彌補，因為集體企業職工從九百萬增加到一千一百萬。但是還得增補更多的工人。

人們很快發現，減少政府開支同時要擴大職工數量的一個辦法是允許增加臨時工。從一九四九年開始就有和終身制工作同時存在的短期工作。一九五九年勞動部頒布一個決定，區分三種形式的城市工作：固定工作、工廠招收的城市合同制臨時工和從農村招募的短期「農民工」。[19]一九六四至一九六六年間，後兩種臨時工有了很大的增加。「農民工」是特別有用的勞工資源，雖然他們的工資比農村的平均收入高，但是比起正規的城市工人仍然很低。

有一點從一開始就很明確，即農民工不可能成為城市固定工人。一九六五年勞動部關於四川勞工情況的一個報告提出一個擔憂，如果給年輕的農民工工資定得太高，他們回到農村後會引起與其他人的矛盾。報告建議，生產大隊應該可以因勞動力損失向進城的農民工收取補償費。[20]這兩個建議都是以這樣的假設為前提，即農民工過去是、今後依然是生產隊的一部分，不可能成為城裡人。臨時工雖然人數不多，但是在一九六〇年代仍然是城市生產大軍的一個重要部分。一九六五年底，全國共有三千三百萬固定職工，三百一十八萬城市合同工，比過去一年增加了五十四萬，另有兩百萬農民工。國家統計局一個報告讚揚勞工市場雙軌制，因這個制度允許城市各單位可以用臨時工代替固定職工。[21]

在雙軌制的擴大和發展中，政府從未打算取消「鐵飯碗」，而是有意保持很大一部分工人為臨時工，並不讓其進入國家福利系統。從一九六四年開始，國家主席劉少奇成為勞工市場和教育雙軌制的重要推動者。在一個重要講話中，劉少奇說，鐵飯碗是很好，但是以後「要退」就很難，意思是解雇工人。對季節性的工作，臨時工是一個更好的辦法。劉少奇說，「有工作就來，沒工作就回家。」[22]劉少奇不贊成進一步增加固定職工。他還設想建立一種義務工役制，特別用於採礦業等。人們都知道，採礦工作會對身體造成傷害，因此劉少奇建議採礦工人應該只在礦山工作幾年，然後就要強制離開這個工作。雖然他的措辭是為了工人的利益，但「強制離開」很容易產生一個邊際效應，即整個這個產業的職工都成了短期的臨時工。他講話的主要動機不是出於保護工人的社會主義思想，而是為了給政府減少費用。

雙軌制的第二個方面是教育。在大躍進期間，擴大學校和增加學生數量給中央和地方政府增加了極大的額外負擔。而這個錢也沒有得到很好的使用。很多新開的學校水準很低，因為很多學生常常吃不飽，學習效果沒法保證。一九六一年二月，黨中央發文指稱農業生產需要更多的年輕勞動力。為了能解決這部分勞動力問題，黨中央決定，今後三到五年內，農村十六歲以上的勞動力中，學生不該超過二%。中小學應該避免招收超齡學生，常規學校和農業中學的學生數應該保持穩定。[23]這個決定嚴重限制了農民子弟進高中學習的機會。表格5.2顯示了教育制度縮減的影響，但表裡的數字沒有區分城市和農村的學校。一九六〇年小學畢業生七百三十萬，一九六三年下降到四百七十萬，各年級晉級的比例大幅下降，只有在一九六三年之後才稍有增長。

雖然中央政府全力減少費用、留住農業勞動力以增加糧食生產，他們仍然在農村努力掃盲，並推行義務教育。為了同時實現這些相互矛盾的目標，他們在常規教育之外推行一種「半工半讀」的教育制度，允許學生一邊繼續讀書一邊參加農業或工業生產。在農村，學生農忙時下地工作，農閒時學習。根據劉少奇的估計，這種雙軌制度是掃盲所需要的全民教育上國家能承受的唯一辦法。[24]

劉少奇主席提出建立勞動和教育雙軌制可以縮小城鄉差別，縮小腦力勞動和體力勞動的差別。農民工制度不僅僅是一個節約費用的措施，而且可以有效地讓農民通過在工廠的短期工作獲得技巧和知識。沒有回答的問題是，這些額外的技巧有什麼用。人們能夠通過雙軌制改變生活軌道嗎？農民有機會進入占人口很小比例的城市固定職工的行列嗎？那些「半工半讀」學校教授的有限基本技能可以讓農村的孩子進入高等教育嗎？文化大革命中，雙軌制被批判為劉少奇、鄧小平的「修正主義路線」，這些批評都提出來了。人們指責劉少奇歧視一般老百姓子弟，讓他們只能學一些從事艱苦工種所需要的基本技能。[25]同時，他們批評，知識分子和城市幹部的子女則能

表5.2　1957至1965年在常規教育制度下的升學機會（單位：百萬人）

年份	小學畢業人數	初中入學人數	小升初入學率（%）	初中畢業人數	高中入學人數	初升高入學率（%）	高中畢業人數	大學入學人數	高中進大學入學率（%）
1957	4.980	2.170	43.57	1.112	0.323	29.05	0.187	0.105581	56.46
1958	6.063	3.783	62.39	1.116	0.562	50.36	0.197	0.265553	134.80
1959	5.473	3.183	58.16	1.491	0.656	44.00	0.299	0.274143	91.69
1960	7.340	3.648	49.70	1.422	0.678	47.68	0.288	0.323161	112.21
1961	5.808	2.218	38.19	1.892	0.447	23.63	0.379	0.169047	44.60
1962	5.590	2.383	42.63	1.584	0.417	26.33	0.441	0.106777	24.21
1963	4.768	2.635	55.26	1.523	0.434	28.50	0.433	0.132820	30.67
1964	5.674	2.866	50.51	1.386	0.438	31.60	0.367	0.147037	40.06
1965	6.676	2.998	44.91	1.738	0.459	26.41	0.360	0.164212	45.61

資料來源：Suzanne Pepper, *Radicalism and Education Reform in Twentieth-Century China: The Search for an Ideal Development Model* (Cambridge: Cambridge University Press, 1996), p. 304。

夠在常規的教育制度下或者精英的「重點學校」接受更好的教育。這種直接將矛頭指向劉少奇和鄧小平是有違公正的。畢竟不是劉少奇自己發明了雙軌制。所有的證據都表明，毛澤東開始是支持這個制度的。不過，我認為對這個制度的批評是對的。與劉少奇所主張的相反，雙軌制加深了而不是縮小了體力勞動和腦力勞動、以及城鄉之間的差別。

關於高等教育，中央政府於一九六五年決定加強「階級路線」。黨中央傳達的一個文件提出，在大學錄取時相對於成績，要更多地關注階級成分和政治表現，使大學能夠更好地「培養革命接班人」。考試成績和學術水準的重要性相對於一九六〇年代初降低了。文件指示各大學在錄取時優先考慮工人、貧下中農、革命烈士和革命幹部子弟。家庭出身不是錄取的唯一標準，剝削階級家庭的子女如果表現好，並且與父母劃清界限仍然能夠上大學。[26]但是不管怎麼說，轉變是明顯的。

那麼，大學招生中強調階級成分和政治表現是不是能有效地平衡雙軌制對農村子弟的歧視呢？我認為不能。建立雙軌制的目的是減少農村小學教育的經費。在「半工半讀」的模式下，很多農民的子女在達到上高中的年齡之前就被排除出去了。大學招生方式的調整對這些農民的孩子沒有任何意義，因為他們根本就到不了上大學的程度。這些調整只能更有利於幹部子弟，因為那些舊知識分子的孩子考試成績更好但家庭出身不好。「階級路線」的主要受惠者是黨的精英而不是農民的孩子。

統一戰線的有限恢復

儘管中央政府加強了對戶籍的控制，但同時也在努力重建與知識分子、少數民族和宗教團體的統一戰線，這些人都在大躍進中受到衝擊。共產黨和知識分子的關係從一九五七年反右運動開始就比較緊張。一九六一年夏，中央委員會通過了「科研工作十四條」和「高教六十條」，希望以此在上述群體中贏得民心。上述兩個文件都發出了這樣的信號，即共產黨要尊重專家知識，重視書本學習、正式的機構、研究的品質和教師的權威。大專院校及其學生的體力勞動時間從一年四周減為兩周。

有些黨的領導人走得更遠，他們認為不應仍然將大部分知識分子和技術人員稱為「資產階級知識分子」或「資產階級專家」。一九六二年周恩來在一個講話中重申他一九五六年的觀點，新中國的知識分子沒有構成一個獨立的階級，他們是「腦力勞動者構成的社會階層」。[27]這個區別是很重要的，因為這意味著知識分子可以被看作「人民」的一部分，而不是單獨群體且可能被定義為階級敵人。與其他人一樣，知識分子仍然應該接受再教育，克服資產階級思想，但是他們在接受再教育時的缺點應該作為「人民內部矛盾」來處理，而不是看作反革命威脅。但是周恩來的看法並沒有得到所有人的贊同。一九六二年下半年，毛澤東反對不再使用「資產階級知識分子」的說法，提出這些人仍然存在，因此應該保留這種說法。[28]

黨爭取知識分子的一個主要工作是糾正反右運動中所做的決定。早在一九五九和一九六〇年，就有九萬九千個「右派分子」摘帽，就是說不再對他們加以歧視。一九六四年「摘帽」人數達三十萬，大部分為知識分子。[29]允許「摘帽」不僅改變了這些人的生活和工作條件，也惠及到他們的親屬。但是他們沒有得到完全平反，也不能保證他們能回到被打成右派前的工作崗位。毛澤東不同意全部重新審議「右派」案子，希望縮小這個過程的影響。帽子摘掉後，右派的案卷仍然留在個人檔案裡。如果勞動表現和思想改造不好，上級黨委會給這個人重新「戴帽」。那些摘帽的右派得時時小心翼翼。一九六〇年代初，很多知識分子的狀況有了改善，但他們仍然受黨的控制。

對於很多少數民族來說，大躍進是對傳統習俗和宗教機構的衝擊。雖然在西藏沒有強制推行大躍進，但青海、四川、甘肅和雲南等有著大量藏族人的地區都受到了大饑荒的影響。一九六二年的中央經濟工作會議「調整」了國家對少數民族的政策，包括重新審議牧民定居和關閉或摧毀寺廟的政策。在大躍進期間，少數民族地區的「自治」受到了限制，有些地區的宗教活動完全停止了。根據官方統計，青海省八百五十九個寺廟到了一九五八年底關掉了七百三十一座，總數五萬四千兩百八十七名和尚和尼姑中有兩萬四千六百一十三人被迫參加農業合作社，只有一％的寺廟完整保留了下來，甘肅省保留下來的只有二％，四川四％，西藏六．五％。[30]人們一般將毛澤東時代宗教崇拜減少歸咎於文化大革命，而這些數字表明，關閉寺廟實際上在文化大革命以前就開始了。政府當時沒有計劃重新開放所有被關閉的寺廟，但承認關閉的數量特別大。大躍進期間另一個重要的政策是「農牧結合」，變草場為農田。這時人們認識到這種做法是毀滅性的，牧民得到賠償以補充畜群，牧區不再強調階級鬥爭。

在大躍進期間，少數民族地區很多關鍵職位被漢族幹部取代。到了一九六一年，甘肅的少數民族幹部比一九五八年減少了四八％，雲南和青海大約二〇％。中央經濟工作會議要求加強對少數民族幹部的培養，為大躍進期間因「地方主義」而受到清查的大批幹部平反。會議文件還要求遵從中央關於與少數民族「上層」建立統一戰線的規定，包括改善他們的生活條件。會議要求恢復關於少數民族進入高等院校的「照顧辦法」，恢復少數民族產品的貿易。儘管有精簡機構的要求，但因少數民族幹部缺乏，會議決定不減少少數民族的機構，少數民族幹部不需要精簡下鄉。[31]政府似乎把少數民族地區幹部「本土化」看得比減少經費更為重要。

在西藏，重建統一戰線的努力效果很有限。正如我們所看到，雖然政府希望緩和關係，但仍然攻擊這個地區最資深的代表班禪喇嘛。一九六二年，班禪喇嘛向中央政府提交了一個報告，報告了他訪問西藏之外藏區的情況。他說，「饑荒威脅到藏族的生存，使這個種族瀕臨滅絕。」[32] 這對毛澤東來說太過分了，班禪被解除了職務，召到北京接受批評。一九六五年，按照已經建立的新疆維吾爾自治區和南方的廣西壯族自治區的模式，西藏正式建立了自治區。這標誌著一九五〇年對西藏做出的特殊安排的終結，加強了中央對西藏的控制。到了一九六〇年代中期，那個神權控制的「舊西藏」，那個由宗教精英統治的極度宗教化的社會不復存在了。除了機構的變化，共產黨為了開展階級鬥爭還培養大量的藏族貧下中農幹部。這些新培養的幹部在大躍進時期就加入了共產黨，並且因他們的左傾思想而贏得地位。

不僅一九六一和一九六二年恢復統一戰線的努力失敗了，毛澤東很快還感到對知識分子、少數民族精英和宗教社團做出的讓步太大了。其結果毫不意外，黨的統戰部部長李維漢在一九六二年下半年和一九六四年受到批判，直到一九六四年十二月被趕下了台。他和烏蘭夫都被指責為忽略了少數民族地區的階級鬥爭、支持地方民族主義。烏蘭夫是內蒙古地區黨的領導，在文革初期被打倒了。

社會主義教育運動：階級鬥爭的極端化

社會主義教育運動是大饑荒後回到「階級路線」和極端化的明顯標誌。從一九六三年春天開始，這場新運動目的在於整頓農村黨組織的紀律。實際上自一九五七年起，共產黨在農村進行了好幾場社會主義教育運動，但這次比以前的要重要得多。這次社教運動也被稱作四清運動，主要針對地方幹部的財物、帳簿、糧倉和工分的管理問題。黨中央覺得大饑荒期間，這些方面管理得都很差。黨中央希望切實解決存在的嚴重問題——地方幹部的欺詐、貪污和濫用職權，在饑荒期間和饑荒之後這些問題都非常普遍。另一方面，為了避免餓死人而在地方上設立所謂的「糧食黑倉庫」也要受到調查。其目的不僅是要改善幹部和群眾的關係，也是為了恢復國家對糧食購銷的壟斷。

如其他運動一樣，這場運動時而激進時而平和。最初，黨中央提出，九五%的幹部是遵守規定的，把運動範圍限制在針對五%的人身上。但隨著運動越來越政治化，人們基本上忘掉了這個比例。中央領導的看法是，這場運動代表了社會主義和資本主義「兩條路線」的鬥爭，這導致了基層發生激烈的衝突。很多幹部被指控為「四類分子」之一，在高壓下自殺了。除了對公社的管理，在「大四清」的口號下，還對幹部們的政治態度、經濟管理、黨組織和思想意識開展調查。隨著運動的進展，大量工作組從上級派到村裡，對地方幹部進行調查，這使運動的氛圍越來越激進。四清運動也擴大到了工廠和大學，但是這場運動對城市的影響絕沒有農村那麼大。

四清運動沒有像黨中央設想的那麼順利，一九六五年毛澤東和劉少奇對問題的根源出在哪裡發生了分歧。劉少奇認為，運動受到抵制是因為腐敗的地方幹部得到了「富農」的支持。毛澤東則認為，地方幹部得到了黨內高層「走資本主義當權派」的支持。[33]如果地方上不良做法在黨的高層有同謀，那麼大量派下去開展四清運動的工作組本身也會在處理中做出妥協。毛的看法占了上風，派工作組下鄉的做法停止了。

嚴厲打擊農村經濟的「黑風」

一九六一年，為了實現經濟復蘇，毛澤東同意減少國家對農村的控制。但是，他十分關注保證中央的權力不要過於被削弱。「人民公社六十條」頒布後不久，他就為改革能走多遠畫了一條「底線」。幾個省特別是安徽省的實驗證明，責任田和包產到戶制度是可行的，農民以家庭為單位安排生產和糧食徵購，而不是以公社為單位。一九六二年初，這些方案被指責為「修正主義」、「反社會主義」，突然被叫停了。

社會主義教育運動的一個重要目標是捍衛毛澤東的底線，扭轉農村的「資本主義傾向」。一九六三年夏，中央指出，在一些地區農業產量下降，因為農民犧牲集體生產的利益，傾心經營更有利可圖的「副業生產」。集體財產和資源也被用於私人交易。[34]在有些地區，地方當局低報可耕地數量以隱瞞糧食產量。為此開始調查耕地數量，取消「黑地」。[35]「瞞產私分」在全國大量出現，如附件5.2所示，農民把大量的糧食藏在所謂的「糧食黑倉庫」裡。大量的糧食被幹部在沒有上級許可或記錄的情況下分掉了，或者被偷盜或因倉儲不當浪費掉。有一個案例是，當一個工廠要接受外來調查時，他們竟然要求職工把囤積的糧食藏起來，向上級報告虛假的情況。

在糧食問題上還有其他形式的欺詐。在有些地方，農民將餘糧以高息借給其他村民，從而形成小型的黑市。對於黨中央來說，這都不是小問題，而是社會主義和資本主義「兩條路線的鬥爭」。隨著饑荒的逐步結束，私人糧食販子的數量快速增加。由於政府分配制度對糧食形成限制，黑市的需求特別大。城市職工精簡使大量求生存的人願意充當「商販」。一九六二年十一月《內部參考》的一份報告中估計全國有三百萬這樣的商販。[36]除了糧食以外，還有布匹和棉花的黑市。有時工廠也參與這些黑市，把倉庫裡的原材料銷售到黑市。在城市裡，甚至有反社會主義和黃色書籍通過這樣的黑市流傳。有一個縣兩百所學校發現了用非法獲得的孔子的《論語》作為教科書（見附件5.3）。

在社會主義教育運動中，中央認為這些沒有得到許可的經濟活動反映了「資本主義傾向」。一九六四年四月，黨中央下令全面取消非法商貿。中央認為，如果每人一天一斤半到兩斤糧食能夠得到保障，老百姓應該夠吃了。鑑於政府為實現這個目標所做出的努力，私人糧食販子可以取締。[37]至於毛澤東時代是否實現了這個目標，即每人每天〇・七五到一公斤糧食，這令人懷疑。不過政府覺得有信心壟斷糧食購銷，相信即使糧食配額沒有想像的那麼可觀，但農民足以不挨餓了。

一九六〇年代初期，毛澤東一直認為農村有「資本主義復辟」的威脅。他指的是一九六一至一九六二年刮起的私人耕種的「黑風」，還包括擴大自留地、私人買賣和黑市。所有這些都對人民公社的秩序形成挑戰。毛澤東認為，農民有雙重性，一方面因他們曾經受剝削而擁護社會主義，另一方面因為他們的小生產者性質而傾向資本主義。地主和富農會利用農民的這些弱點來尋求支持、破壞社會主義制度。這是列寧針對其他場合提出的經典、正統的馬克思主義觀點。毛澤東也擔心黨內會出現「同類」，即那些雖然支持土地改革，但從來沒有完全接受對所有制的社會主義改造。在他看來，加強「階級路線」是反擊農村資本主義「黑風」復辟的最好辦法。[38]

加強農村「階級路線」

到了一九六一年，毛澤東已經明確提出，農村幹部在饑荒期間對農民實行暴力是地方上的階級敵人「奪權」的結果。比如，「信陽事件」（見第四章）發生地河南信陽地區的黨委就提出一份報告，說災難的發生是因為地主階級的復辟。隱藏的階級敵人蛀蟲一般地打進了地方黨組織並獲取了領導職位，他們對農民實施恐怖手段。中央轉發了這個報告。報告毫無掩飾地談及信陽死人的情況，承認僅一個縣就餓死十萬人，有些大隊三分之一的人餓死了。[39]但是報告認為事件的責任不在左傾幹部，而在共產黨從一開始就與之鬥爭的階級敵人。

這類的總結報告會產生後果。全國農村的各基層黨組織開始發動運動，「重新劃分民主革命時期確定的階級成分」。這些措施增加了與階級敵人鬥爭的緊迫性，也有助於我們理解為什麼黨的領導人認為有人在抵制四清運動，並做出了強烈的反應。黨中央的第一反應是加強「階級路線」。一九六四年七月，中央決定建立貧下中農協會。由於中央在一九五〇年代初期的土地改革之後取消了類似的農民組織，這是一個重大的舉措。中央領導還要求重新建立民兵，民兵組織在大饑荒期間被精簡。但中央明確表示，只有可靠的工人和貧下中農能掌握武器。[40]黨的領導人希望這兩個根據「階級路線」建立的組織有助於動員群眾，與不忠於黨的地方幹部及「四類分子」

做鬥爭。

如果農村的局勢那麼糟糕，需要「重新劃分民主革命時期確定的階級成分」，那麼，重新調查階級成分也是合乎邏輯的了。同一年，民兵組織和農民協會都建成了，黨中央發布了一系列通知，要求根據一九五〇年土改期間劃分階級成分的規定給每一家農戶建立檔案（見第一章附件1.1）。[41]如果調查發現「漏網」的四類分子，應該給他們重新劃定成分，清除出黨。這個通知要多次重複傳達，因為與城市不同，在農村，除了黨員，大部分農民一九六〇年代初仍然沒有個人檔案。建立檔案要根據階級成分把農村人口納入城市化的登記模式。

劃分階級成分是為了便於識別潛在的階級敵人，但是可以想見，中央的通知在基層造成了相當大的混亂。與真正的地主做鬥爭已經在十年前就結束了，在那之後一直在與四類分子做不懈的鬥爭。有些幹部面對中央施加的壓力，公開表示階級鬥爭已經是過去式了。他們甚至說，重新把一些人劃定為「貧下中農」會鼓勵他們依賴政府救濟，造成生產力的下降。[42]很多幹部覺得根據一九五〇年的規定劃分階級成分非常困難，因為規定制定以後的十四年裡社會結構發生了重大的變化。各個地區建立階級檔案的標準和地方幹部要求農民所填寫的內容各有不同。[43]因距土改已有一定的時間間隔，如何對待「地主」和「富農」已成年的子女是個主要問題。為了解決這些人的待遇問題，中央不得不解釋「階級路線」的含義。難點在於，這些人難免受到家庭的消極影響，使他們很容易成為新中國的政治危險因素。但是，因為他們本人並未剝削過任何人，所以應該區別對待他們和他們的父母。中央表示，不應一概拒絕家庭出身不好的人入黨，也不應強迫他們參加他們父母的批鬥會。但是要避免他們進入地方黨組織的領導職位。家庭出身不好的人雖然可以加入新的體制，但是從來得不到完全的信任。

另一點如土地改革時一樣，即搞清家庭出身與個人的關係。在這個問題上，中央採取了相對寬容的做法。如果出身富農家庭，但他們本人是革命幹部或革命軍人，他們的子女應該劃為比較好的成分。[44]一九六五年七月一份關於在全國運輸系統開展四清運動的文件規定，家庭出身不好的技術員和工人應該主要根據個人表現來評估。同一份文件還說，解放前的資本家或小商人經過認真的調查也可以更改階級成分。此外，如果群眾同意，地主和富農的子女在參加勞動十年後身份也可改為「勞動者」。改變了身份的人可以加入工會，但不能當幹部。[45]用改變身份的方法獎勵表現好的人這個做法與一九五〇年的有關規定相似。但是這個新的做法有沒有實際意義值得懷疑。鐵路部門的固定工作在毛澤東時代是個特別讓人青睞的職業，一九六五年時不會有很多地主和富農的子女擁有這樣的工作職位。

如同在土地改革時一樣，在社會主義教育運動中，人們開始辯論不同家庭出身的人之間的通婚問題。中央決定，黨員和群眾組織成員可以和地主富農子女結婚——如果這些子女有正確的政治態度。不過黨的領導仍然認為這樣的結合是道德敗壞的來源，對其抱持懷疑。比如，一個人想入黨或參軍，他要在申請過程中提供「社會關係」情況。至少在一九六〇年代是這樣，想入黨或參軍的人得好好想想，他要不要跟家庭出身不好的人結婚。一方面有些幹部認為完全沒有必要繼續進行階級鬥爭，另一方面很多人對地主富農和他們的子女不加區別，一概嚴酷對待。這兩種態度都違反了中央的政策，黨的政策是加強階級路線，但同時給家庭出身不好但政治表現好的年輕人一條「出路」。這個政策最重要的因素可能就是使黨能夠控制農村的階級成分。儘管中央的政策明顯比較寬容，但這並不能讓地富子女自動改變成分或者進入什麼機構，在這些問題上黨組織有最終的決定權。

在農民對待社會主義教育運動的態度問題上，學術研究很少。不過我覺得，加強階級路線對農村人沒有太大意義，特別是在大饑荒剛結束的時候。剛剛在兩年前「貧農」和「地主」同樣經歷了饑餓，這不是階級敵人而是國家糧食攫取造成的。政府通過公共大食堂讓大家吃飽飯的承諾沒有兌現。農民們痛苦地發現，靠國家吃飽肚子是不行的。在社會主義教育運動中第一個受到攻擊的是非正式經濟，而對很多農民來說，那是他們的生死線。共產黨的正式說法和許多村民的切實經歷之間有很大的距離，我們能夠說人們相信過去的階級敵人是主要問題嗎？人們真的都普遍擔心舊制度的復辟嗎？更讓人信服的說法是，因為國家從農村攫取資源，當時的主要矛盾是國家

圖 5.2　中國共產黨新創了一個中國人民在黨的領導下爭取解放鬥爭的宏大敘事，這是矗立在天安門廣場紀念這場鬥爭的紀念碑。

資料來源：葉華拍攝，路德維希博物館提供。

和農村的矛盾。

我們需要注意的是共產黨為什麼要在農村重新發動階級鬥爭。一九五〇年代末農業合作化完成以後，大部分的農村社區基本是同質的。只有加強根據土改以前的經濟關係確定的成分劃分，共產黨才能讓階級劃分發揮作用。最令人吃驚的是，大饑荒之後，國家動員農民進行政治運動的能力似乎減弱了。必須從外面派工作組來打破地方幹部的權勢控制，因為沒法動員當地人這樣做。大饑荒之後人們沒有出現像一九五五和一九五八年那樣對大規模群眾運動的熱情。

計劃生育的開始

大饑荒之後共產黨的大部分政策規劃都是重新集中於階級路線。最大的一個例外可能就是計劃生育。計劃生育是對黨的政策的背離。從歷史上來看，馬克思主義者一般都不同意馬爾薩斯的人口論，即沒有控制的人口增長是導致貧困和饑荒的主要原因。馬克思主義者認為，貧困和饑荒的原因是私有制結構和財富分配不公。早在一九四九年，毛澤東就反對中國巨大的人口基數會給中國帶來問題的看法。[46]新成立的人民共和國引進了蘇聯式的人口政策，鼓勵多生育（見第二章）。生的孩子越多國家就越強大。

一九五三年公布一系列重要的人口統計資料後，情況開始發生變化。這些統計資料表明，中國人口已經超過六億，這比原來預計的數字要高得多。針對這一情況，黨內和婦聯的一些幹部開始呼籲控制人口，改善婦女兒童的健康狀況。毛澤東本人也表示擔憂，國家難以養活不斷增長的人口，但是一九五八年當增加勞動力成為大躍進經濟戰略的一個中心議題時，他改變了看法。大饑荒以後，人們又開始就這個問題進行辯論。[47]儘管大饑荒中死亡了成千上萬的人，出生率很快反彈，一九六三和一九六四年的生育高峰使全國人口達到了七億零四百萬，而一九五八年是六億五千九百萬。中國的這個例子駁斥了馬爾薩斯的論點，即饑荒限制了人口增長。即使在這個最為嚴重的饑荒中，死的人也不足以在長時間裡影響人口的數量。很多農民在饑荒時推遲婚期和生育，但饑荒過去以後，他們奪回了損失的時間。

一九六四年，國務院設立了計劃生育委員會，把控制人口增長的目標寫進了第三個五年計劃（一九六六至一九七〇年）。有了這些決定，國家開始有了一個新的作用，不僅計劃生產，還計劃生育。新的人口控制機制的一個重要特點是，它首先是在城市開展的，最初的計劃早在一九六三年就開始實施。他們要先在城市取得計劃生育的經驗，然後推廣到選中的農村地區。周恩來和不少中央領導人都認為要先在城市開始，理由是城市實施起來要容易一些，因為城市的公共醫療系統條件好一些，而且城市女性受教育程度相對高一些。計劃生育以北部港口城市天津為試點，提供免費結紮和人工流產。

城市計劃生育的一個關鍵論點是，它可以減少農民的負擔，減少對城市的糧食供應。比如，一九六二年的一個城市工作大會文件就明確說到，計劃生育可以「控制城市人口的增長；減少農民的負擔，緩和城市重要物資供應，以及住房、就學和其他市政設施緊缺的局面」。[48]周恩來在一九六三年七月的一個講話中說，我們需要有一個政府能進行有效管理的社會主義人口理論。他提出的第一個有利於計劃生育的論點是，一九五七至一九六〇年沒有控制城市人口增長，這給國家帶來了巨大的負擔。[49]周恩來講話的第二年，計劃生育推廣到了人口比較稠密的農村地區。公開發布的文件沒有將這個新政策與饑荒相連，但文件多次提到糧食問題。如上所述，大家有一個共同的看法，那就是計劃生育和控制生育會改善婦女的健康。但是計劃生育政策的實施實際上是領導人要控制人口增長（特別是城市人口的增長），人口增長增加了國家的財政負擔。

在農村，說服農民接受國家有必要如此介入他們的生活是一件很困難的事。中國的學校幾乎從來沒有性教育，現在政府突然要求幹部推廣節育、結紮和流產。共產黨在口糧標準和人民公社的所有制問題上可以對農民做出讓步，但是在計劃生育問題上他們不怕發生對抗。不過早期的計劃生育只限於鼓勵少生。那時還沒有採用一九八〇年代那些更嚴格的措施，如規定一對夫婦可以生幾個孩子。

如同對社會主義教育運動一樣，迄今很少有關於大眾對一九六三至一九六四年計劃生育政策回響的學術研究。農村的傳統是，兒子多是家族繁榮的象徵，一般人都認為計劃生育限制了人們生育的能力，因此加以抵制。在很多地方可能是這樣，但是一九六三年十月四川彭縣的一個檔案報告顯示，對這個新政策的態度可能有多方面的原因。有的農村婦女強烈支持少生，常常是因為擔心生多了養不活。一個婦女的說法十分具體：「一個娃娃胖子，兩個娃娃瘦子，三個娃娃就像猴子。」還有一個年輕的農村婦女說，生育太多會毀了婦女的健康，「自己原來是個全勞動力，結婚三年裡連生了三個娃娃，身體就垮得不像樣，吃了不少苦。」[50]

雖然有時有這樣一些積極的反應，地方幹部總的來說還是不願去執行這一新的政策。有的幹部說，「農業生產忙，吃飯第一，哪個管這些閒事。」有的幹部擔心，執行不得人心的政策，就像在一九五八年大躍進高潮時期那樣，會讓他們失去農民的支持：「提指標，訂計劃，上頭逼，下頭罵。」很多農民用很現實的理由反對計劃生育：「多生個娃兒，多分一份口糧。」有的人擔心「娃娃少了不保險，有個三長兩短，莫得打漂漂的」。[51]好多這類的擔憂都源於大饑荒的體驗。到了一九六〇年代，農村幹部已經知道，只要中央政府做出任何突然的政策改變，他們要為此承擔責任。由於遇到這些困難，第一次推行的計劃生育是短命的。從一九六六年開始，在文化大革命早期的混亂時期，計劃生育沒有得到執行，到了一九七一年，計劃生育才再次成為全國性的優先戰略。

一九六二至一九六六年：好時期？

從官方版的黨史來看，一般認為一九六二至一九六六年夏天是大饑荒和文革十年混亂之間的「好時期」。這個觀點很有道理。這四年裡，中國共產黨頒布了一些恢復國民經濟的政策。農村從大饑荒的災難中恢復過來，政府意識到，剝削農民是有極限的。今後，要給農村留有足夠自救的糧食。至於這是不是足以讓共產黨恢復到饑荒前擁有的權威還是個有待探究的問題。[52]但是毫無疑問，新政策使國民經濟狀況有了改善。

不少人因一九六〇年代初的「調整」失去了很多原有的東西，如一九六一至一九六三年兩千六百萬人從城鎮下放到農村。工廠、教育和政府部門固定員工的精簡阻礙了社會流動，特別是農村人口的流動。一九六二年之後嚴格的戶口制度進一步減少了農民在務農之外的出路。一九六五年，劉少奇等黨的領導人明確支持勞工市場和教育的雙軌制，這個制度使部分農村人不能進入常規的教育體系，也減少了工人享有的權利。那些在大饑荒之後下放和被精簡的人在文革中參與了攻擊黨的各機構最激烈的造反運動。

在大饑荒中，農民得學會各種生存方式，一九六〇年代初各類非法經濟形式都會出現。有的幹部支持低報產量，還有黑市的存在。有的幹部成為「地霸」，對村民們施暴。中央希望用社會主義教育運動加強中央的控制，這個運動的最初目標是針對地方幹部。所謂的「好時期」對地方幹部來說非常不易，他們成為這場運動的受害者。黨中央努力用建立貧下中農聯盟和農村家庭的階級成分檔案來強化「階級路線」，但收效甚微。到了一九六六年，毛澤東覺得四清運動還不夠。中國需要一種新穎的方法來正確地對黨進行整頓。一九六六年夏天，方法找到了：無產階級文化大革命。

附件5.1　來自上海的一封信（一九六二年七月七日）

近來上海民心極為混亂，擔心國家前途和個人生活出路，發牢騷、罵共產黨，這使我很難過。有人說：「啥叫形勢好？現在是前有敵人（美帝），後無靠山（蘇聯），中立拆散（印度），市場緊張，建設倒退，物價高漲，生活降低，人心惶惶。」「過去罵國民黨一年不如一年，現在不也是一年不如一年嗎？現在是『多票的社會主義』，連大便草紙也要票。」「去年叫三年自然災害，今年要叫四年自然災害了」，「上海不是災區，可是蔬菜每天只配給三兩，買塊洗衣板要隔夜排隊。」

造成當前困難的原因究竟是什麼，應向工人講清楚。幹部可以聽周總理報告，我們工人為啥不能聽？……再有想不通的是國家這樣困難，為什麼政府、大幹部還要天天宴會、酒會？……高級幹部有魚、有肉、有黃豆，還要開後門。有人說：「大幹部送上門， 中幹部開後門，小幹部找竅門，只有工人沒有門。」……最近上海治安也不好。偷、搶、丟孩子、甚至解放後沒有了的「剝豬玀」，現在也常聽到。這些事情使人擔心會不會出事？

資料來源：中國社會科學院、中央檔案館編，《1958-1965中華人民共和國經濟檔案資料選編，勞動就業和收入分配卷》（北京：中國財政經濟出版社，2011），第783頁。

附件5.2　「各地發現糧食管理混亂，損失嚴重」

據中央清倉核查辦公室材料，各地在糧食清倉中，暴露出來的糧食管理混亂和違法亂紀的現象十分嚴重，具體表現如下：

一、到處都有糧食黑倉庫。據揭發，江西省吉安縣的黑倉庫有原糧一千一百多萬斤，九江專區有一千一百多萬斤。這些糧食的主要來源是：超額完成的收購數字不上報；多報銷售糧；少報出米率；多報或假報虧損；溢餘不上報。

二、大量短少虧損。據江蘇省對九百多個糧食所、庫、廠、站的初步清查，長短相抵，共缺少糧食九百另一萬斤。河北省故城縣青罕糧店虧糧達七萬一千斤之多，占應存糧食的四一%。

三、糧食被貪污盜竊的數量很大。江蘇省太興縣缺少糧食十三萬斤，其中被貪污盜竊的就有五萬多斤；武進縣和南通市的兩個貪污集團盜竊國家糧油達四萬多斤。

四、制度手續混亂，大量糧食不知下落。蘭州市糧食局從去年十一月到今年三月，由陝西咸陽發出十一車雜糧共六十三萬斤，至今不知下落，而且長期無人過問。西安市灞橋區糧食局去年九月從福豫麵粉廠提取標準粉三百二十袋，只收到一百六十袋，其餘一百六十袋下落不明，清倉中發現，原來是運輸部門將提貨單丟失了，發貨單位未記帳，無據可查。

五、保管不善、霉爛變質嚴重。甘肅省華亭縣由於保管不當，有四十萬斤糧食已經霉爛變質，有一百六十二萬斤快要變質。陝西省鎮安縣有四百八十多萬斤糧食都生了蟲，其中有六千多斤已霉爛。

六、擅自動用國家糧食。據江蘇省糧食廳對十三個單位的檢查，未經請示批准，擅自借出和內部調用的糧食、油脂等有十八萬九千九百多斤。

七、糧管人員揮霍浪費。陝西鎮安縣大坪糧站人員吃糧不按標準，該站四個臨時工人沒有糧食關係，也照樣吃糧。甘肅省陶寨子糧站負責人趙國科，去年利用職權給家屬帶回糧食二百四十多斤，又私自借給社員七百多斤。江蘇省江都縣嘶馬糧管所，動用花生一千二百多斤加工成糖果送禮。

八、清倉中繼續隱瞞不報或分散轉移。湖北省穀城縣庫存芝麻一百三十二萬斤，縣糧食局只上報七十二萬斤。江蘇省常州市醬品綜合廠聽說要清倉，立即動員全體人員連夜突擊把結餘的十六萬八千多斤米、麥和豆餅轉移隱藏起來，並造假帳上報。

資料來源：《內部參考》，1962年6月27日。

附件5.3　不少地區出現「圖書自由市場」

近年來，湖北省不少地區出現了「圖書自由市場」，情況混亂，影響很壞。

武漢市近一年來，無證書攤大量出現，僅小人書攤就增加了六、七百戶（有證的約一千戶左右），節日假日臨時性攤販更多。隨著書攤的增多，形成了搶購套購之風。據新華書店反映：這些攤販三五成群，輪流到門市部排隊套購圖書，抬高價格三〇至五〇%在市場上出售。有人拿機關介紹信套購圖書，有的從遼寧、上海等地買書回武漢賣。這些無證攤販政治情況複雜，經營作風惡劣，出租的圖書，有《濟公傳》、《粉妝樓》、《老鷹王》、《神飛女探》、《水底怪物》，等等，凡武俠鬥打、封建迷信、荒誕淫穢的圖書，應有盡有。有的書攤竟出售《國民黨黨員守則》。

去年下半年以來，武漢市街頭上出現了不少出賣油印或手抄舊唱本的小販。大部分唱本的內容，也是宣傳封建、迷信、舊禮教和荒誕淫穢的。估計武漢市共有舊唱本約十五萬冊。

武漢市內車站、碼頭和娛樂場所，有許多人出售粗製濫造和編排上有政治錯誤的領袖像，還出售低級趣味的演員照片、歌曲片、亂塗色彩的風景片。荊州專區農村「圖書市場」也很混亂。不少民辦小學、私塾從「圖書市場」上買回內容荒誕的舊書當教材。公安縣有近二百所民辦小學，用《論語精華》、《教兒經》、《女兒經》、《三字經》、《增廣賢文》等當教材。

此外，春節期間，各地有不少擺攤、挑擔代人寫對聯的，還有賣「門神」、「家神」的，內容全是舊的一套。「家神」賣到一元到一元五角一張。針對上述情況，武漢市和荊州專區各級黨委和宣傳、文化部門，已採取措施加強對「圖書市場」的領導管理。

資料來源：《內部參考》，1963年4月16日。

第六章

造反及其局限：文化大革命初期（一九六六至一九六八年）

造反有理，革命無罪
抓革命，促生產
懲前毖後、治病救人

劉竹兵（化名）在文革時是大學生，他先後經歷了突然發跡和接著被打倒的痛苦。一九六六年夏天他在濟南山東大學化學系讀書，這是山東省最有名的大學。他的家庭出身很好，是貧農。幾十年前他這樣家庭出身的人不可能進大學，顯然他是中國革命的受益者。進大學讓他從農村進入城市，成了「體制內」的人。

一九六六年秋，劉竹兵參加了山東大學毛澤東主義紅衛兵，當上了學生造反派的頭頭。一九六七年二月造反派頭頭王效禹在省裡「奪權」，在山東建立了新組織，劉竹兵的好運結束了。他所在的造反派組織為了營救戰友攻打了省公安廳大樓，這個行動被定性為「反革命」。這年春節劉竹兵回老家過年時被警察逮捕，遭到拷打。他被釋放以後，新的省政府兩次動員工人「棒子隊」攻擊毛澤東主義紅衛兵的大本營山東大學。

在派系武鬥中，劉竹兵改變了立場。他成立了一個支持王效禹的紅衛兵組織，取名為「山東大學紅二三毛澤東思想紅衛兵」，以紀念王效禹二月三號奪權的日子。一段時間裡，劉擔任了山東大學革委會副主任。不過一九六八年夏，政府派出工宣隊在全國各地占領校園，結束了學生之間的武鬥，劉的命運又發生了變化。他在回憶裡痛苦地寫道：

> 工人階級領導一切顯示工人力量，顯然就是直接的就是要替代這個紅衛兵，就讓紅衛兵退出歷史舞臺來，工人階級走上政治舞臺。實際上做的大體也對，所有不同意見的有的時候經常都用叫無產階級叫工人階級專政，所有不同意見的都對。所以這就是……也是一個……我覺著是文化大革命最不光彩的一件事。[1]

一九六九年劉竹兵因被指控為所謂的「五一六反革命」分子被關進監獄。一九七一年毛澤東指定的繼承人林彪倒臺後，劉和其他許多造反派一起被釋放。接下來在一九七三年的批林批孔運動中，劉帶領一幫過去的造反派到北京要求中央給予徹底平反，他記得他們在中央信訪辦門口一連躺了幾個星期。回到山東大學後，原單位終於給他分配了一個固定工作。

可是平靜的日子並不長。一九七六年「四人幫」倒臺後，劉又被逮捕，並被判了兩年勞改。釋放後，他回到原單位，在圖書館一直工作到退休。劉雖然還留在體制內，但他再也不敢夢想有什麼學術和政治生涯了。他說，「我造了半年反，掌了兩年權，被壓制了十五年。」至今，劉仍然是毛的支持者，並為造反運動辯護。從他的故事我們可以看到文革給人們生活和政治生涯帶來多麼複雜的情況。

文化大革命是毛澤東時代社會史最重要的階段之一。很多大饑荒之後甚至饑荒之前已有的社會矛盾在文革中突然爆發。特別是在一九六六年秋冬之際短暫的「人民文革」中，人們對劃分階級成分、官僚特權和要求成為國營企業固定職工等問題上公開表示不滿。[2]一九六六年下半年到一九六八年，學生和工人都可以成立獨立的群眾性組織，這是中華人民共和國成立以來，文革之前或之後都沒有的現象。這些組織散發傳單和小報，不受任何檢查。一九六六年底很多城市裡的黨組織都癱瘓了，使得這些群眾組織權力擴大。這個時期的混亂不僅讓人們可以發洩不滿，而且在很多地方導致了針對傳統精英、幹部或對立造反組織之間的暴力行為。

文化大革命從根本上衝擊了中國人的生活，特別是在城市。不過，瞭解造反派目標的局限性是很重要的。紅衛兵運動在文革初期占據了主導的地位，而性別問題和男女分工在紅衛兵運動中根本不是問題，這些個問題也不在中央領導的議事日程上。下放到農村的工人和學生常常要求回城並拿回城市戶口，但領導人對戶口制度從不質疑。運動中也沒有對民族劃分的有效性進行過任何有意義的討論。而這時西藏和內蒙的民族衝突在加劇，黨內還發動了大規模的針對「地方民族主義者」的清查。毛澤東不時發表言論批評工資等級制度，但他從未對黨政部門根據級別發工資、分配物品提出質疑。即使在文革最混亂的時期（一九六六至一九六八年），分配制度仍然在運行。在大部分情況下，工資仍然按時領取，票證還像以前一樣發放。

文革早期的主要特徵是對年齡和以往貢獻的重新定義。一九六六年以前「革命幹部」是最安全的身份之一。而這時，對一九四九年革命的勝利沒有做出任何貢獻的年輕的紅衛兵和非黨員有機會參加造反運動，證明他們的革命態度。甚至那些對建黨和建國有貢獻的領導幹部也在打倒「黨內走資本主義道路當權派」中受到攻擊。早在一九六四年，毛澤東就提出「培養革命接班人」的重要性。[3]文化大革命成為對新一代的檢驗，給人們提供了一個改變社會地位和政治身份的機會。每個人的情況和自己的表現發揮了很大的作用。毫不奇怪，在剛開始時，文革最有爭議的問題之一是誰有權參與。一九六〇年代後期的年輕一代受到的教育是憎恨「階級敵人」，把採取暴力看作解放全人類的革命事業所必需的手段。他們在成長的過程中，從書本、舞臺表演和電影中看到一九四九年革命的光榮歷史。隨著紅衛兵運動的展開，他們終於有機會展示為保衛毛主席犧牲自己的壯志和像革命先輩們那樣施展革命暴力的勇氣。

本章不是要贅述文化大革命的政治史及其令人昏亂的各種細節，而是要集中探討四個關鍵方面：階級成分的衝突和社會變革；固定職工和臨時工造反的情況；新的革命秩序中幹部和工人的位置；農村的早期文革。我還會談到，以毛澤東為首的中央領導如何不時用階級成分制度來動員和深化運動。首先，我們來看看如何劃分階段。

文化大革命的階段劃分

從現有的關於文革的研究來說，主要涉及兩個問題：一九六六年北京的紅衛兵運動和一九六七年上海的工人運動。還有很多寫到毛澤東關於文革的目標和想法的變化。我們對於首都之外和其他大城市瞭解的資訊在增長，但是資訊依然十分不足。這一時期的情況極為複雜，令人困惑，部分原因是運動本身不斷在變化，另一個原因是毛澤東對其政策做了幾次重大的調整，基層的人必須跟著做相應的改變。中央的權力鬥爭與地方黨組織內長期的派系鬥爭及其底層的社會衝突同時並存。不同地方各種參與者的作用並不固定，而是與中央的權力之爭交織在一起。受害人和加害人、贏家和敗方相互變位。運動中心也在變換地點，一九六七年初從北京轉變到上海，夏天又轉到武漢。一九六七至一九六九年，中國各地武鬥肆虐，有些最嚴重的武鬥不是發生在大城市，而是在貧困的省份如四川和廣西。

由於整體情況混亂，學者們很難就文革的時間節點和階段劃分達成一致。有些人認為文革主要是發自基層的社會運動，這些人傾向於認為文革僅持續了兩到三年，即一九六六至一九六八年或一九六九年。[4]其他人均認同官方立場，將文化大革命描述為「十年動亂」，即從一九六六年五月到一九七六年秋毛澤東逝世和「四人幫」被捕。但是一九七〇至一九七六年的文革與運動早期局面混亂、自下而上的暴力沒有相似之處。在這一階段，權力鬥爭仍然繼續，但主要在共產黨的高層領導中，開始在毛澤東和國防部長林彪之間，後來是在「四人幫」為首的毛左派和周恩來、鄧小平等元老之間。與一九六六年至一九六八年的草根造反和派性武鬥相比，毛澤東時代後期的政治運動很少有群眾的熱情參與。這個時期的群眾運動大多數是自上而下組織進行的，如同文革前的那些年。

由於文革從草根運動轉向了傳統的精英爭鬥，在我看來，將整個一九六六至一九七六年稱為

「十年動亂」不符合歷史。我們也不該忽略這些動亂的有限性。即使在早期的混亂中，文革也沒有造成黨中央領導的癱瘓。沒有任何人願意或者能夠威脅到毛澤東的權威。從一九六六年八月到一九六八年，中央文革領導小組一直是公認的全國革命造反領導中心，黨的新聞機構《紅旗》、《人民日報》和《解放日報》定義什麼是正確的政治路線。一九六六到一九六七年黨中央和國務院發布了一系列指示，指導運動的進行和經濟的發展。公開的派性武鬥有發展成挑戰中央權威的可能，到一九六九年後期，這類武鬥已經被壓制。一九七四至一九七五年基層還有一些短期、規模不大的武鬥，但都限於不太中心的省份如浙江和江蘇省的徐州。對絕大部分的省份和城市，「兩年動亂」的說法是比較準確的，即從一九六六年下半年到一九六八年下半年。

不過，「長期」的文化大革命所經歷的兩個階段之間有著一定的連續性。一些口號和流行語如「黨內走資本主義道路當權派」整個文革中一直在使用，但從理論上講直到一九七〇年代這個說法才成熟起來。直到一九七四年黨中央的激進派才對在「無產階級專政」下如何出現「資本主義復辟」做了真正準確的描述。[5]在教育領域，首先造成了一九六六年關閉中學和大學，一九六八至一九六九年文革轉向自上而下後很久這個局面仍未結束。在一九六六年末之前，選拔學生進入高等學校一直是政治精英產生的主要渠道。隨著高考的取消，一九六六至一九七一年大學不能招生，這條上行路被堵死了。關閉大學的一個主要目的是找到新的擇生辦法，讓更多的工農兵子弟進入大學，但是執行起來比想像的要困難，高校接著又關閉了好幾年。文革前期和後期之間的另一個橋梁是公共衛生系統的重建。這一變革的中心議題是將資源和醫生轉向農村，這一步需要十年的時間來實現。另一個重要的連續性是將幾百萬臨時工納入國營企業，這個過程又經歷了兩個階段。爭取更大社會公平的承諾在一九六七年奪權時沒實現，但在一九七〇年代初兌現了。直到一九七六年華國鋒繼承領導職位時才正式宣布文革結束，而實際上到了一九八一年鄧小平在位時才正式否定文革。

一九六六至一九六八年：大事年表

如果我們對一九六六和一九六八至一九六九年之間的發展進行深入的分析，劃分階段就變得更加困難了。為此我們來進行一個簡單的回顧：

文化領域的清洗（一九六五年十二月至一九六六年五月）：在文革的最初階段，毛澤東的追隨者將目標對準了藝術界。姚文元關於《海瑞罷官》的著名講話針對北京的文化部門。接下來的運動最終導致了以彭真為領導的北京市黨委的倒臺。最初時，文化大革命運動與以往針對知識分子和幹部的清洗沒什麼不同。一九六六年五月二十八日成立了以陳伯達為首的中央文革領導小組。這個小組成為指導後來的群眾運動的最重要機構之一。

早期的紅衛兵運動（一九六六年六月至八月底）：在這個文革的第二階段，北京的大學生和中學生組成了紅衛兵組織，並開始攻擊學校領導和資深的文化精英。所謂的「紅八月」一直延續到九月，僅北京一地就有一千多人被毆打至死，其中大部分是教師。[6]十幾歲的學生抓住並嚴刑拷打所謂的「階級敵人」，剃光他們的頭髮、逼迫他們掛著列有自己「罪行」的大標語牌遊街，竭盡羞辱之能事。警察在這種情況下不能對受害者提供任何保護，他們不是站在一旁觀戰就是全然不顧。批鬥大會可以進行好幾個星期，有的人承受不了壓力自殺了。對他們的指控常常與生活作風問題相連。除了政治問題之外，對女老師會指責她們道德敗壞或有婚外情。男男女女的紅衛兵把鞋掛在她們的脖子上，說她們是「破鞋」（蕩婦的意思）。學生們還組織將好幾萬個家庭出身不好的人遣散出城市，警察則提供名單支持這一行動。人們即使待在家裡也不安全。紅衛兵沒收書籍、照片、信件或大量的貨幣等個人物件，尋找「反革命活動」的證據。手錶、金銀首飾則被看作「腐朽的資產階級」生活方式的表現。紅衛兵處理這些證據的方式很隨便，大部分東西不是被毀掉就是消失了，常常沒有返還給物件的主人。同時在「破四舊」（舊風俗、舊文化、舊習慣、舊思想）運動中，全國各地的文化遺產、寺廟都遭到破壞。這個運動只持續了幾個月，但它對中國文化遺產的破壞是極為嚴重的。

北京的紅衛兵在將文革傳播到全國各地方面發揮了關鍵作用，他們到各地交流革命經驗，稱之為「大串連」。早期的紅衛兵由革命新貴主導，他們是黨和軍隊高級幹部的子女。一九六六年八月毛澤東在天安門廣場幾次大規模集會，接見來自全國各地的一千兩百萬紅衛兵，支持他們的造反行為，這時這些高幹子弟的影響已經非常明確。可這時，很多領導幹部還認為這場運動不過是另一個反右運動，沒有人想到他們自己會是下一個被攻擊的目標。雖然一九六六年五月北京市黨委已經被打倒了，各省的黨委直到一九六七年初都還保留著，人們感覺不到馬上會受到威脅。實際上，各省的領導都想自己掌握當地文革發展的方向。他們支持建立的群眾組織被造反派稱為「官辦紅衛兵」。但這些官方的組織似乎沒有北京高幹子弟那樣的自信，他們總的來說只限於鬥爭那些地方黨委指定的「敵人」。在很多地方，只有在北京紅衛兵來了運動才會升級，直到失去控制，北京紅衛兵鼓勵當地紅衛兵對幹部動手，加大暴力程度。

「人民文革」（一九六六年八月底到一九六七年一月初）：中央八月八號的決定使文革從清洗文化精英轉變為打倒「黨內走資本主義道路當權派」。這個決定強調成立群眾組織的權利：「文化革命小組、文化革命委員會和文化革命代表大會是群眾在共產黨領導下自己教育自己的最好的新組織形式。它是我們黨同群眾密切聯繫的最好的橋梁。」[7] 國家主席劉少奇是最早受到攻擊的領導人之一，他在這年秋天被清洗。他的主要罪名是派工作組到大學鎮壓紅衛兵，壓制學生運動。很多在一九六六年夏天被工作組或學校當局定為「右派」或「反革命」的學生要求平反。

在「造反有理」的口號下，對地方黨政機構的種種不滿被鳴放。各個革命組織開始對毛澤東思想做出自己的解釋，而毛澤東思想是共產黨意識形態的核心。群眾組織未經許可在他們自己的小報上刊登毛澤東和其他領導人的演講和語錄。

隨著時間推移，為保護地方黨委不受造反派的攻擊，保守派群眾組織——也稱「保皇派」——也建立起來了。地方幹部把黨員、團員、工會積極分子和可靠的工人動員起來。有些文革早期的「老」紅衛兵看到運動轉向攻擊他們的父母，幻想也破滅了，轉為支持保守派。但這一恢復秩序的舉動當年十月碰上了批判「資產階級反動路線」的新運動，所謂反動路線指的是地方幹部對造反派的壓制。這時，全國各地發起了攻擊幹部的行動。隨著對地方幹部不滿的不斷增加，中央最後允許工人在上班時間之外參加文化大革命。結果，這一運動蔓延到所有城市。

在「人民文革」中，政府對剛起步的造反運動的掌控能力受到了考驗。在「上山下鄉」的統一規劃中被發配到農村的年輕人要求返城。許多一九六六年以前受到壓制的群體和其他弱勢群體「劫持」造反運動，以實現他們自身的經濟和政治利益。[8]尤其在上海，臨時工是文革的一支主要力量，他們要求在國營企業得到有保障的固定工作。多重利益相互競爭，為此，毛澤東和中央領導開始推動運動的某些方面，同時限制其他方面。他們擔心罷工和派性武鬥會危及經濟發展，還讓他們擔憂的是，成立國家一級的造反組織會挑戰共產黨對國家權力的壟斷地位。這年年底，中央政府停止了「大串連」和紅衛兵免費乘坐火車。那時的口號是「抓革命、促生產」，這在一定程度上反映了黨的領導希望達到平衡。臨時工、現役軍人、公安幹警和勞改農場人員不得組織造反團體，檔案館和公安局也不得參與。「人民文革」結束時，造反組織將其重心轉移到領導可以接受的目標：從受到懷疑的地方幹部手中「奪權」。

奪權階段（一九六七年一月至一九六七年三月）：文革剛開始的時候，不管是毛澤東還是其他人都沒有想到群眾會「奪權」。而一九六七年初，奪權真的發生了。這一年初始，上海的工人造反派聯盟在所謂的「一月風暴」中推翻了市政府。雖然毛澤東拒絕了將新的政權命名為「上海公社」，因為這會意味著它獨立於黨和中央政府，但是國家領導人很快承認了這次奪權。[9]

上海造反派組成的政府發動了一個反對「經濟主義」的運動，來制止要求提高工資和福利。群眾組織接到指示要組成「大聯合」、停止派性武鬥。這實際上是新的權力機構，比如王洪文領導的工人革命造反總司令部，用來壓制與之互相競爭的造反組織。一些學者將「一月風暴」解讀為結束基層運動和恢復國家秩序的開始，造反派被結合進領導班子，但他們所領導的基層運動卻漸漸消失了。[10]一月二十三日，中央政府指示解放軍在全國各地「支左」、「奪權」，實質上卻是讓部隊在地方政治上選邊站。中央最終認可了四個省的奪權：山西、黑龍江、山東和貴州，這些都是在部隊的支持下進行的。在這個階段，各省和各地的黨委都垮了，由軍人、造反派代表和革

圖6.1　1967年對「假造反派」發起的進攻。紅衛兵小報上的漫畫畫了一個年輕的保皇派從一個「走資本主義道路當權派」手中接過官印。保皇派說；「我們要造反，我們要奪權。快快交出大印！」那位幹部說；「我支持你們的革命行動！」

資料來源：「飛鳴笛」，1967年2月24日，Chinese Cultural Revolution Collection, Box 4, Folder "Fei ming di," Hoover Institution Archives。

命幹部代表組成的革命委員會，這種「三結合」成為新的政府形式。新成立的政府頒布政策恢復生產、壓制其他相互爭鬥的派別。

革命委員會及其群眾運動的遣散（一九六七年四月至一九六九年四月）：除了上述四省以外，政府支持的奪權在所有其他省份都沒有成功。相反，造反派、幹部和支左部隊之間的派性衝突在升級，因為中央沒有明確指示哪個奪權是合法的。這個時期震撼各省的派性鬥爭與一九六六年下半年爆發的社會矛盾沒有什麼關係。新的組織隨著政治路線的混亂而起起落落。一九六七年夏，解放軍在武漢動員保守派工人和黨員組織的「百萬雄師」對抗當地的造反派。中央指示部隊介入加劇了局勢的緊張，七月下旬大規模武鬥爆發。保守派對造反派的進攻和造反派接下來的報復行動導致雙方最後走上街頭大戰，造成了幾萬人受傷，上百人死亡。[11]

針對「武漢事件」，毛澤東號召全國「武裝左派」，部隊把武器交給了造反派，軍火庫也被占領。從七月到九月，很多地方的造反派和部隊的武裝衝突升級到了內戰的程度。[12]暴力事件嚴重至極，必須得由一方來控制另一方才能停止。毛澤東到底還是不願與軍隊對著幹，因為軍隊是最後可以保證穩定的機制了。他開始把矛頭對準中央文革領導小組的一些激進分子。戚本禹和一些主張在軍隊裡抓「走資派」的人受到了清查。這時，一九六七年夏天之後建立的革命委員會幾乎都在解放軍的掌控之中了。群眾組織和群眾代表發揮不了任何作用，很多省、單位和部委都直接被軍管。儘管有軍隊的支持，在這樣幾個月的混亂之後建立新的國家機構也是一件很不容易的事。直到一九六八年八月西藏和新疆的兩個革命委員會才最後成立並得到中央政府的認可。

軍隊建立的新秩序受到很大的抵制，反對勢力「極左派」由此產生。「極左派」的說法主要因為政府有意的宣傳，但有些一九六七年下半年和一九六八年湧現出來的個人和組織也這麼自我標榜。這些人認為，中國的問題遠遠不止幾個「走資本主義道路當權派」。他們認為，現在存在一個剝削和壓迫人民的「官僚階層」，必須要推翻。有些「極左組織」如湖南省無產階級革命派大聯合委員會（省無聯）認為，黨的官僚機構應該由一八七一年巴黎公社式的基層民主體制代替。[13]而政府對這個想法至少是不接受。一九六八年內「極左派」群眾組織就被鎮壓了。

新秩序的建立和鞏固伴隨著一系列的清洗。所謂的打擊「五一六反革命集團」的運動針對造反派，其中許多人在脅迫下被迫做出偽供。從一九六八年五月開始，幾萬人遭逮捕，並在殘酷的「清理階級隊伍」中被處決。很多被害人家庭出身不好，還有一些人被指控為叛徒、特務。魏昂德（Andrew Walder）根據縣、市地方志做出的估計是，文革中共有一百五十萬至一百八十萬人被殺，大部分不是死於運動早期的混亂，而是死於一九六八和一九六九年建立革命委員會後國家的鎮壓。[14]不過，暴亂和派性武鬥造成的死亡比官方清洗更受學者的關注，部分原因是文革早期國家秩序的崩潰特別引人注目，過去擁有無限權力的幹部們命運來了個急轉彎。官方的黨史嚴厲批評用暴力手段挑戰國家壟斷專政的做法，但是對於國家機關所施行的鎮壓則說得很少。

到一九六九年四月黨的九大召開時，在中央領導監督下，各級黨組織得到恢復重建。造反派群眾組織被解散了，全國大部分地方都在軍管之下。一九六九年官方推動的對毛澤東的個人崇拜加速了紅衛兵運動的消亡，成功地重申了中央的權威。同時，幾百萬城市青年，大多數是中學畢業生，在重新發動的「上山下鄉」運動中來到農村，使中央能夠降低城市的溫度、恢復秩序。[15]開展這些行動的同時，中國與蘇聯的衝突升級為一九六九年三月的邊界戰爭，因此中國開始考慮與美國和解，以抗衡蘇聯的壓力。隨著對昔日宿敵美國的開放，作為群眾運動的文化大革命結束了。

這個回顧讓我們瞭解到文革早期極度的複雜性和局勢發展的速度。本章後面一部分將集中討論這些年社會矛盾的特殊形式，以及學生、工人和幹部在此階段的不同經歷。這個階段最有挑戰性的問題之一是，為什麼宗派主義並不限於黨員，而是外溢至工廠、中學和大學？一些中國和西方學者認為，派系的劃分根據參與者的社會背景。那些從一九六六年前權力結構中獲益，以及政治經濟背景好的人參加保守派，那些家庭背景不好或中等的人，以及受過壓制的人更可能會支持造反派。[16]另一些學者則認為，至少是開始階段，家庭出身不好的人不敢造反，常常是家庭出身好的學生和工人帶頭衝擊黨的機構。魏昂德認為，家庭出身不能解釋派系選擇，因為人們在選擇派系時政治局勢十分不明朗，不可能在一開始就知道哪一派最後會被鎮壓。一旦選了派，絕大部分人只能「決戰到底」，使自己不在失敗後受到迫害。[17]群眾組織往往還得到黨領導人的支持或操縱，這就讓問題更加複雜了。到了一九六七年，派性武鬥的雙方都納入了較大的聯盟保護之下，在這樣的大聯盟裡很難辨別社會背景和意識形態的不同，以社會背景來選擇派系就更不可能了。魏昂德的看法是，派系常常根據是否支持新成立的革命委員會來劃分。我個人的看法是，迄今研究的案例還太少，不能據此得出一個總的結論。最有用的可能是集中關注紅衛兵和造反運動中公開討論的社會衝突和各種觀點。這些當然不能解釋有關文化大革命的所有問題，但是起碼讓我們能夠用他們自己的話語來分析這些群體，他們的政治活動經驗影響了整整一代人。

圍繞家庭出身和階級成分的衝突

文化大革命早期最著名的一場爭論是一九六六至一九六七年發生在北京的中學裡。爭論的問題是所謂的「血統論」。這個問題直逼階級成分制度的核心，特別是家庭出身和個人成分的關係。毫不奇怪，一九六六年這個問題特別在城市引起了人們極大的關注。那一年，建立階級成分制度後出生的第一代到了進入中學的年齡（十二歲）。很快他們就會知道誰可以進入大學。在城市，成分問題與此直接相關。在農村，大部分人成分都很好，都是「貧下中農」。但在城市，特別是非重工業城市，很多人家庭成分都是中等以下。不同的群體之間關係明顯緊張，有的人需要政治表現好來平衡不好的家庭出身，但如果用政治表現來衡量，那些家庭背景好的就失去了優勢。

在關於血統論的討論中，緊張局勢達到了極點。北京的學校裡很大一部分是中央政府的幹部子弟，正是這些人構成了早期紅衛兵的骨幹。他們認為自己是「生來紅」，論出身，他們應該是紅衛兵運動理所當然的領導。他們傾向以家庭出身作為判斷政治表現的最終決定因素，如同當時一個流行的口號所說：「老子英雄兒好漢，老子反動兒混蛋。」[18]雖然在文字上說的是父子的血緣關係，但在很多情況下是高級幹部的女兒在領導早期的紅衛兵運動。北師大附中的副校長卞仲耘在八月五號就是被女學生打死的。直至今日這仍是一個很敏感的問題，因為很多中央領導的子女當時在這個學校讀書，鄧小平的兩個女兒、劉少奇一個女兒都在這個學校。[19]年輕女學生在文革期間的暴行挑戰了女性是被動、溫柔、孱弱的傳統看法，從那以後，這一直是個有爭議的問題。

早期紅衛兵散發的傳單把學生分為「紅五類」（幹部、烈士、工人、革命軍人和貧下中農的子弟）和「黑五類」（地主、富農、反革命、壞分子和右派分子的子女）。我們知道，這種分類與中央區分家庭出身和個人成分的規定不一致。很自然，家庭出身不好的年輕人反對早期紅衛兵的觀點，爭取參加運動和做「革命接班人」的權利。

隨著辯論的深化，遇羅克和他的北京家庭背景問題研究小組發表了一篇關於家庭出身和政治表現關係的文章。遇羅克和他的戰友提出，家庭出身不能保證一個人是否革命：

> 出身和成分是完全不同的兩件事。老子的成分是兒子的出身。如果說，在封建家庭是社會的分子，子承父業還是實在情況，那麼，到了資本主義社會，這個說法就不完全正確了。家庭的紐帶已經鬆弛了，年輕的一代已經屬於社會所有了。而到了社會主義社會，一般的青少年都接受無產階級教育，準備為無產階級事業服務了，再把兒子、老子看作一碼事，那也太不「適乎潮流」了。[20]

這篇文章還指出，馬克思、列寧甚至毛主席家庭出身都不好，但他們都是偉大的革命家。在真正的社會主義國家，社會關係不該建立在血緣關係上。如恩格斯所說，消滅了私有制，家庭最終會消失。遇羅克和他的小組要為家庭出身不好的年輕人爭取參加革命的同等權利。[21]他們提出，「成分論」（歧視家庭出身不好的人）會阻擋很多表現好、熱愛共產主義事業的年輕人入黨

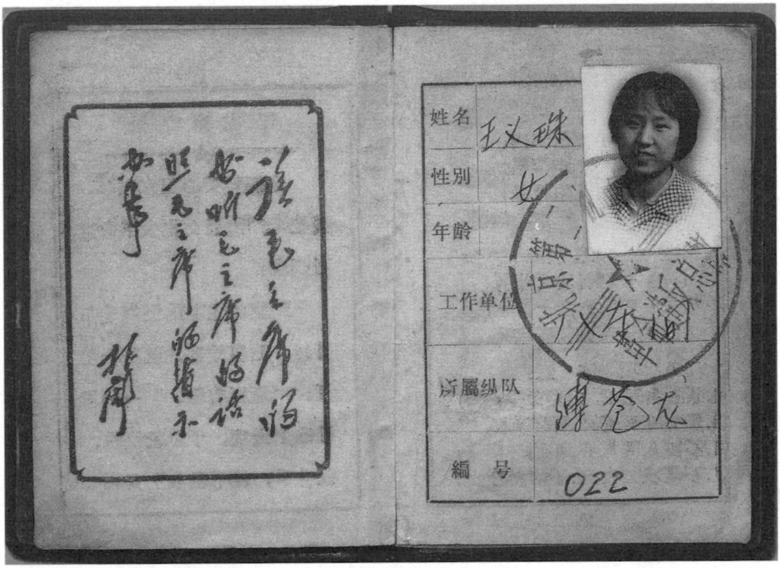

圖6.2　在北京頒發的上海中學紅衛兵大會會員證。

資料來源：Helmut Opletal (ed.), *Die Kultur der Kulturrevolution: Personenkult und politisches Design im China von Mao Zedong* (Wien: Museum für Völkerkunde, 2011), p. 108。

和參軍。這不是法律面前人人平等的傳統說法，但對早期的紅衛兵立場是個重大的挑戰。

遇羅克小組的文章寫於一九六六年夏，發表於一九六七年初，這是一個極好的時間節點。一九六七年春北京幹部子弟的紅衛兵組織「紅衛兵聯合行動委員會」（「聯動」）因為保護他們的父母受到批判，他們的父母那會兒已成了「走資派」。人們在傳說，幹部利用他們的子女轉移文化大革命的方向，阻止平民百姓參與大規模運動。[22]遇羅克認為，「血統論」就是為了給「走資本主義道路」的官僚階層擁有特權辯護，這一看法引起廣泛共鳴，他與其小組的觀點廣為擴散，並在群眾組織的小報上得到廣泛的討論。但遇羅克推動的討論遠遠超出了黨的領導層內部毛左派的想法。遇羅克認為，共產黨仍然把過去的資本家和國民黨官員描述為主要威脅，但這些人不過是「政治殭屍」。廣大群眾與「走資本主義道路當權派」之間的鬥爭才是當前中國社會最主要的矛盾。[23]對於毛澤東來說，「千萬不要忘記階級鬥爭」是要提醒人們注意昔日階級敵人的再現。而根據遇羅克的解釋，這個標語是要人們警惕官僚體制內出現新的敵人，這種提法目的在於證明他自己政治要求的正確性。實際上，遇羅克和毛派之間的距離是很大的。根據他的邏輯，應該取消劃分階級成分，結束他稱之為強化特權制度的「政策傾斜」（affirmative action）。這是毛澤東及其支持者絕不會贊成的。他們要對毛澤東的提法做極有創造性的解釋，來反駁遇羅克的觀點。

反對「一律平等」

很多群眾組織的小報既不支持極端的「血統論」，同時也不會完全不考慮家庭出身。「北京家庭出身問題第三研究組」（附件6.1）的觀點代表了這種中間派的立場。這個研究組認為，個人表現是一個重要的衡量指標，但家庭出身也很重要，因為家庭出身影響了一個人的社會關係，決定了他接受何等教育：

圖6.3　紅衛兵報紙上的漫畫：政治局常委陶鑄等一些幹部揭開了一頂帽子，帽子冠名為「提前改變階級成分」。這樣就將「牛鬼蛇神」（階級敵人）放出來了。

資料來源：「批廖戰報」，1967年8月1日，Chinese Cultural Revolution Collection, Box 9, Folder "Pi Liao zhan bao," Hoover Institution Archives.。

> 解放前，地主、資本家因為有錢有勢，他們的子女妖里妖氣、胡作非為等的表現，難道不是這種出身的直接影響嗎？解放以後，直至十七年後的今天，地主、資本家的子女有那麼多的上完高中上大學，平時講究吃穿打扮，難道不是這種出身的影響嗎？為什麼占人口數億的工人和貧下中農上大學的人數還沒有只占人口不能以億計的地主、資本家的子女多呢？[24]

這種論點強調過去的精英如何繼續從一九四九年前的教育體制和對普通老百姓的結構性歧視中獲益。過去的不公對現在生活的選擇仍有很大的影響，所以家庭出身問題不能忽視。基於家庭出身而確定的「政策傾斜」仍然是需要的。根據這個觀點，一九四九年以前大多數人遭受的剝削遠遠超過了新社會少數年輕人因不良家庭背景而遭受的痛苦。他們所經歷的困難是建設一個更加公平的新社會所要付出的可承受的代價。這個組群接受遇羅克的說法，即恩格斯和列寧都家庭出身不好，但同時提出，他們成為革命家的前提是和自己的家庭劃清界限。在中國，家庭出身不好的年輕人要參加文化大革命也要有同樣的做法。他們不該期待免費的門票。

另一個紅衛兵小報此前幾周也發表了類似的觀點。文章說，家庭出身常常會影響一個人的世界觀。很多知識分子家庭出身的人認為工人沒受過教育，不能深刻理解毛澤東思想。文章認為，這種態度明顯是從一九四九年前的精英身上遺留下來的。如果家庭出身不好的年輕人能夠從家庭影響下解放出來，他們完全可以參加文化大革命。但只要階級鬥爭仍然存在，他們就不能期待與仍受「舊社會」遺產影響的貧苦後代享有同等的權利。[25]換句話說，那就是，這些人可以參加文化大革命，但是不能允許他們當頭。同時，有些紅衛兵反對血統論，但是認為高級幹部的子女絕大部分還是好的，而這時人們一般都對他們抱持懷疑態度。他們在文革初期的貢獻，特別是在「大串連」交流革命經驗方面，是應該得到承認的，雖然他們關於領導權的理論有缺陷。[26]他們引用毛澤東的話說，幹部絕大多數是好的，「走資派」只是少數。這種觀點和遇羅克不同，遇羅克把新的特權階層看作是文化大革命的主要目標。

文化大革命初期一個顯著特徵是，家庭出身不好的年輕人都是為他們自己爭取權利，而不是為他們的父母。據我所知，沒有一個群眾組織要求取消對「四類分子」的歧視。從當時的政治形勢很容易看出來這是為什麼。造反派要用事實證明，他們是革命派，而不是階級敵人的代表。因此，不管哪一派得勢，「四類分子」總是鬥爭的目標。他們不是「人民的一部分」，沒有權利要求自己不受羞辱或

圖6.4　漫畫：紅小兵批判階級敵人。

資料來源：Helmut Opletal (ed.), *Die Kultur der Kulturrevolution: Personenkult und politisches Design im China von Mao Zedong* (Wien: Museum für Völkerkunde, 2011), p. 173。

更嚴重的虐待。資本家的資產急遽縮水。一九六六年以前，資本家還可以因失去工廠得到利息補償，他們也可以免受土地改革期間地主所受到的殘酷鬥爭。這種寬容的做法源於共產黨早期的評估，即民族資本家與社會主義路線的背離只是「人民內部矛盾」。但是在文化大革命中，黨的態度變了。以前的資本家現在被看作人民的敵人。一九六六年夏天，紅衛兵抄了這些資本家的家，把他們趕出了城市。沒有任何人出來保護他們。關於「血統論」的辯論在全國各地展開，但辯論最激烈的是在北京的中學，其次是上海和廣州。「血統論」和遇羅克的觀點是兩個極端，很多組織支持兩者之間比較溫和的觀點。對階級成分制度能夠進行這麼公開的辯論不僅僅是因為紅衛兵小報的存在，也因為中央領導一度支持反對「血統論」和老紅衛兵。在這個辯論進行的同時，「聯動」因反對中央文革領導小組受到批判，並且成為文革中最嚴重的「紅八月」暴力事件責任者和替罪羊。[27]

領導對「階級路線」的態度

毛澤東本人在關於「血統論」的辯論中沒有表態支持任何一方。他沒有介入阻止早期紅衛兵組織對教師實施的暴力，但當一九六六年秋文革的日程轉向攻擊黨的官僚時，他毫不猶豫地解散了這些組織。同樣，停止歧視家庭出身不好的學生從來不是他的優先考慮。

一九六六年秋到一九六七年初，對文革的參與從學生擴大到工人，最後農民也加入了。這個擴大的原因之一是來自基層的壓力：越來越多的組織真心希望參加運動，很多人是想抓住機會改善自己的政治和社會地位。同時，領導層也知道，如果把運動限於家庭出身好的學生會使整個運動落入黨的機構手中，因為這些學生往往跟高級幹部有聯繫。中央文革領導小組，包括毛澤東的妻子江青公開批判「血統論」，認為這個論點可能為「走資派」提供掩護。一九六六年十一月，江青說，《人民日報》和中央從來沒有用過「紅五類」、「黑五類」這樣的說法。個人表現是最重要的衡量標準，家庭出身是第二位。[28]成百上千在一九六六年夏天因批判幹部而遭到迫害的人，在當年冬天得到了平反。這些早期的造反派可以聲稱他們受到「資產階級反動路線」的迫害，並可以公開「訴苦」。很多人把這個時期看作解放和開放的階段。

一九六七年一月一日，《紅旗》雜誌和《人民日報》發表評論員文章，抨擊早期紅衛兵的這個路線，稱「老子英雄兒好漢，老子反動兒混蛋」的說法是破壞學生運動的反革命陰謀。這個口號反映的是封建主義的思想，與共產黨的指導學說歷史唯物主義截然相反。[29]一九六七年二月，〈中央關於在中學文化大革命的決定〉闡明，紅衛兵的大多數應該來自工人、農民、革命幹部和革命軍人家庭出身的學生，但是非勞動人民家庭出身的學生只要緊跟毛主席，也可以加入紅衛兵。文章還指出，應清除教師中的「四類分子」，但是家庭出身不好的教師只要他們願意改造，就不應拒絕他們參與工作、參加文化大革命。[30]有一段時間看上去似乎中央領導要和造反派站在一邊，結束對家庭出身不好的人的歧視已經指日可待了。但是，就像早期紅衛兵隨著中央領導方向的改變而出局一樣，一九六八年政府政策再次改變時，很多造反積極分子也遭殃了。

隨著大學校園裡殘酷的派系武鬥的展開，毛澤東試圖結束學生造反運動，於是有了政策的第二次改變。毛主席這時已經厭倦了衝突，他提出加強「階級路線」的重要性，重申黨關於傳統階級敵人的說法。一九六八年夏天，他命令「工人毛澤東思想宣傳隊」和部隊在全國範圍內進駐大學和工廠，提出的新口號是「工人階級領導一切」。工宣隊以鐵拳統管大學。學生造反派領袖受到攻擊，很多人此前已經在官方媒體上受到讚揚。事實證明工宣隊比一九六六年劉少奇派出的工作組在消除異議上更有成效。到了這年年底，絕大部分一九六六、一九六七和一九六八屆的中學畢業生都被送去「上山下鄉」了。這便是學生紅衛兵運動的結束。

工人造反

在北京的文化大革命由學生主導，而在上海則是工人發揮了主要作用。第一個對地方政府的衝擊是學生組織的，但是一九六六年十一月，工人就開始要求在全市範圍建立自己的造反組織。

他們的要求被拒絕了，十一月十日由王洪文領導的上海革命造反工人總司令部的一千來名工人徵用了一列火車，前往北京向中央政府請願。他們的列車在上海郊區安亭被截停了，他們拒絕下車，造成了開往北京的所有列車停行三十一個小時。隨著安亭事件的發展，上海市市長曹荻秋要求工人立即回到工作單位，造反派則拒絕撤回直到他們的要求得到滿足：認可他們的組織、承認他們的行動是合法的。他們還要求群眾批評曹荻秋並將此事交由上級處理。[31]中央文革領導小組派張春橋來協調此事，張最後在毛澤東的支持下同意了造反派的要求。

安亭事件表明，來自底層的壓力可以讓黨中央領導與造反派站在一邊反對地方黨組織，甚至在最重要的工業城市上海。上海的工人造反組織只有幾千名工人。但在安亭獲勝之後，其他城市的工人造反組織得到了擴大，很多人要求得到官方的承認。十二月九日，中央宣布工人有參加文化大革命和建立自己的群眾組織的權利，條件是不影響生產。[32]這是黨中央一九四九年以來第一次承認沒有納入黨組織的獨立的工人組織。這為推動保護工人權利提供了一個機會，但這個機會沒有存續太久。[33]

很多工人對造反派仍然心存疑慮。十一月到十二月下旬之間，上海市黨委動員赤衛隊大批保守派工人發起反攻。各地學生造反派和工人造反派的人員構成情況各不相同。工人造反派與很多學生造反派不同，他們往往家庭出身很好，甚至還有不少在一九六六年以前入了黨。這些人從政治秩序的動盪中獲得的收益少於知識分子和資本家的子女，因為作為體制內的產業工人已經是中國最有特權的群體之一，但是文化大革命給他們提供了發洩不滿的難得機會。實際上，上海企業職工造反派的主要要求就是讓他們參加文化大革命，因為這給他們提供了通過表現改善政治地位的機會。運動之後人們清晰的看到，造反可以在多大程度上幫助他們提高政治地位，領頭的是王洪文的「工人革命造反總司令部」，他們在一九六七年一月奪了市黨委的權。從這會兒開始，全力參與安亭事件的積極分子可以自稱為「老造反派」了，就是說，他們是在處境困難、造反組織前途尚不明朗的時候與當局開戰的。這種對早期參與的自鳴得意讓人想起那些「革命幹部」的誇口，他們在革命勝利還沒有保障時就參加了革命。文化大革命給那些沒趕上成為革命家的人提供了展示自己政治膽識的機會。而對於企業職工來說，主要的目標是參與而不是批評身份劃分或階級成分的制度。

臨時工和對「經濟主義」的進攻

更具體的要求是針對臨時工的合同。如我們在第五章所談，關於不同形式的合同工的討論在一九六六年之前就存在。城市工人在一九五八年的增加和一九六二年的精簡是衝突的一個主要原因。一九六六年冬天，臨時工利用文化大革命和對劉少奇的批評攻擊合同工制度，認為這是反社會主義的剝削。從一九六四年開始在全國範圍內廣泛實行合同工制度，人們批評劉少奇是這個制度的設計者，其目的是分裂工人階級，剝奪臨時工的政治權利。尤其是在上海，臨時工在造反派中占據了重要位置，他們利用這個平臺要求轉為正式工。到了一九六六年底，上海市委已經對他們提高工資、進入公共住房、資金支援等福利系統的要求做出讓步，以換取進入新的「大聯合」領導班子。罷工已經導致某些行業的部分倒閉。[34]一九六六年十二月二十六日，江青在人民大會堂接見了臨時工的造反組織「全國紅色勞動者造反總團」的代表，這個消息傳遍了全國。江青表示支持廢除臨時工合同制，並情緒激烈地批評了勞動部。[35]一月二日，「全國紅色勞動者造反總團」、勞動部和全國總工會發布「聯合通告」，在文化大革命期間取消招收合同工、臨時工和外包工。很快，全國各地的臨時工加入了針對地方政府的造反活動。

中央領導這時開始擔憂將所有臨時工轉成正式工要付出的巨大代價，這其實正是當初招收大量臨時工的原因。在短短幾個星期內，「全國紅色勞動者造反總團」成了中央指示的犧牲品，指示要求取締全國性的群眾組織。接著，二月十七日，黨中央、國務院宣布取消合同工的「聯合通告」無效，[36]指稱在有些情況下招收臨時工是可以的，這個問題的全面解決要等到運動的晚些時候。這個決定強調臨時工有參加文化大革命的政治權利，那些僅僅因參加造反組織被單位打成「反革命」的人應予平反。但是混進來的「四類分子」應予清除（決定沒有包括這類人的子女，除非有證據表明他們自己犯了錯誤）。臨時工不得建立自己的造反組織，但他們可以參加所在單位的群眾組織。參與取決於他們是否按照其現有合同重返工作崗位。

當時中央政府和上海新的造反派當局都支持反對「經濟主義」的運動，對臨時工要求的壓制與這個更廣泛的運動是相一致的。一九六七年一月九日，上海工人造反總部發出一個「緊急通知」，將恢復生產和反對經濟主義列為首要任務。造反派要求增加工資和物質福利有破壞經濟的危險，反映了「走資派」所提倡的「資產階級反動路線」。[37]老的黨領導對工人做出的讓步被譏諷為破壞文化大革命的詭計。有的學者認為，張春橋和其他幫助上海奪權的激進領導只是為了自己的政治目的利用臨時工，一旦新政府建立，他們就會背叛這些臨時工的利益。還有一些學者認為，壓制臨時工的社會和經濟要求是反對「經濟主義」運動造成的。[38]一九六八年一月，黨中央和國務院重申，前一年冬天發布的「聯合通告」無效，還要繼續使用臨時工。[39]但是，如我們在第七章還要談到的，實際上，很多臨時工在一九七〇年代初期轉成了正式工。

早期的農村文化大革命

迄今對農村早期文化大革命的研究仍然很不夠，部分原因是文革的起始和關注重點在城市。

雖然農村比城市晚了幾個月，但是也受到了影響。一九六六年九月，中央就為縣以下農村開展文化大革命做出了一個決定，嚴禁群眾打倒幹部。而且，公社社員和農村幹部不得離鄉到其他地方交流革命經驗。好幾個發文規定，城市紅衛兵和造反派不得影響農業生產，也不得動員農民參加城市的武鬥。[40]經歷了大饑荒之後，黨的領導人特別注意防止糧食供應受到影響，這會使政治運動受到破壞。黨的領導還覺得，農村的黨組織已經在四清運動中得到清理，這個運動到一九六七年才結束，與文化大革命早期重疊。

雖然中央努力控制，但到一九六七年初農村還是開始了與城市一樣的奪權。三月中央宣布，春耕季節禁止在生產隊和生產大隊進行奪權。[41]「四清運動」的成就不應被質疑，即對犯錯誤的幹部的裁決不應被修改。通過這種方式，政府試圖壓制農村黨組織中新生的造反派。但是，農村無法幸免於來年席捲全國的混亂局面。一九六七至一九六八年間最嚴重的武鬥大部分發生在遠離城市的邊遠地區。在一些農村地區，大規模的「集體殺戮」發生在一九六八年，針對的是家庭出身不好的人。地方幹部和民兵屠殺四類分子和他們的家屬，或者報復性殺死造反派。這些暴力行為都不是中央政府下令的，但是當局也沒有採取任何重大步驟來防止殺戮或懲罰兇手。[42]

城市的造反派也在下鄉的「知識青年」中鼓動採取這類做法。一九六八年之前，「上山下鄉」的學生數量相對較小，根據官方統計資料，一九六二至一九六六年總數為一百二十九萬。[43]這些人很多是中學畢業生，出於愛國熱情自願去農村。但是去農村是一趟單程車：即使是自願去的，沒有政府的允許也不能回到城市。一九六六年秋，心生不滿的「知識青年」在農村許多地方建立了造反組織，在「回城鬧革命」或者「我們要（城市）戶口、糧食和工作」等口號下非法回到了城市。有的人說，「下放」是劉少奇推行的罪惡的修正主義政策。還有人試圖建立全國性「下鄉知青」組織。中央多次發布指示，規定這些學生不得參加武鬥、應該回到農村支援農業生產。他們非法獲得的城市戶口都是無效的。而很多人明顯無視這些規定，同時政府執行這些規定的能力很弱，中央政府不得不在一九六七年十月和一九六八年七月反覆重申這些規定。[44]最終在一九六八年十二月毛澤東本人命令大規模將「知青」遣返回農村，結束了「知青」的造反活動（見第七章）。在很大程度上由於這個戰略，文革早期的群眾運動最終結束了。

幹部的起起落落

我們現在從不同群體的普通人轉到對幹部情況的分析。毛澤東發動文化大革命的主要目標似乎是整頓黨的組織。他擔心共產黨失去了精神支撐和革命思想，轉變成一個官僚的國家機構，如果中國共產黨繼續沿著「修正主義」的方向發展下去，像蘇聯那樣，中國可能會復辟資本主義。

社會主義教育運動解決了農村黨組織的問題，因此，毛澤東把文化大革命的重點放在城市的黨員身上。此外，毛澤東還擔心他個人的影響力會輸給其他領導人，如劉少奇、鄧小平。大饑荒之後，這些人在推行擴大經濟改革。但是文化大革命不能簡單地解釋為毛澤東和劉少奇之間的權力之爭。很多省黨組織內的派系鬥爭有著當地的根源，與毛劉之爭無關，儘管所有派系都聲稱是在為毛主席而戰。

高級幹部中的受害者

文化大革命中高級幹部下馬的情況比以前任何一次運動都多。一九六六年以前，最有名被清洗至死的高級幹部是高崗，他是國家計劃委員會主任、中央人民政府副主席，一九五四年自殺身亡。但是一九六六年以後，一九四〇年代在延安走到一起的黨的主要領導成員最終分裂了。周恩來、康生、陳伯達和林彪成了文化大革命的領導者，其他人則受到清洗。在文革中受害的高級領導人包括：國家主席劉少奇於一九六九年在獄中被虐待致死；前中共中央秘書長李立三一九六七年自殺；紅軍的創建人之一賀龍和政治局常委陶鑄均因缺醫少藥於一九六九年在居家監禁期間死亡。

令人震驚的是，這麼多對大躍進提出批評的重要人物在文革中喪生。文革中針對文化精英的第一個目標是吳晗和鄧拓，他們倆都符合標準。在很多人的眼裡，吳晗編寫的劇碼《海瑞罷官》和鄧拓在報上連載的「燕山夜話」都是暗指毛澤東政策失敗，導致了大饑荒。鄧拓，這位《人民日報》的主編，一九六六年五月十八日自殺了；吳晗曾是北京市副市長，一九六九年在獄中自盡。原國防部長彭德懷是內部最早批評大躍進的人物之一，他因遭受酷刑和虐待，一九七四年死於獄中。中央辦公廳副主任、毛澤東的秘書田家英曾在一九六二年給毛寫了關於饑荒的長篇報告，他一九六六年五月上吊自盡。原湖南省委書記周小舟，因一九五九年在廬山會議上反對毛澤東的做法被指控為彭德懷「反黨集團」成員，一九六六年十二月自殺。這些人都沒有受到正式判決和處決。他們要麼為了避免公開羞辱和酷刑而自殺，要麼在醫院或家庭監禁中緩慢而痛苦地死去。

幹部之間的衝突和在「奪權」問題上的分化

到了一九六七年初，造反已經使各省、市一級的黨委，以及各地城市裡大部分單位的黨委完全被搗毀。一九六六年夏天時的二十八個省黨委書記只有兩個到一九六八年仍然是革命委員會主任。[45]很多到了一九六七年初都被打倒了，他們在群眾大會上被批鬥或遊街，有時還遭毆打。但只有很少幾個省一級的領導幹部死在造反派組織手裡。這些例外中的一個是山西省黨委第一書記衛恆，他在一九六七年一月三十一日在造反派關押中死亡，雲南省黨委書記閆紅彥一九六七年一月八日在連續的批鬥中自殺。儘管有這些案例，我們仍然不該把「革命幹部」僅僅看作是文革中的受害者。還有很多幹部不僅參與了文革，而且擔任關鍵部門的領導職位。

文革早期的文件目標針對「一小撮修正主義分子」或「一小撮走資本主義道路的人」。一九六六年八月黨的關於文革的「十六條」重申了這個內容，以限制運動的範圍，「十六條」將運動的主要目標定義為「黨內走資本主義道路當權派」。[46]決定還說：

黨的領導要善於發現左派，發展和壯大

圖6.5　天安門，1966至1967年左右。

資料來源：巴塞爾中學莫瑟老師的個人珍藏。

左派隊伍，堅決依靠革命的左派。這樣，才能夠在運動中，徹底孤立最反動的右派，爭取中間派，團結大多數，經過運動，最後達到團結百分之九十五以上的幹部，團結百分之九十五以上的群眾。

這個比例是有指導意義的。沒有一個官方文件聲稱整個黨組織變修了，或者要推翻官僚階層。對於毛澤東來說，根本不存在以其他組織或機構來取代共產黨的問題。即使是革命委員會也是建立在所謂的「三結合」基礎上，即既有軍代表和群眾組織代表，也有黨的幹部。其實，幹部本身也和市民一樣分成不同的派別。有的一開始就參加了造反派，有的則是在造反派得勢以後加入。不少人真心認同造反派的做法，其他人則是為了保護自己而對同事落井下石。很多在以前的運動中受到批評、被降級的幹部看到上級領導受到批判時，覺得有機會為自己平反。就像在百花齊放運動中一樣，毛澤東和中央領導似乎低估了中國社會表象之下的矛盾和衝突，包括官民之間和黨組織內部的矛盾和衝突。

對中央領導的攻擊在中央一級也受到了抵制。一九六七年二月中央政治局常委會一次爭吵劇烈的會議上，常委會秘書長譚震林對上海激進派張春橋等人支持造反派的言論大為光火，他說：

什麼群眾，老是群眾群眾，還有黨的領導哩！不要黨的領導，一天到晚，老是群眾自己解放自己，自己教育自己，自己鬧革命。這是什麼東西？這是形而上學。你們的目的，就是要整掉老幹部，你們把老幹部一個一個打光。[47]

這種罕見的公開抵制被毛派稱為「二月逆流」。其結果是在全國範圍打擊反對文化大革命的人。雖然只有很少一些幹部像譚震林那樣公開表示反對，但很多人不能理解毛澤東為什麼要破壞黨的機制。

在人們的記憶裡，文革中常常是那些沒有能力的年輕造反派取代了有經驗的老幹部。在地方上的學校或者工作單位可能是這樣，但是一九六七年初「一月風暴」之後任命省一級的領導時，用的全都是有經驗的「革命幹部」，儘管他們曾和造反派站在一起。這種情況在好幾個省發生，包括山東省、黑龍江省和貴州省。第一個省委奪權是一月十二日發生在山西省的奪權，不是外人而是副省長劉格平領導的。在黑龍江，省委第一書記潘復生與造反派站在一邊，繼續留任為革命委員會主任。二月在山東領導奪權的王效禹升任革委會一把手，此前他未擔任過省委領導職務，但他曾是該省最大的城市之一青島市的副市長。貴州省革委會主任李再含是造反派，他曾是貴州省軍區副政委。

三個非軍方的造反派頭頭都在以前的運動中受過迫害。劉格平是回族，他曾在一九六〇年大躍進中被指控為地方民族主義受到清洗。潘復生在一九五八年遭受了同樣的命運，當時他是河南省委第一書記，因反對激進的農業政策和大躍進而被戴上「右派」的帽子。同一年，王效禹在山東反右運動中被打成「右傾機會主義分子」。在省革委會主任的位子上，他得到了很多以前在反右運動中受迫害的同事的支持，他們都希望能得到平反。王本人對這些要求十分同情，但是從一九六七年十月開始，他被中央的一個決定拴住了手腳。決定規定，對地、富、反、壞、右做出的處理不得翻案。[48]在王所在的山東省，以前的運動中受到過衝擊的幹部全力支持造反派進攻「走資本主義道路當權派」。這種情況在全國其他省份也有，比如在安徽省。

一九六七年三月，《紅旗》雜誌刊登了一篇文章，要求造反派「正確對待幹部」。那種認為所有幹部都是壞的，都要被打倒的觀點是「無政府主義」。一小撮代表地富反壞右利益的走資派有意將鬥爭矛頭轉向好幹部。文章強調，絕大多數幹部是忠於黨、忠於毛主席的，他們是黨和人民的「寶貴財富」。革命幹部成為新秩序核心領導的組成部分是極為關鍵的。[49]這篇文章的作者還說，那些在黨的總路線方面犯過錯誤的幹部大部分不是人民的敵人，應該被看作「人民內部矛盾」。在處理這些幹部的問題時，要本著「治病救人」的原則。

然而這類文章太籠統了，不能直接解決實際問題。中央政府要求將「革命幹部」結合進革命委員會時，並未講明哪些幹部可以解放，哪些幹部仍然是鬥爭對象。在很多地方，這成為導致造反派之間激烈派鬥的議題。省級和地方黨組織暫時的解體給造反派提供了很大的自由度，很多情況下執行中央自上而下的政策幾乎不可能。由於經常不清楚誰是地方權力的合法代表，澄清中央的政策變得更加困難。此外，中央文革領導小組常常在支持哪些造反組織和幹部問題上與國務院總理周恩來意見不一。北京在任命誰為省一級新領導問題上有最後的決定權，但只要中央不發話，派系武鬥就會繼續。[50]

在省一級的派系鬥爭中支持錯了人可能是致命的錯誤。在廣西，造反派以為北京會支持推翻省黨委書記韋國清將軍。江蘇也發

圖6.6　東風市場外批判薄一波的標語，1966至1967年左右。

資料來源：巴塞爾中學莫瑟老師的個人珍藏。

生了同樣情況，造反派攻擊許世友將軍，希望能得到中央的支持。但在這兩個省，造反派都沒有猜中。中央任命韋國清和許世友為省革命委員會主任，而這兩個人都對迫害他們的造反派進行了血腥的報復。在北京，造反派之間的矛盾極大，中央政府不得不越過所有造反派領導人，在一九六七年四月任命原公安部部長謝富治為北京市革委會主任。如我們所看到的，幾乎所有省份都是軍人而不是造反派成了新機構的領導。

隨著文革目標的轉移，很多一九六六年底和一九六七年初被打倒的幹部在一九六七年下半年和一九六八年被解放了。一九六六年底對「走資派」的指控主要是他們推行「資產階級反動路線」，壓制造反。各種文章批判走資派在工業、農業、教育和外貿等領域執行修正主義綱領。在一九六七年，被指控的時間節點又往前推了，幹部的歷史包括在國民黨和日本人監獄裡的表現都要再審查。那些一九四九年前在監獄裡自首的被叫作「叛徒」，在「白區」工作的地下黨被叫作國民黨特務。最著名的例子是劉少奇本人的案子。一九六八年十月中央宣布他為「叛徒」、「內奸」，並且自一九二〇年代中期起就是「工賊」，他是國民黨和帝國主義的代理。劉少奇，這個共產黨地下活動中最為重要的人物、中國共產黨最忠實的追隨者之一被「永遠開除出黨」。很多和他關係密切的同事也都被貼上內奸的標籤。

如一些學者所指出，這些對歷史問題的指控將批判的目標從享受特權的新官僚轉到了一九四九年以前的敵人身上。[51]這類毫無根據的指責在「清理階級隊伍」運動中也很常見，而認罪的供詞常常是施加酷刑得到的。總的來說，一九六八年以後針對幹部的運動與斯大林中央組織的大清洗更具共性，而不是前兩年的「人民文革」。幹部實際上主要受到由解放軍控制的革命委員會而不是造反派的攻擊。

對劉少奇強有力的定性使他不可能重返政壇。但是很多其他被指控為「修正主義分子」的領導幹部則得以保留黨籍，如鄧小平、計劃經濟主導者陳雲、李富春、李先念、薄一波，以及解放軍裡的楊尚昆和葉劍英元帥。二月逆流的主要推動者譚震林和陳毅甚至在文革結束前就能夠重返領導崗位。與斯大林相反，毛澤東的主要目的不是消滅老的黨的精英，而是要「教育」他們，並確保他們對他本人和他計劃的忠誠。他保留了重新任命那些被清洗的人擔任領導職務的選擇，當然是在他選定的時間。文化大革命使這些領導幹部委身於毛澤東，因為直到毛去世之前，他們得到平反的唯一機會就是確保毛澤東本人推翻對他們的指控。

解放軍領導的新秩序中的工人代表

在一九六七至一九六八年建立的新秩序中工人發揮了什麼樣的作用呢？那些參加了造反派的

人有機會擔任領導或作為群眾代表參加革命委員會。其他人則作為工宣隊或在「要文鬥不要武鬥」的口號下成立於一九六八年的新的工人民兵中繼續發揮作用。只有少數人在革命委員會任職期間可以從工人變為幹部，極少數人則升得更高。上海造反派領導人王洪文就是坐了升遷的「直升機」，從地方上最後升到國家副主席的位置。在最初的「奪權」後，甚至非黨員的工人都能獲得高級職位。在青島，二十八歲的工人楊保華就不是黨員，他擔任了市革委會主任。

很多造反派代表可以在政府辦公樓和大院裡工作和生活，但是工資仍然從原單位領取，不拿幹部工資。從某種意義上說，這滿足了一些造反派按巴黎公社模式建立革委會的想法，因為巴黎公社的原則是一個代表的工資不應高於一般工人。但是大量群眾組織的代表不能正式轉換身份，這使他們處於不利的地位，特別是與重返的「革命幹部」相比。在省市一級，群眾代表常常被系統性地邊緣化，隨著中央政府重新控制局面，他們的政治基礎不再存在，因為群眾造反組織解散了。到了一九六八年底，很多革委會不再邀請群眾代表參加會議。對那些留下來的人，當局可以隨時讓他們停止參與革委會工作，回到原單位，就像在一九六七至一九六八年清查「五一六反革命陰謀集團」和一九七六年打倒「四人幫」時那樣。

在重建地方黨組織時，幹部的權力進一步增加，他們有了組織基礎，而非黨員的工人代表則無法進入。尋求在新秩序中發揮重要作用的群眾代表越來越沒有其他選擇，只能要求入黨。在一九六九年四月黨的九大籌備期間，黨的領導層發現，黨員裡造反派和工人太少，如果不吸收新的成員，「革命幹部」和解放軍將占主導地位。一九六八年十月黨刊《紅旗》雜誌呼籲「從工人中吸取新鮮血液」，宣稱應該歡迎更多的工人加入黨組織，並且培養他們走向政府的高級職位。[52]在接下來的幾個月，大批造反派迅速入黨。文化大革命結束後，鄧小平領導的中央認為這些人中有許多是非法入黨，因為他們沒有按照黨章規定經黨委批准。結果，在一九八〇年代初，造反派的黨員資格被取消。

總之，一九六六年末和一九六七年初，為了增加群眾的代表性，工人造反組織在共產黨之外建立了。這些組織在一九六七年奪權中和革命委員會領導的新秩序中發揮了重大作用。然而到了一九六九年這些群眾組織被解散了。此後，工人造反派不得不以個人身份而非一個組織來發揮作用，他們或者通過入黨得到升遷，或者通過參加革委會發揮作用。他們脫離了基層，從依靠下層的支持變為依靠上級的青睞（著名的例外是上海，在這裡，王洪文作為革命工人造反總司令部的領導人可以開拓強大的權力基礎）。文化大革命為一些工人打開了政治仕途，並從工人階級中向黨注入了「新鮮血液」，但它未能為基層工人建立新的權力形式或確保他們具有實質性的政治代表性。

不平等聯盟的終結

雖然文化大革命作為一個群眾運動是由北京精英紅衛兵開始的，但其他各種團體，包括正式職工和臨時工以及家庭出身不好的年輕人，也為爭取參加某一派的權利進行了成功的鬥爭。在黨「培養革命接班人」的運動中，許多人看到了改善政治和經濟地位的難得機會。幹部也分裂成不同的派別。很多在以前的運動中受過迫害的人參加了造反，希望藉此獲得平反。

早期的精英紅衛兵主張排他性方法，使得對黨內官僚機構中的「走資派」進行全面攻擊成為不可能，尤其是因為這些紅衛兵本身往往與高級幹部有聯繫。一九六六年末，毛澤東領導下的中共領導層全力支持運動的大眾化。「人民文革」中出現了一九六七年一月奪權期間造反派群眾運動和中央領導層毛左派短暫的聯手。但是這兩種人的差別太大，他們不可能組成長期的聯盟。臨時工和家庭出身不好的年輕人尋求不被歧視，而毛澤東關注的是整黨。事實證明，一旦共同的目標實現了，毛左派就不願對中國的政治和經濟結構做出更大的改變，無論是等級、分配、戶籍制度還是階級路線的政策。隨著相互競爭的造反派之間的派系鬥爭逐漸失控，中央領導層重新拿回了領導權並加強了階級地位體系，以恢復秩序。

黨的老戰士，即革命幹部，在一九六七年初的奪權中發揮了重要作用。很多被造反派打倒的幹部回到了原崗位，一九六八年用工人宣傳隊來壓制學生造反運動。解放軍是黨的另一個重要臂膀，在該年上半年成立大多數省級革命委員會時，解放軍是基石。隨著這一新秩序的到來，全國各地針對家庭背景不好的人、被指控為「內奸」的幹部以及任何未能找到靠山的造反派進行了血腥的清洗。

一方面，中央的毛左派在文革中利用造反派服務於自己的利益。另一方面，基層的很多人劫持了這場運動，這也是事實，他們試圖將中央的政策改為符合他們自己的利益。儘管如此，權力的平衡仍然是偏向中央。到了一九六八年，許多造反派對新秩序感到失望，隨著黨中央重新獲得控制權，他們被日益邊緣化。無休止的派系鬥爭和群眾組織不願參加「大聯盟」、支持革命委員會，對此毛澤東本人已經感到厭倦。最高領導人與造反運動之間的聯合最終結束了，從本質上講這一直是個不平等的聯盟。群眾組織被解散並解除了武裝，從一九六九年開始，中國進入了以軍隊和重返崗位的幹部為主導的新時期。

附件6.1 「唯出身論」和「出身論」都是反馬列主義反毛澤東思想的

「出身論」的作者為了極力抹殺階級出身的影響，在「成分」和「出身」的字眼上也花了不少苦心。除了極力把成分和出身嚴格地加以區別，還特別做了正名工作，唯恐別人把成分和出身混淆起來。

的確，成分和出身是有區別的，家庭出身的實質是指階級出身，因為不同家庭的不同經濟政治等情況從屬於不同的階級，並不是指什麼職業出身。出身應該只對青少年尚未脫離父母家庭獲得獨立經濟地位這一段時間才適用，因為一個人參加了工作，獲得了獨立的經濟地位，成家另過以後，他就在本身所處的階級地位中生活，形成自己的階級成分。有的跟出身一樣，有的跟出身不同。這時原來的出身才退居於參考從屬的地位，因此成分和出身是有區別的。

但是不能因此就把成分和出身截然分開，人為地割斷其中的聯繫。在階級社會中，人自出身以後就在一定的階級地位中生活，青少年就生活在他父母所處的階級地位中，從這裡可以看到，父母的成分和兒子的出身有必然聯繫，不能截然分開……

至於出身和表現的關係，真是甚小嗎？只有表現是活的，出身是死的嗎？解放前，地主、資本家因為有錢有勢，他們的子女妖里妖氣、胡作非為等的表現，難道不是這種出身的直接影響嗎？解放以後，直至十七年後的今天，地主，資本家的子女有那麼多的上完高中上大學，平時講究吃穿打扮，難道不是這種出身的影響嗎？為什麼占人口數億的工人和貧下中農上大學的人數還沒有只占人口不能以億計的地主、資本家的子女多呢？難道這不是出身的影響嗎？再如今天那些走資本主義道路的資產階級老爺們，他們的子女養尊處優，仗勢欺人，橫行一時，難道不是出身的影響嗎？既然是出身的影響，也就是因他有那種出身才有那種表現，這難道出身是死的嗎？表現之所以活，不正是出身在他血液裡起作用嗎？

作者引用毛主席的話說：「什麼人站在革命人民方面，他就是革命派……」繼又發問道：「這裡提到出身了嗎？」我們要問「出身論」的作者，一個出身地主、資本家家庭的人，在他沒有把出身的嚴重影響，滿腦子的資產階級自私自利思想去掉以前，他可能站在革命人民方面嗎？君不見王光美她說她也沒有剝削過人，並且在革命隊伍裡混了多年，還掛上了共產黨員的招牌，如今不依然是與人民為敵的資產階級分子嗎？能否認出身對她的影響不是很大的嗎？……

然而也不應不看到「出身論」還有很迷惑人的一面，他們為了迷惑別人，喚起反動階級的階級仇恨，不惜用了大量篇幅談什麼出身不好的子女如何受害的問題。我們不禁要問「出身論」的作者們：難道你們不知道解放前地主、資本家血腥迫害工農群眾及其子女罄竹難書的活生生的事實嗎？當剝削階級壓迫工人農民的時候，分過什麼老子、兒子、成分、出身嗎？百分之百的工農及其子女，不要說上大學的絕無僅有，能上小學的又有多少呢？他們在政治上有說話權利，當上什麼官的有沒有呢？……

北京家庭出身問題第三研究小組
一九六七年二月二十七日初稿

資料來源：北京家庭出身問題第三研究小組，〈「唯出身論」和「出身論」都是反馬列主義反毛澤東思想的〉，1967年2月27日，Song Yongyi (ed.), *The Chinese Cultural Revolution Database*。

第七章

遺散與恢復：文化大革命後期（一九六九至一九七六年）

批林批孔
上山下鄉
走後門

馬冠英（化名）一九五二年出生於山東濟南。他的父母都是「革命幹部」，都在市政府工作。文化大革命波及到他所在的中學時，他十四歲。他加入了早期紅衛兵組織「黑字兵」，這個組織的成員都是黨和部隊幹部的子女。馬冠英回憶說，「那會兒我們看不起工農子弟。」[1]馬冠英與許多同齡人一樣，參與了毆打老師，後來他為此感到後悔。一九六六年十月他父親被打倒時，他的政治命運改變了，父親被打倒的原因是一九三〇年代中期在國民黨的監獄裡曾經自首，在文革中這被看作是對黨的背叛。馬冠英的母親沒有歷史問題，但她也被當作「走資派」遭批鬥。一九六九年三月，馬冠英成了上山下鄉的「知識青年」，當時他十六歲。幾年前知識青年上山下鄉運動還是自願性質，這時已經變成強制性的了。他沒有別的選擇，只能去農村。他四個兄弟姐妹中的三個也都去了農村，而且去了不同地方。

馬冠英去了濟南郊區，那裡在當時是個特別貧窮的地區，他由「非農業」戶口轉成了「農業」戶口。一到那裡，他就感覺到當地農民對「知識青年」的不滿，農民們覺得這些城裡來的年輕人不能參加農業生產，是來「吃乾飯」的寄生蟲。他記得，當時他個頭比較小，幹農活沒有經驗，生產隊長取笑他「幹活還不如老娘們」。隊長倒也沒說錯：強壯的女勞力一天能掙八個工分，像馬冠英這樣的十幾歲孩子只能掙七個工分。他下放的村子離濟南城不遠，公共汽車也還方便，起碼在父母接受審查回到家裡之後，他可以回城去看他們。在農村，他的家庭背景與日常生活沒什麼關係，他可以逃避過去三年困擾他的政治問題，還能夠觀察農村的一些情況。他看到農民瞞產，人民公社看似無所不能，但實際上有的農民可以在人民公社的管轄之外耕種自留地。

一九七〇年底，馬冠英回到了濟南，分配在當地的火車站工作，這是個國營單位。這個「走資派」的兒子突然變成了「正直的工人階級」的一員。在我採訪他時，他沒有說到分到這個好工作有助於改善他父母的境遇，但這是很可能的。他提到，火車站的勞動紀律鬆懈。那些一九五八年或此後招進來的工人十二年沒有漲過工資，他們的工資比一九四九年以前參加工作的人低一半多。在他的記憶裡，工人從路過的火車上偷西瓜和其他水果是司空見慣的事。

文化大革命的結束給馬冠英的生活帶來了另一個變化。一九七八年他參加了全國高等學校統一考試（簡稱高考），被錄取了。然而，一年後他父親的去世沖淡了高考帶來的喜悅。他父親長期健康狀態不佳，馬冠英認為這與父親文革中長期關押在牛棚有關。他自己後來成了市政府的官員，並在此一直工作到退休。他的人生是個很好的例子，說明在毛澤東時代，一個人可以有多種地位，扮演多重角色。

一九六九至一九七六年可以分成兩個主要階段。一九六九年黨的第九次全國代表大會和一九七一年九月林彪事件之間，軍隊繼續保持其在革命委員會成立時政治上的主導地位。一九七一至一九七六年是第二階段，這個階段的特徵是中共高層的權力鬥爭升級，解放軍從工廠和大學撤離後社會矛盾激化。本章將討論工人階級的轉變，農村的發展以及城市「下放」知識青年的經歷。最後，我將簡要評估一下毛時代的成就和失敗。

階段劃分：從軍管到毛澤東逝世（一九六九至一九七六年）

綠色統治和綠色恐怖（一九六九至一九七一年）

從一九六九至一九七一年，解放軍不僅在政治上而且在整個社會都發揮著核心作用。很多政府部門和部委都在接受軍管，九大舉行時，很多代表身著醒目的解放軍綠軍裝。新黨章寫明，毛澤東逝世後由國防部長林彪接任。由於中蘇邊境的持續衝突，軍方一直受到公眾的關注，政府和媒體繼續強調戰爭威脅，強調動員全國進行國防的必要性。從一九六八年底開始，中央和省級政府機關的工作人員下放到農村，即所謂的五七幹部學校，他們在那裡接受貧下中農的再教育，參加體力勞動。

在這些所謂的「黑色歲月」中，黨的領導層通過各種運動，如一打三反（一九七〇至一九七二年）進行了多次清洗，導致很多人被逮捕和死亡。一打三反運動旨在揭露「反革命破壞活動」，打擊「腐敗盜竊」、「投機倒把」以及「鋪張浪費」。根據一位中國研究學者的說法，僅在一九七〇年二月至十月之間，就找出了一百二十萬「叛徒」、「特務」和「反革命」，逮捕了二十八萬人，處決了數千人。[2]同時，打擊「五一六反革命陰謀集團」的運動繼續以站錯隊的造反派為目標。許多造反派實際上被扣押在通常由解放軍組織的所謂「學習小組」中。解放軍軍官還通過解放軍毛澤東思想宣傳隊控制了關鍵的工廠和大學校園。

在此期間，大部分經濟活動都由軍方掌控，而軍人基本上沒有受過這方面的培訓。第三個五年計劃（一九六六至一九七〇年）將五二・七%的國家投資投到了西部的三線建設上。[3]一九七〇年開始的得到軍方支持的第四個五年計劃繼續了這個發展趨勢，將大部分投資放到了重工業上。設計項目時考慮的是國防需要而不是經濟效率，因此忽略了農業和輕工業。一九七一年九月林彪事件後，情況開始發生變化。林彪事件確切的發展過程尚不清楚，但根據官方的說法，毛澤東「最親密戰友」林彪被發現在計劃發動軍事政變，支持者是他的追隨者，包括他的兒子林立果和在解放軍空軍中的支持者。根據指控，這個陰謀的策劃者們甚至計劃謀殺毛澤東。據報導，林彪本人在企圖逃往蘇聯的飛機失事中喪生。無論這種敘述的真相如何，林彪事件都破壞了人們對毛澤東和文化大革命的信任。這種感覺開始蔓延，人們覺得好像出了什麼問題。

權力鬥爭和社會衝突（一九七二至一九七六年）

我們可以把林彪事件到毛澤東逝世看作這個時代的第二階段，這也就是以一九七六年九月毛澤東逝世和接著那個月逮捕激進的四人幫作為這個時代的結束。一九七二年《人民日報》公布了一個題為「五七一工程紀要」的文件，據說這個文件是林彪政變的綱要。該文件對生活水準持續低下和政治上的壓制做法提出了尖銳的批評。文件指稱，國民經濟已停滯了十多年。國富民窮，農民吃不飽穿不暖，城市知識青年上山下鄉是變相的勞改，工人的工資實際上凍結了，五七幹校是一種隱藏的失業。文件指稱，甚至紅衛兵現在都意識到，他們被欺騙和利用了，他們作為替罪羊受到了鎮壓。解放軍對國家發展的方向感到擔憂，而同樣為此憂慮的幹部都不敢明說。文件的起草者號召推翻「當代秦始皇」，把毛澤東比作秦朝專橫的第一個皇帝。[4]在對外關係方面，「五七一工程紀要」突破現行政策，建議修復中蘇同盟。該文件公開發表，這是一九四九年以來官方報紙第一次對毛澤東和中國政治制度提出這樣嚴厲的批評。毛澤東本人支持公布這個文件，以此作為林彪「背叛」的進一步證據。然而出乎意料的是，這為後來發生的抗議和持不同政見者公開提供了現成的論點和說辭。[5]

一九七二年之後，解放軍撤出了工廠和大學校園，回到了軍營。中共中央這時試圖通過新組建的黨委進行管理，但在起初，至少撤軍這一行動削弱了國家能力。農村的黑市和地下經濟蓬勃發展，工人在車間獲得了更多自由。有的地方發生了勞工暴亂。[6]如同在文革第一階段一樣，官方針對林彪的運動使得各種各樣受到壓制的人，從革命幹部到造反派、少數民族和宗教團體，都聲稱自己是林彪的「受害者」，並要求平反。來自全國各地的代表團前往省會或北京遞交請願書，要求更改以前對他們的判決。[7]中央對其中許多要求做出了積極回應。官方的決定指責林彪把鎮壓「五一六分子」運動擴大化，決定允許很多造反派從「學習小組」回到原工作單位。五七幹校沒有取消，但是允許大部分幹部回到城市，回到原單位。

文化大革命後期，中國對外關係上最根本的變化也許是中華人民共和國與美國的和解。一九七二年二月美國總統尼克森訪問中國。尼克森訪華期間代表美國政府與中國簽署了「上海公報」，承認「一個中國」政策，為美國從正式承認臺灣的中華民國轉為正式承認北京的中華人民共和國掃清了障礙。此前不久臺灣失去了聯合國安理會常任理事會以及在聯合國的席位。這些變化加在一起使毛澤東時代的中國成為世界大國，到了一九七〇年代中期，包括日本在內的美國各盟國也開始承認中國。

在經歷了二十年的經濟禁運和美國的戰爭威脅之後，中美和解代表了新中國外交的勝利。但是，就意識形態而言，領導層的戰略轉變並非易事。多年來反對「美帝國主義」措辭嚴厲的宣傳使政府很難解釋美國如何突然成為中國反蘇的盟友。一九七四年「三個世界理論」正式提出重新關注中國的「國家利益」，而不是以國家利益為代價進行世界革命和階級鬥爭。與西方以前將全球劃分為資本主義、共產主義和不結盟國家的模式不同，中國共產黨現在認為，應該把世界劃分為超級大國、發展中大國和被剝削的第三世界國家，中國屬於第三世界。中國號召第三世界與第二世界（即歐洲小國及日本）聯合對抗「第一世界」的強權（即美國和蘇聯）。美蘇實力相當、相互抗衡，因此中國能夠讓人信服地把蘇聯描述為頭號地緣政治的敵人。但是由於華盛頓繼續向臺灣提供軍事援助，中國與美國發展關係十分困難，中美外交關係直到一九七九年才正常化。

隨著這些舉措在國際舞臺上發揮作用，中共領導層內部的權力鬥爭導致國內政策發生了一些變化。毛左派主張繼續進行文化大革命，而以周恩來總理為首的老幹部保守派，則主張恢復一九六六年前的政治和經濟體系。毛左派控制了官方媒體和文化產業，而保守派則對外交和經濟政策以及軍事和政黨機構有較大影響。幾年裡，毛澤東試圖在這兩個派系之間保持平衡，以防止發生可能破壞政治體系穩定的衝突。一九七三年鄧小平復職，後升任國務院副總理、中央軍事委員會副主席，這對這一平衡提出了嚴峻挑戰。鄧要求削減軍費並減少部隊人數以支持民用經濟發展。他還強調有必要加強經濟效率和勞動紀律，這兩個目標顯然與工人參加無休止的政治運動背道而馳。在教育方面，鄧小平主張重新通過考試錄取學生，並加強專家和科學家的作用。毛左派認為鄧小平的議程是反對文化大革命「新生事物」，甚至是「恢復資本主義」。一九七三至一九七四年，新一輪老幹部的平反進一步強化了保守派的地位。那些重新掌權的人不敢公開質疑文化大革命，但是許多人私下裡都希望有機會與造反派「算帳」。

在這種情況下，批林批孔（一九七三至一九七四年）、學習無產階級專政理論（一九七五年）和反擊右傾翻案風（一九七五至一九七六年）運動可以看作是毛左派「反潮流」的最後努力。這

圖7.1　北京頤和園的標語「工農兵是批林批孔的主力軍」，1974年。

資料來源：Emanuel Ringhoffer提供。

三個運動都要反擊回到崗位上的老幹部，但與一九六六和一九六七年的情況不同的是，這次在他們激進的圈子之外沒有引起什麼熱情回應。以前的造反派試圖在工作單位重建人員網絡，但他們孤立無援。[8]一九七四年，中央委員會明確指示，不允許建立新的群眾組織，不允許在單位之間交流革命經驗，特別是不允許地方上再發生奪權。[9]這個指示得到了嚴格的執行。比如在青島，一九七四年二月二十一日造反派占領了政府大樓，宣布「第二次奪權」。參與者都很快被逮捕，隨後被判處長期監禁。毛澤東不批准在解放軍指揮機構之外建立全國性的工人民兵組織，但是他同意了在上海建立這樣一個組織，上海是毛左派的最後一個據點。[10]左派在一九七五年第六屆全國人民代表大會上取得了某些有限的成功：新憲法裡寫入了文革的政策，如「四大自由」（「大鳴、大放、大辯論、大字報」）和罷工權。憲法同時還確認，教育、體育、文學、科學和行政管理必須與生產和體力勞動相結合。最後，憲法重申關注「階級路線」、剝奪「地主」、「富農」、「反動資本家」和「壞分子」的一切政治權利。[11]

儘管取得了這些成就，但是周恩來於一九七六年一月去世時，情況已經很清楚，很大一部分人對黨內的毛左派以及中國的總體發展方向不滿意。那年四月的清明節，成千上萬的人聚集在北京的天安門廣場、南京和其他幾個城市，哀悼周恩來總理。周恩來被譽為賢官的象徵，成千上萬的工人、幹部和知識分子參加紀念他的遊行。[12]人們公開批評左派領導人。毛澤東的回應是，將這次天安門事件稱為「反革命動亂」，政府派出了揮舞棍子的工人民兵來「清理」廣場。鄧小平被指責為動亂背後的「黑手」，並被迫離職。

一九七六年九月九日毛澤東去世，文化大革命最終結束。幾周後，十月六日，中央警衛局、中央警衛部隊在華國鋒的支持下逮捕了「四人幫」（江青、張春橋、姚文元、王洪文），華國鋒當時是國家安全部部長，周恩來總理的繼任。四人幫被逮捕後，原不太為人所知的華國鋒至少一

圖7.2　小學生緬懷周恩來，鄭州，1976年5月。

資料來源：Helmut Opletal提供。

時成了中國公認的領導人，擔任了黨中央和中央軍委主席。造反派或罷工沒再出現，即使是上海一百萬強大的工人民兵也沒能幫上左派的忙。「文化大革命」以一九六六年「社會火山」的爆發開始，十年後以一次無聲的政變結束了。無休止的運動、動員、派系武鬥和清洗使黨和社會都筋疲力盡。

工人階級和「鐵飯碗」的增加

在整個毛澤東時代後期，官方媒體繼續稱工人為「國家的主人」。這一時期發生的社會變革雖不太明顯，但很重要。同樣重要的是工人階級的隊伍在擴大。一九六七年，激進的左派領導人對工人提高工資和待遇的要求做出了反應，他們指責這是「修正主義幹部」以經濟條件賄賂工人（在改革開放時期，情況顛倒過來了，江青及四人幫被指責為把「鐵飯碗」擴大至臨時工，浪費資源）。[13]一九七一年，這種敵視工人要求的情況開始改變，國務院發布通知，禁止各單位將臨時工用於全年性生產任務。國務院的通知還說，即使從事短期或季節性工作，臨時工也不應超過兩百五十萬。由於這個決定，八百多萬臨時工獲得了固定職位（一九七一年時臨時工總數是九百多萬）。[14]這個政策變化對工人的性別構成產生了巨大影響，因為在許多情況下，臨時工是現有長期職工的女性親屬。文化大革命早期的臨時工造反派提出的要求遭到政府的拒絕，但現在這些要求終於得以實現了。一九七一年時，還沒有造反派群眾組織向政府施加壓力，要求改善工人的條件，但是雇用沒有政治和社會權利的臨時工，與社會主義原則相抵觸，這一傳統的論點最終還是占了上風。「鐵飯碗」體制內和體制外的人之間仍然存在著巨大的鴻溝，但是在中國城市，不穩定的臨時工人數大大減少了。

比較難以評估的是文化大革命對一開始就是「鐵飯碗」體制內固定職工的影響。在整個毛時代的最後十年，工人的社會地位一直很高，但工資卻長期停滯，一九七一年前只漲過一次，一九七一年又略有增長。獎金在一九六六年前是工資的重要組成部分，後來被說成是資本主義經濟的「物質刺激」，是執行劉少奇的「修正主義路線」，受到了造反派的批判。減薪和對不良勞動績效的處罰也同時取消了。這項決定減輕了工人的壓力，但也使某些工廠難以維持紀律。一九五八年以後參加工作的工人特別難得到提升和提高工資，這使得年輕和年長的工人之間差距越來越大。工資的限制還沒有將工人逼到饑餓的邊緣，但確實使一日三餐之外的日常開支比較困窘。工資低的工人，特別是孩子較多或者要贍養老人的家庭，只能精心算計著每一分錢的支出。

與不漲工資同時的是另一個更為明顯的趨勢，即城市勞動力的大規模擴張。一九六六年國營企業的職工總數是三千九百三十萬，一九七六年增長到六千八百六十萬。集體制企業的職工在同一階段從一千兩百六十萬增加到一千八百一十萬。[15]與此同時，國營企業的女職工增加了一倍多，從一九六五年的七百八十萬增加到一九七七年的兩千多萬。這兩千萬中，八百五十萬就業於工業企業，兩百七十萬人從事貿易、食品和服務業，三百三十萬人從事科學、教育和衛生。[16]

一九八三年官辦工會內部散發的一項調查記錄了文化大革命期間勞動力構成情況的一些主要變化。從重大工業城市十一個單位的抽樣調查中可以看出，與一九六六年之前的情況相比，文革後勞動大軍隊伍更大、更年輕、受教育程度更高，並且黨員更多。參加抽樣調查的單位共有不同背景的員工十八萬三千多人，其中只有三%的人是一九四九年之前參加工作，而文化大革命期間參加工作的員工占三七．八%（六萬九千三百九十五人）。[17]新參加工作的工人背景特別有意思：一九六六至一九七六年之間參加工作的人員中，有一千二百一十三名原有工人，三千零七十名是經過職業培訓的年輕人，四千九百八十一名是農民，八千四百零三名是復員軍人，最多的是一萬八千零三十九名「下放知青」。[18]

值得注意的是，「下放知青」是新工人中的大多數。對於那些被遣送下鄉的人來說，允許返回城市，特別是在國營工廠工作是個非常好的結果，顯然這仍然是可以實現的。第二個比較大的部分是復員軍人，在大多數情況下，他們得到這樣的工作可能是對他們參軍的獎勵，而不是由於他們具有任何特定的資格或學歷。資料中沒有地主和資本家之類壞分子的統計數字，這使我們很難確定這些較不受歡迎的群體的情況。這個統計中還顯示，與一九五六至一九六五年相比，文化大革命期間參加工作的新員工的平均教育水準顯著提高。新工人中文盲或小學畢業的數量大為下降，而初中生的比例增加了三倍多，高中生人數增加了近五倍。[19]至少對於這十一個參加抽樣調查單位的工人而言，改革時代關於「文革」期間教育制度崩潰的敘述是說不通的。

到了一九八三年這個調查結束時，可獲得資料的全部十四萬九千九百九十五名工人中有一六・九%是黨員，其中最大的一組（約四四%）在一九六六至一九七六年之間參加工作。[20]鑑於當時全國總人口中只有不到四%是中共黨員，一六・九%的數字說明共產黨在工人中的滲透力很高。對於這個數字有兩種可能的解釋：要麼工人的「政治意識」高於一般人群，要麼中共在這些人中不加選擇地發展新黨員，這其實會損壞精英的「先鋒」地位，而長期以來工人黨員一直是共產黨的主要力量。

在十一個抽查單位的十八萬三千六百一十一位職工中，二三%是女工。這個數字說明，在文化大革命中，工廠女工的數量從一九六五年的七千六百四十四增加到一九七六年的一萬六千九百四十四，增加了一倍多。但是，性別分工在資料中仍然清晰可見。輕工業和服務業由女性主導，重工業、航運和採礦業則幾乎全部是男性職工（見表7.1）。上海第十七棉紡織廠是個極端的例子，其女工比例最高，為六四%，另一個極端的例子是廣州遠洋運輸公司，其職工中九九・八%

表7.1　1982年十一個企業中女職工的人數和比例

單位	職工總數	女職工數	占職工總數%	按參加工作時間				
				建國前	1949-1956	1957-1965	1966-1976	粉碎「四人幫」後
總計	183,611	42,146	23.0	448	2,949	7,644	16,944	14,161
占女職工人數的%	—	—	—	1.1	7.0	18.1	40.2	33.6
北京第三建築公司	8,495	1,711	20.1	9	83	158	848	613
鄭州鐵路分局	45,947	7,769	16.9	14	287	1,781	2,528	3,159
大連造船廠	16,822	4,690	27.8	84	344	743	2,165	1,354
上海第一百貨商店	2,436	1,183	48.6	15	139	159	676	194
鞍鋼所屬八個單位	12,778	1,822	14.3	8	112	223	783	696
大同永定莊煤礦	8,143	853	10.5	1	21	97	390	344
大慶油田所屬十三個單位	15,000	3,504	23.4	6	50	302	1,696	1,450
南京無線電廠	5,505	2,071	37.6	17	163	668	771	452
上海第十七棉紡廠	9,234	5,966	64.6	150	370	596	1,811	3,039
長春第一汽車製造廠	46,617	12,551	26.9	144	1,308	2,917	5,260	2,850
廣州遠洋運輸公司	12,634	26	0.2	-	-	-	16	10

資料來源：中共中央書記處理論組編，《當前我國工人階級狀況調查資料彙編》（北京：中共中央黨校出版社，1983）第2卷，第18-19頁。

為男性。長春第一汽車製造廠的女性從業人數占職工總數的二六%，這在該行業中是個非常高的數字。[21]鞍山鋼鐵公司是個著名的國有企業，統計資料表明，這個企業在文化大革命期間兩性的分工情況發生了變化，婦女接受以前男性從事的工作。一九六六年以後，第一批婦女加入了該企業主要的鋼鐵和化學產品生產線。一九七六年，新工人中有二六%是女性。[22]

令人奇怪的是，資料還表明，不僅在文化大革命期間而且在文化大革命之前和之後，在女性比例較高的工作單位，黨員人數都往往少於男性主導的單位。比如，上海第十七棉紡織廠、上海第一百貨公司和南京無線電廠的黨員人數很少，而男性為主的廣州遠洋運輸公司、鄭州鐵路分局和大同煤礦則不同。這可能說明，中國共產黨一般認為女工不太夠格做黨員，政治上也不那麼可靠，或者表明女工育兒、家務的負擔會成為她們進入政治生涯的障礙。也有可能，重工業產業的工人比輕工業或服務業的職工地位更高，而且這種地位的差異會在吸收新黨員的過程中顯現出來。一九八三年的調查資料表明，文化大革命期間，國營企業在爭取性別平等方面取得了一些進展。但儘管有了這些改善的數字，女性還是無法「頂起半邊天」。

農民及文革後期的農村

文化大革命後期農村的發展充滿了矛盾，因為黨內不同派別都在推廣他們青睞的計劃。一段時間裡，中央支持以山西大寨大隊為榜樣的激進的農業政策。但是，由於文革早期的造反和混亂給國家帶來的損害，實施新模式幾乎不可能。農村出現了地下「第二經濟」，出現了黑市、地下工廠、瞞產以及大規模種植經濟作物，所有這些都削弱了黨和國家的控制。附件7.1是中共中央於一九七〇年五月發布的命令，其中詳細介紹了打擊非法商業活動的一些措施。黨中央不僅監督個人的非法活動，還監督那些能夠利用關係「走後門」獲得商品並挪用集體資金和資

圖7.3　蘇州附近的楓橋村，1974年。

資料來源：Carl Seyschab提供。

源的單位。黨中央曾呼籲動員群眾，並出爐了一系列處罰經濟犯罪的措施，輕則批評教育，重則處決。

改革開放時期的官方統計資料表明，一九六六至一九七六年之間，農業生產的年增長率約為二%。一九六八年和一九七六年的收成都受到黨的高層持續派系鬥爭的影響，一九七二年遭受了十年裡最嚴重的乾旱。[23]然而，緩慢的生產增長速度依然趕不上人口的增長，這是令人震驚的，因為當時農村在許多方面情況都不錯。在此期間，農村稅收和糧食徵購率保持相對穩定，國家徵購糧約占糧食總產量的二〇%。[24]與一九五〇年代末不同，沒有發生大規模的饑荒，但是由於增長緩慢，再加上自然災害導致供應短缺，政府不得不繼續進口糧食，一直延續到一九七〇年代。有個統計表明，到了一九七〇年代末，所有生產隊中二〇%不能糧食自給，需要依賴救濟，而市場銷售的剩餘糧食主要來自前二〇%的生產隊。[25]

大寨模式和人民公社

在全民捲入文化大革命運動的高潮時期，中央沒有把農業政策列為優先事項。但是，隨著山西省昔陽縣大寨村作為全國典範的崛起，情況發生了變化。《人民日報》一九六四年首次提出「農業學大寨」的口號，但直到一九六八年之後，這個小型生產大隊及其隊長陳永貴才成為民族英雄。早期的故事將大寨描繪成一個典範，主要是因為大寨具有自力更生的精神，並努力在沒有國家補貼的情況下增加產量。隨著文化大革命的興起，大寨被描述為抵制劉少奇「修正主義路線」的典範。大饑荒之後，劉少奇曾提議推行所謂的「三自一包」，重建農村，也就是要推行自由市場、自留地、自負盈虧和包產到戶，而不是完全在生產隊一級組織農業生產。這項創新是一九七九年開始實行的家庭聯產承包責任制的前身，它允許以家庭為基本核算單位進行獨立生產。文革時，劉少奇的方案被看作是在農業上實行「資本主義的方式」。大寨沒有實施劉少奇的方案：他們取消了自留地；批評用物質刺激來提高生產率（「工分掛帥」）是修正主義。大寨沒有將公社基本核算單位從生產隊下降到家庭，而是相反，從生產隊集中到了大隊。這些做法被讚譽為邁向真正的社會主義所有制的步驟。

陳永貴也和大寨大隊一樣名氣迅速大增。他在一九六六年是勞動模範、大寨大隊黨支部書記。文化大革命在農村爆發以後，他積極參與山西的武鬥，一九六七年升任省領導，兩年後成了中央委員，一九七三年成為中央政治局成員，一九七五年擔任國務院副總理。只有上海的工人造反派王洪文升遷的速度能與他相比。官方媒體讚揚陳永貴是使中國農村避免修正主義的誠實而勤勞的農民。毛左派特別起勁地推行大寨的成功經驗，認為這是中國農村社會主義改造一個重要的里程碑。但是，中共內部對這種激進的社會主義模式能否適應全國所有地區仍有爭議。但左派在農業官僚機構中影響很小，這限制了他們在全國範圍內推動變革的能力。

毛澤東不願支持其議程，進一步削弱了左派的激進立場，毛的態度可能受到大躍進時期農村改革失敗的影響。[26] 一九七〇年十二月，中央批准了北方地區農業會議的報告，此後中共領導人對這一問題的想法就更明確了。該文件繼續將大寨作為全國的典範加以推廣，但也提出了警示：

> 毛主席親自主持制定的人民公社《六十條》，對鞏固集體經濟和發展農業生產發揮了巨大的作用。經過無產階級文化大革命，情況有了新的發展，但是《六十條》中關於人民公社現階段的基本政策，仍然適用，必須繼續貫徹執行。一九六七年七月十二日中央曾經明確規定：「農村人民公社現有的三級所有、隊為基礎的制度，關於自留地制度，一般不要變動」。[27]

這類聲明強調，一九六一年以後與農民達成的妥協（見第四章）仍然有效，但是自留地問題仍然存在爭議。毛左派的支持者常常引用列寧的話：「小生產會經常地、每日每時地，自發地、大批地產生著資本主義和資產階級。」[28] 激進的觀點認為，只要農民在自留地上生產，他們的資本主義傾向就會留存。這些自留地無法立即消除，但要進行持久的鬥爭，才能為最終消除這些自留地奠定基礎，提高農民的政治覺悟。

儘管圍繞大寨的模式進行了激烈的辯論，但中央最後並未推動在國家一級進行所有權結構的新轉型。一九七五年通過的憲法規定，現階段農村人民公社的集體所有制經濟，一般實行三級所有、隊為基礎，即公社、生產大隊和生產隊三級所有，以生產隊為基本核算單位。在保證人民公社集體經濟占絕對優勢和保證人民公社發展的條件下，人民公社社員可以經營少量的自留地和家庭副業，牧區社員可以有少量的自留畜。[29]

不管中央政府採用什麼指導原則，學者們在文化大革命後期人民公社實際上保留多少權力問題上仍然存在爭議。有人認為，一九七〇年代，在一些地區，農民的抵制大大削弱了人民公社制度。根據一位西方學者的觀察，甚至在一九七六年毛澤東去世之前，「農村的大部分地區都放棄了計劃經濟」。[30]中國學者高王淩在研究農民的「反行為」時表明，農村人採用了有效的生存策略來應對國家的要求，包括瞞報產量和土地，偷盜或有意降低生產率。這些反行為減少了政府可以徵購的糧食，儘管事實上直到一九八〇年代初，農村的所有家庭都仍然是國家支持的人民公社的一部分。[31]另一位學者談到農民和地方幹部之間的某種「默契」，就是說，政府只要能完成徵購任務，對瞞報土地和產量常常睜一隻眼閉一隻眼。[32]

研究這些形式的抵制顯然很重要，但我認為不應過分強調這個問題。因為不論多少農民參與這種小規模的「地下」經濟活動，徵購糧食和出工還是要保證。生產隊仍然是糧食生產和分配的看管者。甚至在毛澤東逝世後，在華國鋒的領導下，仍然用大寨模式來促進激進的集體農業，在一九七○年代末，一些地方還在引入以生產大隊為核算單位的方式，以加強公社對生產隊和家庭的監督。將計劃經濟的終結放到一九七○年代初，是一種誇張的說法，實際上它結束於一九八○年代初。一個關鍵的轉捩點是在一九八○年，當時中央宣布所謂大寨的「自力更生」實際上是捏造出來的。據透露，文化大革命期間，大寨得到了中央政府的補貼。傳說中著名的大寨梯田是勤奮、具自我犧牲精神的村民建造的，而實際上是在人民解放軍的幫助下建成的。陳永貴是極少的幾個文革英雄在清洗四人幫時倖存下來的人之一，但他最終還是被解除了職位。大寨的神話破滅了。

「下鄉知青」：體驗體制外的生活

如我們所見，政府發起的城市知識青年下放到農村並不是什麼新鮮事，但隨著「文化大革命」的繼續，這種做法越演越烈，到了一九六九年成為強制性的運動。中共的宣傳讚賞這一計劃，認為城市青年不僅可以幫助農村和偏遠、邊境地區的發展，還可以接受貧下中農的再教育。

用共產黨的語言來說，這將有助於減少自一九五〇年代以來一直關注的「三大差別」，即城鄉、工農以及體力勞動者和腦力勞動之間的差別。將年輕人發送到遠離城市的農村也是遣散城市中學激進的紅衛兵和造反派的有效辦法。一九六六、一九六七和一九六八年的中學畢業生（統稱為老三屆）受到的影響最大。僅一九六九年就有超過兩百六十七萬知識青年下鄉。一九七〇至一九七二年有所下降，但一九七五年又回到了高峰，有兩百三十六萬。[33]文革時期一千六百萬下鄉的知青中，一半在一九七六年之前離開了農村，一般是去上大學、參軍或者招工回城。其他人在毛澤東去世後才回城，還有人根本沒回城。[34]總的來說，下放知青占城市人口的一〇%。[35]除了政治因素之外，學者們還在繼續爭論文革主要是由意識形態的動機驅動，還是經濟考慮如減少國家在高等教育、工作、住房和城市供給等方面的壓力也發揮了作用。[36]中央沒有公開承認一千六百萬知青下放與養活城市人口的困難之間有任何聯繫，但確實提到為所有高中初中畢業生提供就業所面臨的問題。

農村的生活條件

大部分「下放知青」插隊到農村，很小一部分去了軍墾農場或國營農場。去國營單位的條件比插隊知青好一些，因為他們在國家供應體制之內。在體制外的農村，生活水準極大地受制於當地的地理條件，從沙漠到偏遠山區，從寒冷的滿洲到北京郊區，地理條件各不相同，生活水準也相差很大。一九六〇年代，國家希望「下鄉知青」可以「自食其力」，並能幫助提高農村的生產力。但實際情況是，大部分從城裡下鄉的年輕人對務農既不熟悉，體力上也難以承受。他們的生產力往往很低，而且他們需要住房和土地。而政府則需要為其安置提供補貼，包括住房、醫療保健、交通、學習材料和農業工具。一九六七至一九七二年，中央政府在這些項目上的支出為十七至十八億元人民幣，但補貼仍然太低，無法滿足下鄉知青的需求。[37]在農村的知青往往比當地農民收入低很多，因為農民可以得到更好的地做自留地，而且他們可以通過副業獲得額外收入。在糧食歉收地區，地方幹部盡可能地壓低「知青」的口糧標準。[38]大部分農民把新來的知青看作生產隊的負擔。為了彌補糧食和收入的不足，很多知青的父母定期從城裡給他們寄錢。

「下放知青」在農村的艱苦條件可以從附件7.2中看出，這是一封廣為流傳的致毛澤東的信，寫信人是福建省的鄉村教師李慶霖，他的兒子自願上山下鄉到一個貧困的山區。在信中，李慶霖除了講述兒子遇到的困難以外，還談到腐敗現象，那些幹部子弟可以不去最艱苦的地區，或者為了「發展和建設社會主義祖國的需要」根本不用下鄉。而家裡沒有關係的人則只能一輩子待在農村。這封信引起了毛澤東的某些共鳴，他贊同李慶霖對幹部濫用職權的批評。一九七三年四月，毛澤東下令公開發表這封信，並給李寄去三百元資助他家的生活。那年下半年，這位福建的教師進入了國務院知識青年領導小組。

隨著知青和農村當地人衝突和緊張局勢的加劇，下鄉知青開始公開抗議，一九七三年中央召開全國知識青年大會，決定給知青增加補貼。政府還同意在下放知青的口糧低於當地未婚青年平均水準的地區，或者口糧特別少的生產隊，可以「補足」知青的口糧。[39]這個決定還要求知青組成獨自的生產隊，而不是像以前那樣分插進當地農民的生產隊裡。此外，政府還要求，給知青的自留地要與給當地人的自留地品質相當。[40]

婚姻與性暴力

很多「下放知青」從來沒有經歷過在農村體驗的那種貧困。不少人因此失去了對革命的信念，很多人希望盡快回到城市，逃避「體制外」生活帶來的挑戰。但是，由於失去了城市戶口，他們幾乎不可能在不經允許的情況下離開農村。在整個一九七〇年代上半葉，「下放知青」都不知道他們何時、甚至是否能夠回城。甚至那些自願去農村的人後來也感到受騙了。

在批林批孔運動中，毛左派在全國的媒體上將「下放知青」奉為英雄，特別讚揚那些與當地農民結婚、「扎根農村」的人。這樣的婚姻被讚譽為城市青年與農民結合、縮小城鄉差別的一種方式。在農村結婚成家的壓力對男知青和女知青明顯相異，在很大程度上是由於男女法定結婚年齡不同造成的。為了實行計劃生育，國家規定城市女性結婚年齡為二十五歲，男性為二十八歲，持農村戶口的結婚年齡為女性二十三歲，男性二十五歲。[41]這意味著，一九六六至一九六八年之間下鄉並轉為農村戶口的女知青在一九七三年左右到了結婚年齡。而城裡來的男青年則在一九七〇年代較晚的時間才到達法定結婚年齡，所以離開農村回城之前達到結婚年齡的男青年人數就比較少了。女知青在達到法定最低結婚年齡後面臨很大的社會壓力，有些家庭出身不好的女知青把嫁給貧窮的農民視為改變自己社會地位的一種方式。總的來說，下鄉知青面臨兩種相互矛盾的說法，一方面官方媒體批評農村地區壓迫婦女是「封建習俗」，另一方面，下鄉知青要接受貧下中農「再教育」，毛派實際上很可能認為這個再教育包括與農村人成婚。[42]

在有些地方，村民想強迫城裡來的女知青嫁給他們，女知青有的受到騷擾甚至強姦。家庭出身不好的女知青尤其容易受到傷害。「下放知青」往往不敢對抗那些「土皇帝」的權勢和影響。一九七三年八月，中央就此問題發布了一個決定：

> 發動廣大群眾，對破壞知識青年上山下鄉的犯罪活動做堅決鬥爭。對於以法西斯手段殘酷迫害知識青年和強姦女青年的犯罪分子，要按其罪行依法懲辦。犯罪分子為掩蓋罪行對受害人進行威脅、對檢舉人進行報復的，要從嚴懲處。對於罪大惡極，不殺不足以平民憤的，要舉

行公判，堅決殺掉……要保護青年之間的正當戀愛和婚姻。嚴禁逼婚。[43]

很難評估女知青在農村遭受強姦和強迫婚姻確切的程度，但這一時期中央政府文件中大量提及該問題，這表明，問題是嚴重的。另一方面，如上面提到的，有些女知青在農村成婚是個人的選擇。很多人決定嫁給農民或農村幹部是為了表示自己的革命熱情，或者為了改善社會地位，甚至是為了政治上的升遷。到了一九七六年，「下放知青」中四%當上了村幹部，二九%入了共青團，一．五%入了黨。一〇%的「下放知青」在文革結束後離開農村時已經結婚。[44]然而，他們結婚的理由比左派所聲稱的「扎根農村」

圖7.4　杭州附近的一個村子，1974年。

資料來源：Olli Salmi提供。

要複雜得多了。

離開農村

大約從一九七二年起，大學開始恢復招生。招生不是根據全國考試，而是根據「群眾推薦」，一九七七年才恢復通過全國考試進入大學。毛澤東的想法是，讓城市的中學畢業生先到工廠或農村鍛鍊幾年，然後再挑選最好的進入大學學習。大學畢業後再回到工廠和農村，避免他們脫離普通勞動者。

黨中央很快意識到，如果沒有標準化的考試，招生程序很容易受到操縱，特別是那些跟幹部有關係的人。為此，中央通過了好幾項不允許「走後門」進大學的決定，[45]主要是針對那些利用招工和招生把自己的子女調離農村的黨和軍隊的幹部。毛左派利用這些決定攻擊回到領導崗位上的老幹部，稱這些老幹部是搞裙帶關係的「走資本主義道路當權派」。有的人可以離開農村，另一些人則不能，這引起了李慶霖給毛澤東信中所描述的那種怨恨。

很多留在農村的知青都屬於弱勢群體，要麼家庭出身不好，要麼是工人的孩子，或者他們的父母是還在受批判的幹部。這些滯留農村的年輕人中形成了某種「反文化」，這種「反文化」常常受到紅衛兵和造反運動記憶的影響，他們對此仍然記憶猶新。一種新的活動方式形成了，比如被發配的城市青年閱讀和撰寫地下文學，或者小範圍地聚集在一起討論政治問題。意識形態的純潔和毛澤東思想已不再是他們討論的焦點，討論常常批評「上山下鄉」，甚至更廣泛的政治體制問題。[46]毛澤東逝世後，全國各地的「下放知青」參加了公開的抗議活動。雖然直到一九八〇年代初期「上山下鄉」運動才完全結束，但當時人們對其不滿的程度已顯而易見。

改革開放開始後，上山下鄉運動成為大量小說和回憶錄等文藝作品的主題。內容各種各樣，從描述為一段被完全忽視的回憶到對失去的歲月玫瑰色的懷舊。值得注意的是這些觀點的傾向性。這些作品幾乎都是由以前的「下鄉知青」所寫，極少是出自於他們所到的農村當地人之手。在城市就業的人顯然要比農民更容易進入公共領域，回城就業也是下鄉知青的心願。一九八〇年代中期，這些文藝作品推動了「失落的一代」概念的普及。一些插過隊的知青描述他們那一代人如何在泥土地上浪費了最好的年華，而這段時間本來是應該為進大學做準備的。由於很少接受過正式的教育，他們回城後在勞動市場很難具有競爭力。

也有一些回城知青更願意把「插隊」的經歷當作一種驕傲的資本。他們以「青春無悔」為口號在城裡組織起來，分享各自的故事、共同保存往日的記憶。對他們來說，經歷過農村的艱苦生活、為農村建設做過貢獻是有價值的事。他們認為，下鄉插隊比留在城裡當紅衛兵，在那個充滿暴力的一九六六年夏天到處搞破壞要強。這種比較積極的評價也是國家和宣傳機構所推崇的。還有一些親歷者談到他們在農村享有的自由。在農村沒有城市那樣嚴格的控制，他們可以看禁書、聽外國廣播，或者還能初嘗兩性接觸的禁果。[47]插隊的經歷會各不相同，但有一點是明確的，即這個政策沒有達到毛澤東最初設想的目標。一九六六年文化大革命開始時，很多中學生都是狂熱的革命者。十年後，他們大批地從農村回到城市，充滿了對文化大革命和社會主義的失望。

成就與失敗：毛澤東時代的評價

這本書的目的不是要對毛澤東時代所有的主要成就做一個評價。在這裡，我將簡短地討論一下中華人民共和國早期在三個方面的成就和失敗：經濟增長、獲得基本權利的情況以及社會流動與變革。這些問題本身很複雜，我們首先必須提出的問題是，如何定義成功。比如，在保護人權所取得的進展問題上，我們應該只限於中共自己的目標，還是應該強調當今公認的指標，例如聯合國的人類發展指數（衡量預期壽命、教育水準和生活水準）？[48]如果我們選擇做出相對判斷，那麼與什麼階段相比較更合適？將毛澤東時代與一九四九年以前整個國民黨統治時期進行比較，還是與中日戰爭之前相對和平的民國十年（一九二八至一九三七年）相比較，與一九四九年之後臺灣的進步、還是與中國大陸一九七八年以來改革時代的發展相比較？毛澤東領導下的共產黨更願意第一個選擇，即對當今社會主義的「甜」和「舊社會」的「苦」進行比較。也許採用這種參考框架，將一九四九年中華人民共和國成立時的情況與一九七六年毛澤東逝世前夕的情況進行比較是最有意義的。與臺灣進行比較很有意思，但是，只有數百萬人的臺灣島與擁有數億人口的大陸在規模上有巨大的差異，幾乎不可能進行有意義的比較。同時，我們無法知道如果毛左派戰勝了鄧小平派，過去的四十年中國會如何發展，因此與改革時代相比也不可行。

經濟增長

一九四九年之前缺乏全面的全國性調查，這意味著我們幾乎沒有中華人民共和國成立前的定量資料，而毛澤東時代的統計資料往往令人質疑而且十分零碎。這使得任何對經濟、教育、衛生或糧食消費發展的評估仍然困難重重。一九八〇年代，中國政府發布了一九四九至一九七六年這段時期新的修正過的統計資料，但是對這些資料有各種各樣的解釋。在這裡，我將集中討論兩個以權威、嚴格的統計數字來描繪毛澤東時代中國的嘗試。一個是由新毛派和猶他大學經濟學教授李民騏發起，另一個是由史丹佛大學社會學教授魏昂德做出的。兩個人都試圖從國際角度評估中國在一九四九至一九七六年之間的經濟發展和生活水準，並且都依賴於相同的主要資料，即安格斯・麥迪森（Angus Maddison）的二〇〇六年各國國民生產總值（GDP）歷史情況彙編。[49]

根據對這個資料的分析，魏昂德和李民騏得出了不同的結論。李認為，在毛澤東的領導下，中國經濟增長和生活水準的提高兩方面相對於其他發展中國家成績顯著。到了一九七六年，共產黨能夠保障全國人民的基本生活（糧食、醫療衛生和至少是小學義務教育），同時為中國向現代工業化國家的轉變奠定了基礎。李認為，中國官方統計的一九五〇至一九七六年之間的國民生產總值增長率為六．七％，根據他的分析，這比全世界所有地區都高，進一步證明了中共的成功。即使根據麥迪森的更正統計資料，平均年增長率也達到了四．七％的高水準，僅次於西亞和拉丁美洲。[50]但是，這些數字儘管令人印象深刻，卻沒有考慮到中國人口同時有了大幅的增長。因此全國的人均增長率並不驚人，只有二．六％。即使在今天，經過幾十年的持續快速增長，中國的人均國民生產總值仍然遠遠低於大多數發達國家，只是根據購買力平價來計算，這一數字才略有提高。

相較之下，主要關注人均國民生產總值的魏昂德則斷言，在毛澤東時代，中國經濟上落後於日本、韓國、東歐、蘇聯和泰國等國。按人均計算，中國一九五〇至一九七三年之間的人均國民生產總值略高於印度、菲律賓和印尼等類似國家。如果可以維持一九五〇至一九五七年的高增長率，而不是被大躍進打斷，情況將更加樂觀。魏昂德認為，與此同時，整個毛澤東時代的生活水準和收入水準幾乎沒有改善。新成立的重工業部門生產力低下，效率也很差，只有在浪費大量投資和資源的情況下才能實現增長。儘管中國沒有貧民窟和其他顯而易見的城市貧困，但這主要是因為戶籍制度使窮人永久地局限於農村，而不是因為經濟上的成功。除了對中華人民共和國早期的經濟記錄表示懷疑之外，魏昂德還強調了大饑荒和文化大革命等造成的高昂人力成本。[51]

麥迪森本人同意魏昂德的評估，即生產率隨著時間的流逝下降了，而增長是通過浪費資源來實現的。但是，他也同意李對毛時代的描述，即這個時期為隨後幾十年的經濟轉型奠定了基礎。正如他指出的那樣，毛澤東時代的中國經歷了一次重要的結構性變化，從一九五二年的農業經濟為主要成分（當時工業占國民生產總值的比重為農業的六分之一），轉變為一九七八年更為可觀的現代結構，這時工業成了更大的部門。[52]

經濟學家克里斯・布拉馬爾（Chris Bramall）提出了類似的觀點，認為工業化程度低和文盲率高阻礙了毛澤東時代中國經濟的發展。三線建設計劃突出了工業化不足的重要影響，該計劃在擁有現有工業的省份（如甘肅省）比在雲南省或貴州省等基本上是從零開始建設的省份更加有效。[53] 布拉馬爾對土地改革和受蘇聯啟發的第一個五年計劃（一九五三至一九五七年）的經濟利益持懷疑態度。但是，他確實發現了一九六四至一九七六年之間一個相對連貫的經濟戰略，他稱之為「後期毛主義」。這段時期的新政策並不一定會在短期內明顯改善經濟績效。但是，布拉馬爾與麥迪森一樣，認為晚期毛主義為其繼承者留下了一系列積極的經濟遺產，包括基礎教育和基礎設施的改善，並為農業「綠色革命」奠定了基礎。地方工業在早期常常為生產率低下所困擾，但它們也為一九八〇年代和一九九〇年代農村的工業化奠定了基礎。鄧小平領導下的發展不是從零開始，而是以這一積極的遺產為基礎。[54]

看來中國很可能在一九四九年時是世界上最貧窮的國家之一。[55]因此，在我看來，將這時的中國與日本這樣的國家相比是沒有意義的，日本當時已經是高度發達的工業化國家，應該將這時的中國與其他發展中國家做比較。至於個人收入之類的指標，與他國相比是極其困難的，因為在整個毛澤東時代，城市的基本生活用品和服務都是免費或者象徵性地收取費用。糧食和住房在其他國家是最主要的生活支出，而在中國得到了國家大量的補貼，而且國家對農產品統購統銷使政府能夠讓城市的工資和物價幾乎幾十年保持不變。如上所述，在毛澤東時代，農村地區很少需要貨幣流通，因為醫療或教育等服務主要由生產大隊和公社負責提供資金。

儘管存在這些困難，但還是有人嘗試將中國與其他發展中國家進行比較。這方面最值得注意的，也許是諾貝爾經濟學獎獲得者阿馬蒂亞·森（Amartya Sen）對中國和印度的比較。他強調了這樣一個事實，即與專制的中國不同，印度在一九四九年以後沒有經歷過致命的大饑荒，部分原因是新聞自由和民主制度有助於避免錯誤資訊的傳播和對權力的屈服，而這兩個因素在中國大躍進時期發揮了極大作用。但對於印度一九四八年獨立之後長達三十年的發展來說，他認為印度是落後於中國的：

這是由於中國領導人為消除貧困和改善生活條件做出了一個激進的承諾（毛主義和馬克思主義理論和理想對做出這一承諾具有一定的作用），但印度領導人確實沒能像中國那樣對很多事情傾心力爭、竭盡全力。消除普遍存在的饑餓、文盲、衛生狀況不佳等完全屬於這一範疇。如果國家行動有正確的方向，結果可能會非常顯著，正如改革前期的社會成就所展示的那樣。[56]

森的觀點有很多有價值的東西，但我們不應忘記他觀點的前提：國家的行動。在中華人民共和國早期，因為沒有真正的制度限制，因此中國在建國初期並不總是朝著「正確方向」發展。正如魏昂德所指出的那樣，中國的經濟和社會發展遭受了大饑荒和混亂的文革時期程度相對較輕的挫折。對於在饑荒中死亡的數千萬人及其家人來說，長期改善的總體畫面是個冰冷的安慰。而做出這些改善的是同一個國家機制，因為國家政策的失敗，數以百萬計死去的人根本沒有機會看到這些改善了。

基本需求：糧食、醫療保健和教育

在人均消費方面，到毛澤東時代末，農民的糧食消費情況沒有比一九五〇年代初更好。一位學者甚至認為總體上略有下降，他提出，一九七〇年代中期，農民的主要糧食是不太受歡迎的粗糧和紅薯，而不是正經的主食大米和小麥。[57]在河南這樣的省份，農民依然倚靠紅薯和「吃青」來糊口，即使是在文化大革命後期也是如此。人們不再像大饑荒期間那樣死於饑餓，但他們的營養卻極為有限，大部分卡路里來自穀物，再加上一些蔬菜。對於大部分農村人來說，水果、雞蛋和肉類仍然是奢侈品，只有在婚宴和春節等特殊場合才會有。在毛澤東時代的近三十年中，住房的改善也相當有限，一九五〇至一九七八年間，城市人均建築面積從人均四・五平方公尺降至三・六平方公尺。[58]

可以說，考慮到中國人口從一九五〇年的五億五千一百萬激增到一九七六年的九億三千七百萬，在此期間即使是保持糧食消費和住房平均水準不變也是一項重大成就。[59]從絕對數來說，養活的人數比以往任何時候都要多，養活人口的增加部分證明了中國政府在國內建立和平以及改善公共衛生方面所取得的成就。然而，經濟和社會進步都被人口增長「吞噬」了，這種說法同樣也是合理的。

早期計劃生育政策統稱為「晚生、少生、延長生育間隔」，它通過強制晚婚、延長生育間隔和減少總體生育量，在文化大革命後期成功地降低了出生率。從一九七一年開始，女性絕育、人工流產和使用宮內避孕器迅速增加。結果是，總生育率（根據一個婦女一生中平均生多少孩子做出的估算）從一九七〇年的接近六降至一九七〇年代末的二．七至二．八。一個人口統計學家小組認為，從一九七〇年至今生育率下降中至少七〇%，是在一九八〇年鄧小平實行更嚴厲的獨生子女政策之前就已經實現的。[60]但是，即使有了這些成就，中共領導人仍對人口增長繼續超過經濟和社會進步感到關切。正是由於這一原因，在改革時代才將計劃生育收緊為獨生子女政策（有例外情況）。

一九四九年以前，只有城市和一些縣城有現代醫院。沒有任何與全民健康保險有絲毫類似的東西。而在農村，比庸醫稍微好一點的治療師用各種傳統的辦法給人治病，在這種情況下，大量人群因流行病過早離世，嬰兒死亡率高得令人難以置信。甚至持總體懷疑態度的魏昂德都認為毛時代在公共衛生和基本醫療方面取得了令人矚目的成就。粗略死亡率（包括嬰兒死亡率在內）從一九五三年的二五．八%（第一次人口普查）下降到一九七六年的七．八%，同期的人均預期壽命從四十歲上升到六十四歲。[61]應該指出的是，這些總體資料掩蓋了地區之間的巨大差距。到了一九七〇年代中期，東部沿海發達地區的人均壽命比西南部貧困省份要長大約十年。一九八二年人口普查的數字表明，城市人口壽命平均比農村人口長三年。[62]平均壽命的增加部分是因開展消滅瘟疫運動和改善城鄉整體衛生狀況的結果。大規模疫苗接種大大減少了結核病人的死亡，而這個病在一九三〇年代是最常見的死因。毛時代公共衛生的重點放在預防上。在村裡，接受過培訓的接生員與「赤腳醫生」（即上過基礎醫學知識速成班

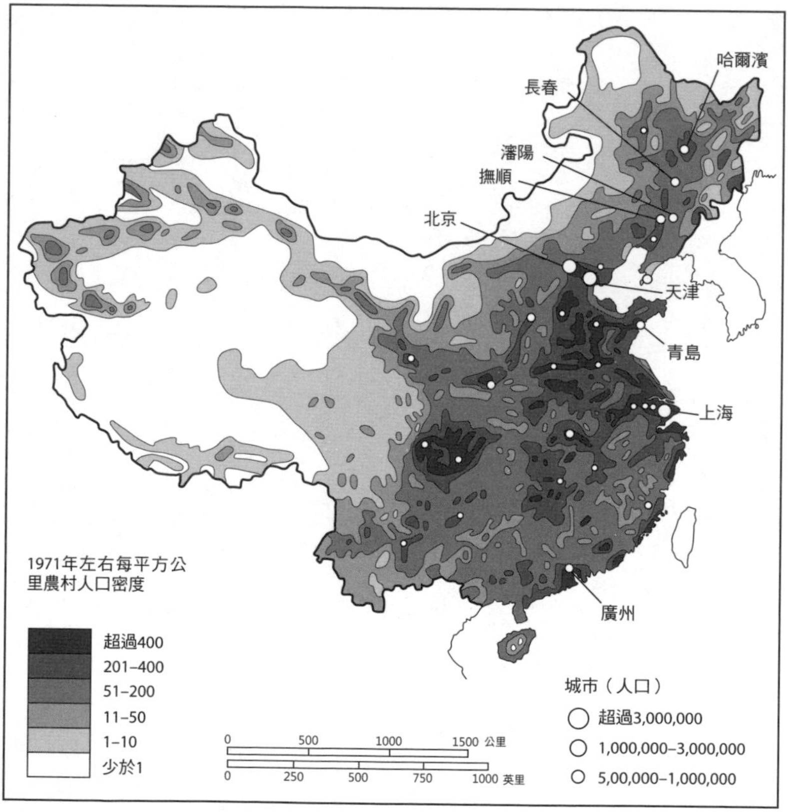

地圖7.1　1971年左右中國大城市人口分布情況。

的農民、學生或「下放知青」）一起提供基本醫療服務。他們的報酬是工分，而且與當地人生活在一起。可能人們一直把「赤腳醫生」浪漫化了。僅僅接受過基礎培訓的學生還是不能替代完全成熟的、普遍可用的衛生系統。儘管如此，毛澤東時代中國公共衛生事業的改善是個了不起的成就。

隨著時間的推移，獲得集體醫療保險和入院治療的方式在發生變化。大躍進期間，中央政府試圖將社會保障擴大到農村，並向地方政府施壓，要求它們在縣醫院為農民提供免費治療。如同其他過於雄心勃勃的「大躍進」項目一樣，這項政策只能使中央和地方政府負擔過重。大饑荒結束後，由生產大隊集資的農村集體醫療體系在一九六〇年代初至毛時代末期逐步建立。農民不再能免費和無限制地進入縣醫院，但生產大隊負責他們的基本治病需求。在這種制度下，由當地幹部和赤腳醫生來加以控制，限制在縣醫院用昂貴的費用治療重症。文革期間，城市醫院往農村派醫療隊，支援當地的醫生和診所。

醫療服務的品質因地而異，取決於地方財政和預算。[63]醫療服務品質的差異還源於國家決定推廣傳統中醫藥與西藥一起使用。這不僅使人們繼續相信傳統中醫療法的有效性，也實現了政府降低成本的目標。在這一點上，有趣的是，正是社會主義的國家體制，使傳統中醫藥制度化，為醫生和科學家建立了中醫培訓和研究機構。

在教育領域，從一九四九至一九七六年，中國城鄉中小學入學人數有了驚人的增長。一些學者認為，即使在動盪的一九七〇年代初期，農村中小學的入學人數仍在繼續增長。這種趨勢對農民的子女，特別是女孩，有明顯的好處。因為在中華人民共和國建國前，農村很少重視女孩子的教育。一九八〇年代公布的官方統計資料反映了這些發展，小學入學率從一九四九年的二五%上升到一九六五年的八四·七%和一九七六年的九六%。[64]從一九七〇年代初開始，農村的學校可以自己設計滿足當地需要的教程，比如專注於農業科技方面。[65]

除了主要數字外，教育品質和識字率的變化更難評估。許多學者認為，孩子們除了基本閱讀、寫作和政治意識形態以外學到的東西很少，而共產黨則繼續強調意識形態學習的重要性。到文化大革命結束時，文盲率確實還很高。[66]有一項研究認為，這幾年的失學對識字率產生了明顯的負面影響，特別是對於那些在一九六六至一九六八年的混亂歲月中年滿十一歲的孩子。[67]一九七一年，官方統計文盲率低至一〇%，約八千五百萬人，但這一數字遭到改革時代領導層的質疑。一九八二年的人口普查時文盲人數更多，為兩億三千六百萬，但這受到人口增長的影響，也可能是因為改革初期文盲率進一步上升，因此很難說文化大革命在這個問題上的破壞作用有多大。從一九八二年的資料可以明顯看出，文盲與其他許多方面一樣，都與性別問題交織在一起。女性文盲人數是男性的兩倍以上，其中包括大多數五十歲以上的女性。[68]此外，還有一個明顯的地域上的差別，西部貧困的少數民族地區文盲人口遠遠多於沿海較發達的省份。

在高等教育方面，文化大革命的影響是災難性的。大多數大學在一九六六至一九七一年（在某些情況下甚至更晚）之間都沒有招收新生。黨領導層中的毛左派認為，一九六六年以前的大學招生中，每年通過高考進入大學的總是那些城裡的小資產階級精英，因此高等教育停五年是兩害相權取其輕了。在激進派看來，知識的產生和傳播應是體力勞動、參加革命和傳統學習的結合。理論必須與生產和實踐經驗相結合。這種對教育的理解與西方和蘇聯大學比較正規的培訓完全不同。

除了關閉大學之外，大多數學術期刊在文化大革命期間也停止出版了。最近，有人對毛澤東時代的最後十年是科學發展的災難這樣一個既定共識提出質疑。舒喜樂（Sigrid Schmalzer）等學者指出，這一時期的「大眾科學」展示了由科學家、農民、學生和「下鄉知青」組成的團隊嘗試新種子和創新的耕作方法，實際上促進了某種「綠色革命」。[69]文化大革命還見證了「人民考古」運動的發展。中國最重要的一些考古遺址是在一九六六至一九七六年期間首次發現的，通常是偶然之舉。著名的考古發現包括滿城漢墓（一九六八年）、另一座引人注目的馬王堆墓葬（一九七一年）、新石器時代的河姆渡遺址（一九七三年）以及最著名的西安附近秦始皇陵墓中的兵馬俑（一九七四年）。同時，科學研究也取得了重大成就，其中一些成就是在高度保密的軍事項目中取得的。一九六七年，中國進行了首次氫彈測試，一九七〇年，中國首次發射了「東方紅」衛星。二〇一五年，文化大革命期間的科學成就受到關注，藥學家屠呦呦因其一九七〇年代初在「五二三項目」上的工作而獲得諾貝爾生理學與醫學獎，該項目開發的抗瘧疾藥物來自傳統的中草藥療法，如今已成為標準療法。改革開放時代的官方敘述繼續承認和讚揚這些成就，但是人們仍然認為，如果學術研究和機構不受到破壞，可以取得更多成就。

身份、社會流動性和政治參與情況的變化

評價毛澤東時代的另一個重要標準是社會流動性。一些學者認為，中華人民共和國早期的社會是圍繞半封建「等級社會」構成的。人們出生於一個「家族」，如「地主」或「下中農」，然後就很難逃出這個固定的框架，農民都被拴在村子裡、拴在土地上。我想要說明的是，社會流動性與國家的成分劃分密切相關，在這個成分劃分的系統中，改變成分很難。向政府提出請願可能會有結果，但也可能會有負面下場，如中農被懷疑是「漏網地主」，他們的成分會降級。但是，據我所知，目前尚未有階級成分變化人數比例的統計。政府在一九八〇年代的所有主要人口調查中都沒有提及這個問題，理由是階級成分不再是一個劃分的類別。一九八〇年代廢除了階級成分制度，這使我們很難從官方提供的資料來評估社會流動性。

社會流動性也可以根據其他指標來衡量，例如城市化、國營企業勞動力規模或不同群體人入黨的機會。不幸的是，毛澤東時代編寫的官方統計在改革時代做了修訂，這些修改了的資料很少按階級成分、性別和民族來分類。這使我們難以評估不同的劃分如何交叉。例如，我們可以看到對婦女或少數民族的統計情況，但是如果我們想將問題範圍縮小到被劃為「貧農」的具有農村戶口的少數民族婦女，我們發現這樣的資料根本不存在。

統計資料在其他方面也限制了我們。例如，在政治參與問題上，我們對黨或共青團等正式機構的成員有相當清晰的瞭解。然而，在文化大革命初期，推動社會成分改變的主要動力不是黨和國家機器，而是一系列混亂和快速變化的社會運動。造反派群眾組織的成員人數波動很大，很多組織在幾個月內會有不小的變化。官方組織即中華全國總工會、全國婦聯、全國青聯都垮掉了，這些組織只是在一九七〇年代初期或在更晚才得以重建。

決定一個人政治身份最重要的因素中有一點就是能不能入黨。一九五〇年中國共產黨有五百八十萬黨員，相當於全部人口的一·一%。一九七七年黨員總數為三千五百萬，算上人口增長的因素，占全國人口的三·七%（見表7.2）。儘管有這樣的增長，但應該強調的是，中共仍然是一個選擇性很高的組織，用列寧主義者的話來說，是一個先鋒黨。在許多其他威權政體中，執政黨通過讓所有公務員入黨來保證國家結構的合作性。儘管這種方法有其優勢，但通常的結果是那些

「機會主義者」超過了「真正的信徒」，從而沖淡了忠實信徒的含量並且降低了奉行真正激進政策的能力。在毛澤東時代，中共似乎避免了這種陷阱。實際上，中華人民共和國早期的標誌之一，是將真正的政治權力集中在少數精英人士手中。較低級別的幹部，甚至文化大革命期間的最高層幹部，都不斷受到黨內清洗的威脅。

在毛澤東時代，中國社會流動的一個特別重要的途徑是農村向城市移民。城市

表7.2　1950至1977年共產黨黨員的數量

年分	黨員人數（百萬）	占中國人口比例（%）
1950	5.8	1.1
1952	6	1.0
1953	6.4	1.1
1954	6.5	1.1
1955	7	1.1
1956	12	2.0
1957	12.7	2.0
1958	12.5	1.9
1959	13.5	2.0
1961	17	2.6
1969	22	2.7
1973	28	3.1
1977	35	3.7

資料來源：馬宇平、黃裕沖編，《中國昨天與今天：1840-1987國情手冊》（北京：解放軍出版社，1989），第685-686頁。中國人口數字選自袁永熙，《中國人口（總論）》（北京：中國財政經濟出版社，1991），第84-85頁。

化，即將人口從農村遷徙到城市，常常被看作是社會現代化的一個標誌。很多農民為了較為富裕的生活極力逃脫農村，進入城市的福利系統。由於幾十年來中國對「城市」的定義有變化，使得毛澤東時代城市化情況的統計變得複雜。不同的統計資料在如何對待郊區農業人口上也做法不一，郊區農業人口有時被視為「城鎮人口」的一部分，有時被排除在外。[70]統計資料中另一個怪現象是，毛澤東時代將城市以外工廠的工人也算在非農業（即城市）人口中。

讓我們帶著這些背景情況來看一看這些數字。根據官方統計，從一九四九至一九六一年，城鎮人口占全國總人口的比例從大約一〇%增長到一九%。大饑荒後從城市「精簡」到農村的工人達兩千六百萬，一九六四年時城鎮人口所占比例減少為一四%，後來幾年又稍有上漲。文化大革命期間（一九六六至一九七六年），城鎮化率保持在一七%。但由於總人口在增加，所以即使比例保持不變，城鎮人口增加的絕對數仍然很大。一九五〇年城鎮人口落在六千一百萬多一點，但是到了一九七六年就增長為一億六千三百萬了（詳見表7.3）。二十五年時間裡城鎮人口增加了一倍多。

如果我們僅看生活在城鎮的非農業人口，情況就略有不同。一九六八至一九七六年間，城鎮非農業人口從未超過全國人口的一二%，就是說城市化的發展遠遠低於上述一七%。[71]這個數字較低主要歸咎於兩個原因：嚴格的戶口制度、農村出生率高於城市。如果我們看百分比而不是絕對數字，那麼在毛澤東時代，城鄉流動性比較低，尤其是與當時不斷進展的工業化進程相比，這個進程會將新移民帶入城市。例如在文化大革命中，數百萬農民被招進國營企業，進了工廠。不過，正如一位學者所論證的那樣，這一做法在人口問題上最終是一種平衡，因為這個數字正好平衡了「上山下鄉」運動中到農村去的中學生人數。「上山下鄉」政策的主要好處之一是，它使國家避免了將這些學生納入勞動力市場和福利系統的負擔，從而有助於減少城市化的成本。[72]

一九七〇年代從農民中招募固定職工是迄今為止最理想的形式。這種形式招募的工人數量也在快速增長。國有企業的職工從一九五〇年的一千萬增加到一九七六年的六千八百六十萬，而集體企業的增長甚至更快，從一九五五年的一百三十萬增加到一九七六年的一千八百一十萬。在毛澤東時代，進入社會主義城市勞動力隊伍的總計約有七千五百萬。對於這些人中的大多數，捧上「鐵飯碗」意味著他們的生活水準大大提高，特別是與「體制外」或「解放前」的生活相比。在他們看來，社會流動是一個真實的現實。這樣看來，將階級成分和戶籍制度視作中世紀的「莊園」似乎是不合適的。當然，不幸被歸為「四類分子」的人處境悲慘，他們沒有什麼機會改善自己的境遇。不過這樣的人只占全部人口的一〇%以下。對於其他人來說，社會流動不是很容易，但也是可以企及的，儘管最後得要靠黨和國家的恩賜。

中央管控下的社會流動、城鄉移民、就業或進入政治機構帶來了許多令人不安的結果，無論

表7.3　1949至1976年中國城市化情況統計（百萬）

年分	總人口	城鎮人口	城市化水準（%）	非農業人口
新民主主義時期				
1949	541.67	57.65	10.6	94.41
1950	551.96	61.69	11.2	91.37
1951	563.00	66.32	11.8	86.74
1952	574.82	71.63	12.5	82.91
社會主義改造時期				
1953	587.69	78.26	13.3	87.29
1954	602.66	82.49	13.7	92.29
1955	614.65	82.85	13.5	93.35
1956	628.28	91.85	14.6	100.02
1957	646.53	99.49	15.4	106.18
大躍進時期				
1958	659.94	107.21	16.2	122.10
1959	672.07	123.71	18.4	135.67
1960	662.07	130.73	19.7	137.31
1961	658.59	127.07	19.3	124.15
國民經濟調整時期				
1962	672.95	116.59	17.3	112.71
1963	691.72	116.46	16.8	115.84
1964	704.99	129.50	18.4	116.77
1965	725.38	130.45	18.0	121.22
文化大革命時期				
1966	745.42	133.13	17.86	123.40
1967	763.68	135.48	17.74	126.37
1968	785.34	138.38	17.62	125.54
1969	806.71	141.17	17.50	124.03
1970	829.92	144.24	17.38	126.60
1971	852.29	147.11	17.26	133.50
1972	871.77	149.35	17.13	136.32
1973	892.11	153.45	17.20	139.92
1974	908.59	155.95	17.16	140.79
1975	924.20	160.30	17.34	142.78
1976	937.17	163.41	17.44	145.17

資料來源：路遇，《新中國人口五十年》（北京：中國人口出版社，2004）上冊，第633頁。

圖7.5　北京鼓樓東大街，1975年。

資料來源：Helmut Opletal提供。

這種管控對來自不同階層的人來說多麼不悅，它自有一定的邏輯。有時政府放鬆對城鄉人口遷移的控制，城市工人的數量往往會快速增長，但這種增長是失衡的，就像大躍進時期和一九七〇年代初的情況一樣。這時，中央被迫再次加強控制，並「調整」進入城市的通道，以保留有限的資源。在我看來，圍繞城鄉分化和基於階級成分的納入或排除的鬥爭可以說是中共試圖掌控的必然結果。黨制國家進行管控的過程中，這些衝突不可避免地被政治化。

毛澤東時代對被稱作「頂起半邊天」的婦女有什麼影響？到文化大革命結束時，婦女已經融入國營企業，比一九五〇年代更多地從事「男性」職業。但是分工仍然帶有性別。一九七七年，國營企業七千一百萬職工中女工達兩千萬，一九五三年時總職工人數為一千八百萬，女工僅為兩百一十萬，這是一個很重大的改善。但是兩千萬女職工中只有八百五十萬就職於工業企業，相對比例較小，三百三十萬就業於科學、文化、教育和衛生部門，兩百九十萬在農業、林業、水利和氣象部門工作，兩百七十萬就業於貿易、餐飲和服務行業。[73]

在政治參與方面，婦女遠遠頂不到半邊天。在關鍵的政治機構中，婦女所占的比例遠遠低於一半。婦女在全國人大的代表一九五四年為一二%，一九七五年增為二二%，在同一階段，婦女在全國人大常委會中的比例從五%上升為二五%。一九五六年共產黨中央委員會中婦女委員占總數的四．一%，一九七五年略高，達一〇．二%。一九七五年共青團中三分之一團員為女性。[74] 一九五四年憲法和一九七五年憲法都寫有「男女平等原則」，但是沒有為婦女參與設定具體的比例。上述數字顯示，這一階段中做出了一些努力，婦女的參與程度相對以前要好。但是這根本說不上很好，而且肯定低於黨中央表明要達到的目標。黨的領導層（幾乎清一色是男性）始終如一地支持婦女的培訓和招聘，但是從來沒有共同努力讓女性平等地分享權力。部分原因是城市未能將家務勞動社會化，對於已婚和有子女的婦女，政治生活仍然是她們難以登場的舞臺。黨為高級女幹部配備保姆，但對於希望積極從業的普通女性而言，生活確實充滿挑戰。農村地區的情況往往更糟，那裡沒有大規模的建立幼兒園和養老院。

關於少數民族問題，我們發現在毛澤東時代，少數民族與漢族的比例保持穩定。一九五三年漢族占人口總數的九三・九%，一九六四年占九四・二%，一九八二年占九三・三%。[75] 就政治代表性而言，中國共產黨似乎延續了他們在婦女問題上的政策，避免為關鍵機構設定官方比例。但是，這些數字表明可能存在非官方的比例政策。一九五六年當選的第八屆中央委員會中少數民族占五・二%，一九七三年第十屆中央委員會中少數民族占五・六%。在全國人大中，少數民族代表所占比例從一九五四年的一四・五%下降到一九七五年的九・四%。即使人數有所減少，少數民族在人大中的代表相比其總人數仍然過多（儘管在中央委員會中的代表性略有不足）。這種代表性與中共用統一戰線戰略治理少數民族的努力相呼應，該戰略要求在漢族中央領導保留總體權力的情況下，要給少數民族一定的席位。

一九五〇至一九五一年入學的大學生中少數民族占一・三%，一九七五至一九七六年增加到六・四%。在接下來的二十年中，七%似乎是上限。[76] 這個份額幾乎正好是少數民族在總人口中的比例。鑑於大多數被歸為少數民族的人都來自中國西部的貧困地區（主要是農村地區），如果不採取優惠政策（affirmative action），這似乎不可能實現。中共多民族社會的願景至少是部分實現了，即少數民族有符合其人口比例的代表。但是，與婦女一樣，很少有少數民族在中央領導層或政府中擔任重要職務。

失敗的繼承

毛澤東時代最後的幾年最重要的一項工作是「培養革命接班人」。[77]毛澤東擔心，他死後中國會像蘇聯一樣出現「修正主義」。按照馬克思列寧主義的理論，中國社會仍然處於轉型之中，真正的共產主義是個長期的願景，而不是當前的現實。中國共產黨必須確保在領導人去世後仍然堅持革命使命，否則它的重大成就毫無意義。對毛澤東來說，這不僅需要培養他本人的接班人，而且還需要培養新的社會力量，以確保被選上的接班人得到支持。關於中華人民共和國初期的任何判斷都必須看到，就這個問題而言，毛澤東是失敗的。毛澤東曾兩次選擇接班人，但後來都放棄了。一九五六年時劉少奇曾是明顯的選擇，十年後他被嘲弄為「頭號走資本主義道路當權派」。一九六九年黨章中正式任命林彪為黨的下一任領導人，但到了一九七一年底，林彪在一次失敗的政變後喪生。

張春橋或江青之類的激進派似乎一直忠於毛澤東「繼續革命」的想法，但是，毛澤東意識到，這兩人在政治上都過於孤立，無法在他去世後將黨的領導人凝聚在一起。我們不能完全確定毛澤東最終選擇誰為接班人，但是後來新的領導層竭力證明了華國鋒為繼承人的合法性。事後看來，很明顯，華推動中國發展的方向與毛的預期不同。他不僅下令逮捕四人幫，而且為後來鄧小

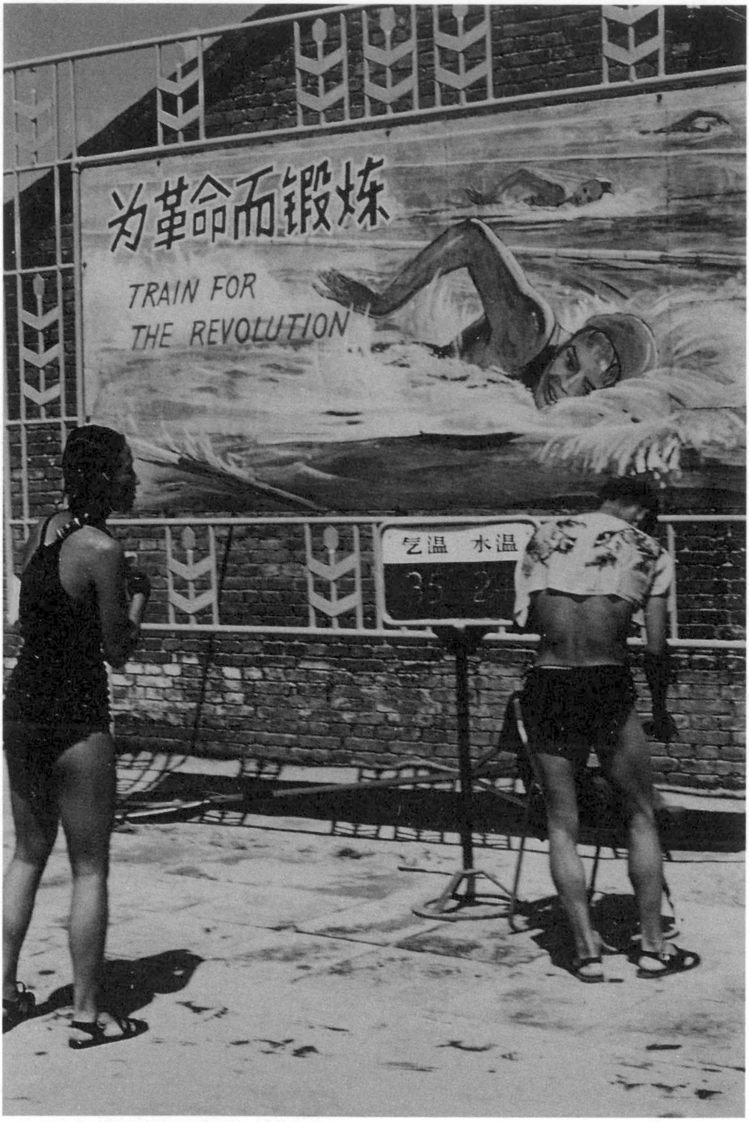

圖7.6 北京大學游泳池，1975年。

資料來源：Helmut Opletal提供。

平推行的改革開放奠定了基礎。而在一九七〇年代末鄧取代了他。[78]可以肯定的是，毛澤東批評過他的妻子江青，但他似乎不太可能批准逮捕這幾個激進的領導人。

一九七六年時，在政治精英之外，激進勢力孤立無援。許多一九六六年造反的紅衛兵面對農村的貧困，對革命失去了信心。一九六六至一九六七年領導造反派的學生和工人十年之內理想幻滅、疲憊不堪。有些人會在一九七〇年代初加入中國共產黨，但只有少數人，像王洪文或陳永貴那樣，擔任過重要的政治職務。在文化大革命後期的群眾運動中，原先的造反派覺得他們無法再創一九六六年的革命風暴，毛澤東本人也轉向革命幹部和黨的機制尋求支持。二〇一四年我在山東採訪了以前的工人造反派李慧林（化名），他至今仍然是毛派積極分子，他告訴我：

> 如果我們談到毛主席的錯誤，〔最重要的〕是他如何對待文化大革命。最終，勇敢地捍衛和執行他的路線的群眾和領導幹部從未成為一支強大的、不可阻擋的力量。他沒有實現這個目標。如果他做到了這一點，中國仍然會充滿希望，不會發生過去三十年那樣的改變。[79]

毛澤東的「繼續革命」以他的去世而結束。但是，中國共產黨並未完全拋棄毛澤東時代的遺產。他統治的四分之一世紀也不能完全拋至一邊。

附件7.1 中共中央關於反對貪污盜竊、投機倒把的指示（一九七〇年五月二日）

毛主席批示：照辦。

當前我國革命和生產形勢一派大好，隨著鬥、批、改的深入開展，一個工農業生產的新高潮正在出現。我們已經取得了偉大的勝利。但是，失敗的階級還要掙扎。一小撮階級敵人不僅在政治上伺機反撲，而且在經濟領域裡對社會主義也發動了進攻。他們同暗藏在國家財經部門的壞人，內外勾結，利用資產階級派性和無政府主義傾向，煽動反革命經濟主義妖風，趁火打劫，破壞社會主義經濟基礎，破壞備戰，破壞無產階級專政。他們有的侵吞國家財物，霸占公房、公產；有的利用機關、學校和企業、事業單位的撤銷或合併，私分公款、公物；有的倒販票證，倒賣國家物資；有的私設地下工廠、地下商店、地下包工隊、地下運輸隊、地下俱樂部；有的行賄、受賄、走後門，私分商品；有的大搞黑市活動，牟取暴利。他們千方百計以「腐蝕侵襲，分化瓦解，拉出去，打進來」的手段，企圖瓦解革命隊伍，破壞新生的革命委員會。這是新形勢下階級鬥爭的新動向。

粉碎階級敵人在經濟領域裡的進攻，是保衛社會主義的鬥爭，是全黨的一件大事。必須把這場鬥爭看作如同打擊現行反革命的鬥爭一樣重要。一樣要發動廣大群眾去進行。一樣要大張旗鼓去進行。一樣要首長負責，親自動手，開展一場反對貪污盜竊、投機倒把的群眾運動，徹底揭露一切大中小貪污盜竊、投機倒把的違法犯罪事件，輕者批評教育，重者撤職、懲辦，判處徒刑，直至槍斃一小批最嚴重的貪污盜竊犯和投機倒把犯，才能解決問題。

為了杜絕貪污盜竊、投機倒把，不給階級敵人以可乘之隙，中央重申：

（一）除了國營商業、合作商業和有證商販以外，任何單位和個人，一律不准從事商業活動。

（二）集市管理必須加強，一切按照規定不許上市的商品，一律不准上市。

（三）除了經過當地主管部門許可以外，任何單位，一律不准到集市和農村社隊自行採購物品。不准以協作為名，以物易物。不准走「後門」。

（四）一切地下工廠、地下商店、地下包工隊、地下運輸隊、地下俱樂部，必須堅決取締。

（五）一切單位的經營管理和群眾監督必須加強，建立與健全規章制度；嚴格財經紀律，堵塞漏洞。

中央號召，全黨、全軍、全國人民，遵照偉大領袖毛主席千萬不要忘記階級鬥爭的教導，在黨的領導下，積極行動起來，團結一致，對資產階級的進攻，展開堅決的鬥爭，鞏固和發展社會主義經濟基礎，鞏固無產階級專政。

一九七〇年五月二日
（此件發至縣、團級）

資料來源：Song Yongyi (ed.), *The Chinese Cultural Revolution Database* (Hong Kong: Universities Service Centre for China Studies, The Chinese University of Hong Kong, 2006)。

附件7.2 李慶霖給毛澤東的信

尊敬的毛主席：

首先，我向您老人家問好。

我是個農村小學教員，家住福建省莆田縣城廂鎮。家庭成分是貧農。我的教員生涯已有二十多個寒暑了。

我有個孩子，叫李良模，是一個一九六八年的初中畢業生。一九六九年，他聽從您老人家關於「知識青年到農村去，接受貧下中農的再教育，很有必要」的教導，毅然報名上山下鄉。經政府分配在莆田縣山區——秋蘆公社水辦大隊插隊落戶務農。

……首先是分得的口糧年年不夠吃，每一個年頭裡都有半年或更多一些日子要跑回家吃黑市糧過日子。在最好的年景裡，一年早晚兩季總共能分到濕雜稻穀兩百來斤，外加兩、三百斤鮮地瓜和十斤左右的小麥，除此之外，就別無他糧了。那兩百來斤的濕雜稻穀，經曬乾揚淨後，只能有一百多斤。這麼少的口糧要孩子在重體力勞動細中水長流地過日子，無論如何是無法辦到的。況且孩子在年輕力壯時期，更是會吃飯的。

在山區，孩子終年參加農業勞動，不但口糧不夠吃，而且從來不見分紅，沒有一分錢的勞動收入。下飯的菜吃光了，沒有錢去再買；衣褲在勞動中磨破了，也沒有錢去添製新的；病倒了，連個錢請醫生看病都沒有…… 此外，他從上山下鄉的第一天起，直到現在，一直沒有房子住宿，一直是借住當地貧下中農的房子……在我們這裡已上山下鄉的知識青年中，一部分人並不好好勞動，並不認真磨練自己，並不虛心接受貧下中農的再教育，卻倚仗他們的親友在社會上的政治勢力，拉關係，走後門，都先後優先被招工、招生、招幹去了，完成了貨真價實的下鄉鍍金的歷史過程。有不少在我們地方上執掌大權的革命幹部的子女和親友，縱使是地富家庭出身，他們趕時髦上山下鄉才沒幾天，就被「國家社會主義建設事業發展的需要」調用出去……這麼一來，單剩下我這號農村小學教員的子女，在政治舞臺上沒有靠山，又完全舉目無親，就自然得不到「國家社會主義建設事業發展的需要」而加以調用了，唯一的資格是一輩子在農村滾一身泥巴，幹一輩子革命而已……我認為，我的孩子走上山下鄉務農的道路是走對了……但是，當孩子在務農實踐中碰到的許多個人能力解決不了的實際困難問題，我要求國家能盡快地給予應有的合理解決，讓孩子能有一條自食其力的路子可走，我想，該不至於無理取鬧和苛刻要求吧。

謹此敬頌

大安！

福建省莆田縣郊城公社下林小學

李慶霖　敬上

一九七二年十二月二十日

資料來源：Song Yongyi (ed.), *The Chinese Cultural Revolution Database* (Hong Kong: Universities Service Centre for China Studies, The Chinese University of Hong Kong, 2006)。

第八章

毛時代給改革開放時期留下的遺產和延續

撥亂反正
實事求是
告別革命

一九七九年八月十七日，蕭三、葉華（Eva Siao）夫婦收到了給他們平反的文件。他們倆在文化大革命期間都被指控為蘇聯特務，蹲了七年監獄（一九六七至一九七四年）。其中六年裡，他們倆不能有任何聯繫，相互間聽不到任何訊息。葉華在她的回憶錄中談到在友誼醫院收到平反通知的情況：

> 兩個公安部的代表，還有兩個作家協會的和兩個新華社（她原先工作的單位）的人在場。公安部的一個同志宣布給我們平反，並且把兩份平反的文件放在桌上，一份是我的，一份是蕭三的……看到文件我丈夫開始哭泣，後來因為激動他一直在抽泣，他深受感動……為了慶賀這個日子，我說了幾句話，我為終於能真相大白而高興……公安部將我們平反的消息通知了所有受我們牽連的朋友、親戚和同事。[1]

蕭三、葉華在一九七四年從監獄釋放，但他們在平反前一直戴著「蘇聯特務」的帽子。一九七九年事情終於得到解決。夫婦倆被當局沒收的金錢和個人財物也都歸還了。他們從簡陋的住處搬到有七個房間的現代化住宅，二十四小時有熱水。葉華得以回到她過去工作的單位新華社，一九五〇年代早期她是那裡的攝影記者。她丈夫補發了受迫害十二年期間的工資，恢復了黨籍。他的經歷太冗長曲折了：早年他和毛澤東在湖南是同學，一九二二年入黨，是一位體制內的高級作家，他還在一九五一年寫了一本毛澤東早年生活的傳記。一九八〇年代，他的書終於再版了。他和葉華都成了政協委員。

本書有不少葉華在一九五〇年代拍攝的照片。她的故事對於劃分成分特別有意思，部分原因是她的命運與國籍問題糾纏在一起。她於一九一一年出生於布雷斯勞（Breslau），這個地方在二戰前屬於德國，現在屬於波蘭，是一名猶太醫生的女兒，在納粹統治期間逃離德國，先是逃往瑞典，然後逃到了蘇聯。一九三四年，她在那裡遇見了蕭三，兩人相愛並結婚，之後葉華取得了蘇聯國籍。從一九四一至一九四四年，這對夫婦定居在中共的根據地延安。解放後，葉華最初在新華社工作，一九五八至一九六四年是東德電視臺駐北京的記者。她的月薪是五百元，這在當時是非常高的。中蘇分裂後，一九六四年，她決定放棄蘇聯國籍，成為中國公民。然而不久之後，她被迫放棄了工作，因為領導告訴她，她所在單位不能有中國人為外國人工作。真正的困難始於「文化大革命」，當時與居住在北京的許多有不同民族背景的夫婦和外國人一樣，包括已經成為中國公民的人，她和丈夫被指控為間諜。後來，葉華回憶起她最終的平反，將其看作是恢復公正的案例。儘管在監獄裡度過了七年，但她在回憶錄中仍稱中國為「我的夢想，我的愛」。她的經歷是一九八〇年代許多人的平反和身份變化的例證。

最後一章將討論毛澤東時代對中國一九七八年以後的持久影響。文化大革命結束後，中共領導層感到有必要重新建立一套身份劃分系統，從而使社會和政治等級制度合法化。同時，它還面臨著另一個挑戰，即構造一個敘事來解釋毛澤東時代的哪些遺產是有價值的，哪些需要拋棄。在鄧小平的領導下，階級成分和「階級路線」廢除了，但是直至今天仍然按照城鄉戶口、級別、性別和民族對人口進行分類。本章將展示在近四十年的改革中，中國社會在階級和性別方面的變化。最後，我們還將探討「具有中國特色的資本主義」中新的不平等與毛澤東時代遺產的關係。

對毛澤東時代遺產的敘述

克服一九七八年的分界

在撰寫本文時，習近平是中國共產黨總書記兼國家主席，他比改革時代的任何其他領導人更頻繁、更有意識地借鑑毛澤東的言論和中華人民共和國早期留下的遺產。習近平曾明確指出，任何人都不得用中華人民共和國的「前三十年」來否認「後三十

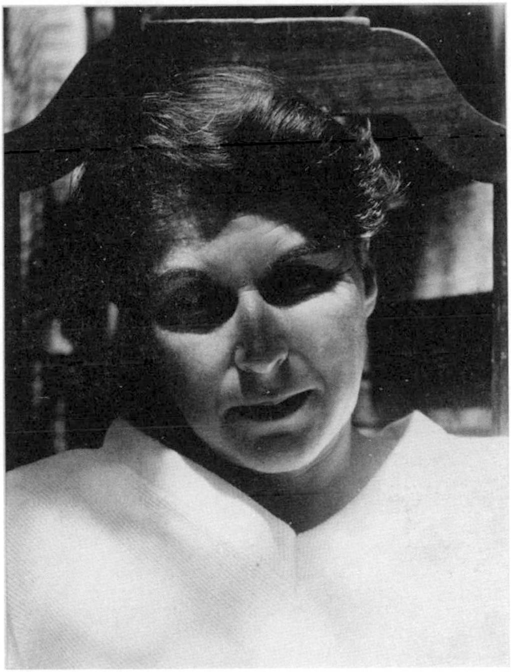

圖8.1　葉華自拍照。

資料來源：路德維希博物館。

年」，也不得用「後三十年」來否認「前三十年」。[2] 一方面，這一宣言是針對那些淡化或否認毛澤東時代成就的親西方自由主義者。另一方面，這也反擊了新毛派的觀點，即一九七八年以來，中國一直由「走資本主義道路當權派」統治，這些人使中國脫離了真正的社會主義。習近平的這種宣示暗含著這樣一種觀念，即毛澤東時代的中國與改革時代的中國不是相互隔離，而是緊密相連。但對於希望瞭解中華人民共和國兩個歷史時期如何相互聯繫的學者來說，確定這種聯繫的程度仍然是個挑戰。

一些西方觀察家認為，連續性是最重要的方面，這表明直到今天，毛澤東的「看不見的手」仍繼續控制著中國。這些學者指出，一九七六年後的政治體制在某些方面仍然像毛主席在世時一樣運作，儘管在經濟、醫療保健和教育等領域更具有「游擊作風」，地方上有更大試驗的自由度。[3] 在對外關係上，連續性則更加顯著。毛澤東時代結束之前的很長一段時間，中國與資本主義國家的貿易聯繫已經比與東歐社會主義集團的貿易聯繫更多。例如，與蘇聯的貿易額占中國對外貿易的百分比一九五五年為五六％，一九六六年下降到六％，一九七六年則為三％。[4] 中國與美國的和解不是改革時代的創新，而是毛澤東時代抗擊蘇聯壓力的戰略。儘管形容中國是在毛澤東而不是鄧小平的領導下「向世界開放」是誇大其詞，但重要的是要認識到，多極世界秩序的基礎是在一九七〇年代初期奠定的，遠遠早於鄧小平成為中國頭號領導人。我甚至認為，冷戰的結束始於東亞，而不是通常所認為的歐洲。但另一方面，在歐洲，衝突的結束更加明確，東歐的社會主義陣營在一九八九年柏林圍牆倒塌和一九九一年蘇聯解體後徹底瓦解了。而在東亞，可以說，冷戰在朝鮮半島和臺灣海峽仍在繼續。

儘管在毛澤東時代和後毛澤東時代之間存在著這些連續性，但學者們常常發現很難擺脫「一九七八年的分界」。歷史學家（主要是西方的歷史學家）花費了十多年的時間，試圖突破將一九四九年作為中國近現代史上分水嶺的長期範式，試圖梳理中華民國與中華人民共和國之間的連續性。而證明改革時代與毛澤東時代具有連續性則更具挑戰性。在一定程度上，困難源於採用了不同的學科研究方法：一九七六年後的中國很少作為歷史來研究，而更經常是通過社會科學的視角來探討。資料來源的獲取是另一個問題。根據中國的《檔案法》，檔案文件一般應在三十年後向公眾開放，但是許多檔案館很少提供一九八〇年代以來的文件。對於中國學者而言，中共關於鄧小平的領導層沒有犯過嚴重錯誤的官方敘述，使對一九八〇年代進行批判性學術研究在政治上令人生畏。在敏感的問題上進行研究，如嚴厲的早期獨生子女政策、一九七九年對越南的災難性戰爭和一九八九年的天安門大屠殺，都可能構成真正的職業風險。

恢復和改革

自一九八一年以來，中共一直嚴格遵守其關於從建國到毛澤東逝世時期黨的歷史的官方決議，從根本上關閉了黨內進一步討論的大門。[5]以鄧小平為首的領導人在一九八〇年代初也有意決定不像一九五〇年代後期蘇聯出現的去斯大林化那樣「去毛澤東化」。一九五六年，赫魯曉夫將蘇聯黨和國家的奠基人列寧與比較成問題的斯大林區分開來，斯大林搞的「個人崇拜」玷污了一九一七年十月革命的遺產。斯大林的主要罪行是黨內的大清洗（一九三七至一九三八年），這個大清洗是自毀式的，人們用列寧的榜樣來批評斯大林的錯誤。但在中國，不可能說出最高領導人是好是壞，毛澤東既是國家的創始人列寧，又是黨內暴力和破壞性清洗活動的啟動者斯大林。

一九八一年的官方決議承認毛澤東是「偉大的無產階級革命家」和中華人民共和國的創始人，但決議也說，他犯下了嚴重的「左傾錯誤」，如發動「大躍進」。這份決議把文化大革命描述為「黨和人民的巨大災難」，雖然迫害無辜百姓的責任歸咎於「四人幫」的「反革命陰謀」，毛澤東本人並未參與。[6]決議說，毛澤東錯誤地認為，無產階級和資產階級之間的階級鬥爭是社會主義階段的主要矛盾。決議還強調，這一點和其他的極左思想並不屬於毛澤東思想的核心部分。毛澤東思想並不包括毛澤東所有的個人觀點，這一點很重要，因為這讓中共可以根據不斷變化的意識形態需求，靈活地重新詮釋黨的理論的關鍵方面。因此，即使在文化大革命之後，鄧小平也將毛澤東思想認定為黨的「集體財富」，甚至從毛的著作中得出了自己的中心口號「實事求是」。[7]

鄧小平早期的官方文件並未將新的改革政策描述為對毛澤東時代的根本性突破。一九七八至一九八二年之間，一個中心口號是「撥亂反正」。這在一定程度上是要求回歸過去，而不是背離過去。領導層認為，「文化大革命」幾乎破壞了中國的各個方面，從黨的機構和計劃經濟到與知識分子和少數民族的統一戰線、教育和司法制度以及對毛澤東思想的正確理解。現在，黨要補救這種損害，恢復到國家早期黃金時代的秩序和進步。

在這種情況下，為文革的受害者以及篤信一九六六年前體制的幹部平反是至關重要的。在這方面一個重要的步驟是取消「走資本主義道路當權派」的稱呼。並非所有在文化大革命中遭到迫害的幹部都得到了平反，政府也沒有提供大赦。根據官方統計，在文化大革命和較早的運動中遭迫害的幹部裡頭，有三百萬人得到了平反，四十七萬人恢復了黨籍。[8]一九五九至一九六一年的反「右傾」運動被稱為一個錯誤。中共還對社會主義教育運動（一九六三至一九六七年）中幹部被指控為「反革命」的幾起重大案件進行了重新評估。官方媒體提出，糾正文化大革命的錯誤不僅涉及個人案件的更正，還要回歸一九五〇年代「黃金時代」的政策，主要的國家和黨的機構正是在那時建立的。

如同基層幹部的平反一樣，一些中央領導也官復原職。重獲重任的人包括鄧小平（一九七七年）、薄一波（一九七八年）和彭真（一九七九年），他們都再次擔任高級職務。其他人如彭德懷（一九七八年）和劉少奇（一九八〇年）是死後獲得平反，此舉不僅恢復了他們的聲譽，同時還影響到他們仍在世的家庭成員和關係親密的下屬。如中共中央總書記胡耀邦和他的繼任者趙紫陽等改革開放初期負責日常管理的年輕領導人，也曾是老派的「革命幹部」。質疑整個毛澤東時代會損害整個革命一代的合法性，並使他們對建設新中國的貢獻受到質疑。

黨內相互競爭的派別以不同的方式支配一九五〇年代的遺產。文化大革命的動亂之後，華國鋒周圍的幹部主張對計劃經濟加以更好的制度化。自一九五八年以來，群眾運動和高層的派系鬥爭經常干擾了長期的經濟計劃，這是華國鋒的支持者特別希望避免的。同時，追隨鄧小平的改革者復興了新民主主義革命時期的話語，以證實重振與「資產階級」知識分子及個體商人的統一戰線的正當性。一九四九至一九五二年的新民主制度為混合經濟提供了大量參考，在混合經濟中，公有制、中央計劃與私人企業和自由市場並存。到了一九七八年十二月，十一屆三中全會召開時，改革派已經戰勝了華國鋒，鄧小平渴望將這一優勢向前推進。這位新興的最高領導幫助恢復了「革命幹部」的威望，但他那時也感覺到，不能依靠其中的很多幹部來支持經濟改革。大多數人都同意不接受文化大革命的遺產，但是許多人贊成恢復更傳統的馬克思列寧主義方針，而不是鄧小平的市場經濟。為了減少反對派的權力基礎，鄧小平領導下的新領導層建立了「老幹部」強制退休制度。官方數字顯示，到了一九八六年，根據該計劃退休的「老幹部」為一百七十萬，占總數的六八%。[9]中央認為這項措施是邁向現代化的必要步驟，也為更年輕、受過更好教育和更專業的幹部提供了機會。慷慨的退休待遇鼓勵老幹部接受這種光榮的退隱。

對毛澤東時代的第一個根本性突破是農業的去集體化。到一九七〇年代後期，人民公社的解散已經在某些省份開始，但是直到一九八三年，中央才解散了人民公社。那一年，中央宣布以「家庭聯產承包責任制」取代人民公社，將集體土地分配給各個家庭，這些家庭要滿足徵購糧食任務，但剩餘的糧食可以在市場上出售。實際上，這個做法並不真的是全新的：類似的做法於一九五六、一九六一和一九七〇年代初期都非正式地在地方一級採納過。說鄧小平「恢復」了農村家庭經濟也不完全正確，因為即使在人民公社中，各個家庭也都有自留地。

毛澤東稱家庭責任制為「修正主義」，但鄧小平的領導層認為這只是社會主義經濟的另一種形式。即使人民公社解散，土地仍歸集體所有。從正統的馬克思列寧主義的觀點來看，去集體化無疑是向全面所有權結構轉變的退化。但是，應該強調的是，鄧小平的改革並未質疑一九四九年革命的主要成就。土地分配仍然是相對平等的，去集體化之後沒有出現新的地主階級。

毫無疑問，自一九七八年以來，中共的合法性一直是部分基於績效的，中共因其成功確保經濟高速增長、生活水準提高、國內局勢穩定以及中國持續在全球崛起而獲得支持。但是，從改革時代一開始，中共就一直在重申毛澤東時代遺產的連續性。政黨的合法性不僅取決於其成績，而且還取決於其能否成功克服這一遺產中較不好的方面，同時保留更好的方面。

關於毛澤東時代的概念如何在當代黨史學中得到保存和重新詮釋的另一個例子，是對「兩條路線鬥爭」等一類詞的使用。在文化大革命中，這個詞指的是以毛澤東為首的「革命總部」和以劉少奇為首的「修正主義」之間的鬥爭。這兩條路線的衝突被看作是無產階級和資產階級鬥爭的體現，也是這兩種勢力所代表的兩條道路的象徵，一條通往全面的社會主義，另一條走向資本主義復辟。在一九七八年以後的敘事中，這種鬥爭被想像為劉少奇、鄧小平、周恩來等老幹部和江青、王洪文等邪惡極左勢力之間的鬥爭，這些極左派給堅定的黨的領導貼上修正主義的標籤，想以此來將他們排擠出局。這種新的敘事當然是對歷史的扭曲。畢竟，劉是一九五八年大躍進空想烏托邦計劃的主要支持者，並且在一九六四年的社會主義教育運動期間，他還領導了對農村黨組織的殘酷打擊。被看作是聖人的鄧小平領導了一九五七年的反右運動，而周恩來則深入參與文化大革命和一九六七年初的奪權。如同在很多情況下一樣，中國的官方歷史是由獲勝者撰寫的。

重新劃分身份

今天中國的身份劃分與毛澤東時代保持著驚人的連續性。原有的五個主要類別（城市／農村、等級、階級成分、性別和民族）中只有一個被取消。在一九八〇年代初期，改革派領導人廢除了階級成分劃分制度，並廢除了對工農長期的「政策傾斜」。除了階級成分外，戶籍制度仍將人口分為農村居民和非農村居民，這造成了對土地、福利和教育擁有的權利有所不同。在國有企業和黨的機構中，商品和住房比以往任何時候都更加注重按等級分配。對高級幹部和知識分子來說，工資只是大批商品和應享權利的一部分。性別仍然只分為男性和女性，沒有其他選擇。

毛澤東時代建立的民族劃分將中國劃分為漢族和五十五個少數民族，這種制度仍然存在，並且隨著新生一代的出生而繼續繁衍。自一九七九年國家承認雲南的基諾族以後沒有再增加新的少數民族。政府仍然將民族認定視為自上而下的事，沒有任何可能進行自下而上的身份認定。這與臺灣的情況形成鮮明的對比，在臺灣，原在大陸被稱為「高山族」的「原住民」可以申請要求臺灣政府的承認，而且不必等待批准。儘管中共在一九八〇年代中期已經放棄了高等教育中實行「階級路線」，但仍繼續實行對少數民族的「照顧辦法」。為此，有些漢族學生試圖非法更改其身份證上的民族，以便更容易進入大學。中央政府還在少數民族地區放鬆了計劃生育的控制，或者說允許有例外。結果，一九八二至一九八五年間，在廣西、內蒙、寧夏、西藏和新疆這五個自治區，少數民族人口所占的比例實際上增加了。[10]

儘管有這些連續性，但隨著時間推移，正式被歸類為「婦女」、「農村家庭」或「藏族」的含義已經在改變。毫無疑問，對這些劃分以及解釋誰可以獲得什麼身份標籤，一直是中國改革時代持續的社會和政治鬥爭的主題。這些劃分有助於確定社會地位以及獲得資源和政治權力的途徑。但是，應該記住的是，總的來說，與毛澤東時代相比，官方的劃分以及它與國家分配的關係在總體上已變得不那麼重要了。一九八〇年代末和一九九〇年代初，市場改革不斷深入，那些無法變為「體制內」或進入體制就可獲得晉升的人還有其他選擇。作為私人企業家成功的可能性意味著那些「體制外」的人不再只能局限於社會的邊緣。國家可能無法提供某些東西，但是自己獲取這些東西變得更加容易，儘管絕非簡單。

取消階級成分制度

在廢除階級成分制度時，鄧小平周圍的領導層並非說這個制度總體上不公正，而是說對知識分子和四類分子（地主、富農、反革命分子和壞分子）進行的再教育非常成功，因此不再需要該制度了。社會主義仍然存在階級鬥爭，但這已不再是主要矛盾。[11]一九七七至一九八〇年代中期，階級成分制度系統地從官方生活中消失了。一九七八年，好幾個省決定在社會主義教育運動（一九六三至一九六七年）中被劃為「漏網地主或富農」的人，應重新劃定為普通農民。[12]一九七九年一月，中央下令，地主、富農和其子女終於可以「摘帽」。如前所述，這並非意味著平反，但是這些人不會再被視作敵人，也不會再成為「階級鬥爭的對象」。該決定指出，自從農業集體化以來，絕大多數地主和富農一直以普通勞動者的身份過著無害他人的生活，他們靠自己的勞動養活自己，沒有剝削別人。除了極少數不接受再教育的反革命，其他四類分子只要得到人民群眾和當地政府的同意，都可以成為普通社員。這些聲明明顯呼應了鄧小平一九五六年在第八屆黨代會上的講話，鄧小平在講話中宣稱，「家庭出身」在社會主義轉型後已經失去了重要性，應逐步取消。

直到一九七九年，家庭出身對於進入國家機構來說一直很重要。一九七九年，另一項決定一勞永逸地將個人的政治表現（而不是家庭出身）作為決定性因素：「今後，他們（地主、富農家庭出身的公社會員）在入學、招工、參軍、入團、入黨和分配工作等方面，主要看本人的政治表現，不得歧視。」[13]該文件指出，這些人的子女應被列為普通的公社社員，並明確聲明，不好的家庭出身不傳給第三代（見附件8.1）。這些措施是朝著廢除整個階級成分體系邁出的重要一步。將所有農民歸類為「公社社員」，使中國更接近東歐集團中各社會主義國家，這個轉變放棄了建國以來一直存在的複雜的階級成分體系（包括個人成分、家庭背景和個人政治表現）。幾年以後隨著人民公社的解散，「公社社員」的稱呼也失去意義了。放棄迫害「四類分子」的舉動是解決文革造成的損失的一個方式。為了表示對中央這一決定的支持，《人民日報》控訴四人幫推行「血統論」摧殘了「四類分子」的第二代和第三代的身心。[14] 實際上，是江青等毛左派在一九六六年批判了「血統論」（見第六章），但是從政治上說，這一指控是有用的。

一九八四年，中央政府最終允許所有剩餘的「四類分子」摘帽。到底涉及多少人不是很清楚，但是根據一位中國學者估計，一九四九年以後被定為「四類分子」的人共有兩千萬。[15] 那時，很多已不在人世，但仍然活著的人可以從這個帽子下解放出來了。摘帽通知一般都是用一封簡易文件形式送達的，附件8.2羅三益收到的通知就是這樣。一九四九年他被劃為富農時二十七歲，遭受了三十年群眾運動和各種批鬥會的迫害之後，一九七九年他只得到一紙通知：他被重新劃為人民公社普通社員。沒有人為他所遭受的迫害道歉，唯一的安慰是他的政治問題結束了。

一九七九年黨中央還重新評定了所有被劃為資本家的人。鄧小平認為，他們現在也是社會主義制度下的勞動者，不是靠剝削生活。那時，一共只有大約八萬六千人仍然被劃為「資產階級工商業者」，這個類別一直比「四類分子」小得多。隨著這個帽子的摘除，對這些人的子女在入黨、進大學、進機關工作等方面的歧視也消除了。政府還對文革期間沒收他們的財產和住房做出了賠償。這類沒收曾產生廣泛的影響：到一九八一年為止，大部分曾被劃定為「資產階級工商業者」的都是小企業主、小商人或者手工業者。[16]

給「資本家」摘帽和結束對其下一代的歧視是恢復中國企業家活動和積累私人財富的重要步驟。在一九八〇年代，私人企業家不是被稱為「資本家」，而是被稱作「個體戶」，不那麼帶感情色彩。直到一九八八年，個體戶最多只能雇用八個人，而集體企業可以想雇多少就雇多少。這種差距導致許多個體戶「戴紅帽子」，即賄賂政府官員將其企業註冊為集體企業。特別是在改革開放初期，一些邊緣群體，如「四類分子」、「下鄉知青」、「體制外」女工做了個體戶，這樣他們可以不必找到工作單位就能賺點錢。

我們已經看到，「知識分子」在毛澤東時代從來就沒有劃分成一個單獨的階級。但是，知識分子確切的身份長期以來一直是引起爭議的根源。一九七八年，黨的領導最終決定，應該將知識分子當作工人階級的一部分。一九七九年一月《人民日報》評論員文章指稱，中國知識分子的數量已上升為兩千五百萬，而一九五〇年代早期僅兩百至三百萬。文章認為，這些知識分子中的七〇％，即一千七百五十萬人是工人、農民和幹部家庭出身。而且大部分來自「舊社會」的知識分子也已經成功地接受了再教育，成為「工人階級的知識分子」，文章把馬克思、恩格斯和毛澤東都劃入了這一類。[17]給毛澤東貼上這個標籤是改革時代的創新，這有助於重新定義學者和知識分子的政治地位。在鄧小平的領導下，科學家、大學生、教授和文化生產者的社會狀況得到了極大的改善。中國共產黨並未試圖消除腦力勞動和體力勞動之間的鴻溝，而是宣告以科學現代化實現民族復興。

除了少部分外，中國共產黨成功地將知識分子納入新秩序並得到了他們對改革的支持。國家意識到，為了促進現代技術精英的培養，有必要重新建立高等教育的精英甄選程序。一九七七年，華國鋒為首的集體領導恢復了全國大學入學考試。一千萬人參加了高考，只有三%被錄取。[18]一九六六年取消了全國高考，整個毛澤東時代，在錄取學生的標準問題上，黨中央一直在根據成績還是基於成分和政治表現的「傾斜政策」之間權衡。一九七七年之後，家庭出身不再是大學統一錄取新生的標準。中小學通過考試來選擇進入「重點學校」的學生，重點學校可以得到國家的額外資助。在知識分子和高等教育上的新政策極大地改變了黨的社會構成。一九七九年，知識分子只占新黨員的八%，但到了一九八五年，這個比例達到了五〇%。[19]

新分類系統的最後一個內容是一九八四年引入的居民身份證。儘管政府公開的熱中於劃分身份，但毛澤東時代沒有嘗試過這種方法。有關身份證的法規規定，列出的類別資訊僅僅是姓名、性別、民族、居住地和出生日期，這一決定標誌著正式的階級成分體系的終結。[20]但是戶口仍然以一個單獨的登記方式保留下來。

重新定義政治標籤

黨的新領導層最重要的工作之一，是重新定義毛澤東時代運動中強加於人的各種政治標籤。反右運動正式劃定五十五萬知識分子為右派。由於鄧小平本人親自領導了這場運動，決定不可能全部取消，也不能將整個運動宣布為錯誤。因此，一九八一年關於黨的若干歷史問題的決議限於批評黨的領導人將運動「擴大化」。[21]這為重新評估個案的判決打開了大門，然而並不能否定整個運動。到了一九八〇年代中期，絕大部分右派都得到了改正。重要的是，這裡要區別「改正」和更強烈的「平反」一詞的不同。「平反」是對整個運動的質疑（而不是針對個案）。

作為「落實政策」的一部分，很多「右派」回到了原先被打右派的工作單位，恢復了原來的職位。很多人補發了工資，他們的子女分配到了好一點的工作。人們對這些措施有著各式各樣的反應。有些人覺得改正給他們去除了標籤，自己解放了；有些人覺得「落實政策」完全不能補償他們在事業、家庭和婚姻上遭受的損失。由於年老體弱、發配農村期間生活艱苦、饑餓或者在文革中遭受的暴力鬥爭等問題，許多「右派」在改正時已不在人世。黨中央還得處理一九五五年鎮壓胡風「反革命集團」運動留下的案子，這個運動直接牽涉了兩千一百人，其中大部分是知識分子。一九七九年胡風本人在被監禁二十四年後釋放，一九八〇年中央宣布胡風實際上並不是「反革命」分子，也不存在以胡風為首的反革命「集團」。但是他們的行為仍然被看作是帶有「小集團性質」，直到一九八八年才完全平反。[22]胡風沒有活到完全恢復名譽的那一天，他在一九八五年就去世了。

鄧小平不願為整個反右運動翻案，這在黨內高層引起了一些爭議。一九八〇年李逸三認為應該給「大右派」平反，他給胡耀邦寫了一封信：

我現在認為：五七年的反右運動，是我們黨內左傾機會主義路線的產物，它的性質和文化大革命同一性質，是禍國殃民的大錯……實踐已經證明，五十五萬條「毒蛇」裡，百分之九十九．九九是冤假錯，萬分之一左右是「右派」……留這萬分之一左右的尾巴，我看不能給我們增加光彩；相反，後輩人會恥笑我們拖泥帶水。反右派運動本身是錯誤的，保留萬分之一左右的「右派」帽子，作用不大，意義不多。[23]

鄧小平一九五七年時是黨的總書記，除了他的個人責任問題外，他不讓有的右派「摘帽」可能還有其他的政治原因。一九七〇年代後期和一九八〇年代初期，黨的領導人面臨「北京之春」

民主運動和黨內要求進一步政治改革的壓力。在北京和其他城市，工人、退伍軍人、原先的造反派、紅衛兵抗議生活條件惡劣、忽視民權和黨的官僚們濫用職權。一九七八年至一九七九年在北京西單突然出現著名的「民主牆」，人們用毛澤東時代大家熟知的大字報署名討論政治和社會問題，或者通過地下雜誌傳播。參加活動的積極分子既提及西方自由主義理想，也提及社會主義民主的觀念，文革中，這些觀念曾出現在反官僚主義言論中。[24]

一九七九年，鄧小平對改革可能的範圍做出了限制，即要堅持「四項基本原則」，也就是：堅持社會主義道路、人民民主專政、共產黨的領導和堅持馬克思列寧主義毛澤東思想。隨著時間推移，民主牆上的文章開始越來越頻繁地越過這個限制，一九七九年下半年政府下令摧毀了民主牆。從鄧小平的角度來看，最突出的是，這種明顯威脅黨的領導與一九五六至一九五七年很多對黨的批評幾無二

圖8.2　北京民主牆，1979年5月。

資料來源：Helmut Opletal提供。

致。那時，很多人利用「百花運動」質疑共產黨在教育和文化領域的領導權，有些人用西方的憲法概念攻擊黨和社會主義制度。反右運動就是針對這些反黨言論，完全為反右翻案意味著支持反對鄧小平一九七九年設定的「四項基本原則」。這一政治現實使最高領導人有充分的理由至少保留反右運動中的某些決定，避免陷入那些要求進一步「右傾」政治改革人的手中。[25]

除了「右派」之外，很多政治分類在一九八〇年代仍然在發揮作用，但與被劃分本人的社會階層越來越脫節。廢除了對階級成分的特殊照顧就相當於剝奪了其戰略價值，「工人」、「知識分子」和「農民」等術語越來越被視為中立的職業描述。改革領導層發明了新的政治標籤，並重新定義了舊的標籤。「四類分子」和「知識分子」作為官方定義的類別本質上已不復存在，而毛左派和以前黨內的造反派曾因為他們的標籤而盡享尊榮，現在卻因此受到清洗。在華國鋒時期，「四人幫」在帶有毛澤東時代特徵的群眾運動中被指控為「反革命分子」、「階級敵人和走資本主義道路當權派的代表」，甚至被稱為「國民黨特務」。[26]一份官方出版物認為，一九七六至一九八一年的清洗中，多達四十萬人受到了審查。[27]

一九七〇年代末鄧小平派取得勝利之後，對毛左派的清洗經歷了微妙而重大的變化。一九八一年，黨中央選擇對四人幫進行公開審判，將他們的案子付諸法律程序而非政治解決。一位學者認為，這種選擇與中共當時建立社會主義法制的努力同步。[28]結果，對「江青和林彪反革命集團」進行了兩次審判，根據一九七九年通過的新刑法對四人幫和跟隨林彪的將軍們定罪判刑，林本人屆時已喪命。在這兩個案子裡，「反革命」不僅是根據毛澤東時代所頒布的條例確定的政治罪，而且是根據新通過的刑法所判定的刑事犯罪。重要的是，這種區別是從法律程序的角度來認定，但實際上，它在很大程度上是象徵性的。刑法中對「反革命活動」的定義與一九五一年的國家條例幾乎沒什麼不同，只是增加了一項「破壞社會主義經濟秩序罪」的具體罪行。[29]

確實，儘管對四人幫的審判更加接近正規的法律程序，但我們有理由將審判至少部分地視為政治性的展示。確實，江青和她的盟友曾使大批幹部和普通百姓受到迫害和各種傷害，但將他們形容為「反革命分子」似乎不合適。審判判決對毛左派與忠於林彪的解放軍將軍之間的陰謀做了概述。其實，在文化大革命期間，這兩個集團之間的關係在大多數時候是敵對的，而關於「四人幫」陰謀推翻而不是重整黨和政府的想法鮮有證據。具有諷刺意味的是，是華國鋒決定動用軍隊在政治局逮捕左派分子，這非常近似於組織政變。此外，鄧小平周圍的新領導層只要覺得需要，就會不經法院批准使用「反革命」的標籤。有時這種做法有追溯性，比如對一九六七年初「奪權」的重新定性，這給之前的造反派頭頭帶來了嚴重後果，例如上海和山東的造反派。中國共產黨還使用「反革命」這個標籤針對當代的威脅。一九八九年六月四日，解放軍對天安門廣場遊行示威進行暴力鎮壓的理由是，參加者在進行「反革命動亂」。「反革命」的標籤至今仍然對參與一九八九和一九六七年運動的人們有消極的影響。

我們應該將對文革左派的清洗看作與「右派」和四類分子們平反平行的步驟。兩種情況都造成中共內部的重大變化。在一九八二至一九八五年之間，中共領導層發起了一次黨內清洗活動，旨在「清理三種人」。目標是在文化大革命的激進運動中入黨的黨員：「三種人」指的是林彪和四人幫的追隨者、幫派思想嚴重的人以及那些在一九六六至一九六七年人民文革中搞「打砸搶」的人。運動對一九六六年整「老幹部」的批鬥會和一九六七年武鬥事件進行了重新調查。許多一九六六至一九七六年間入黨的新黨員都是學生和工人造反派，這是毛澤東為共產黨吸收「新鮮血液」的一個嘗試。改革派認為這些新黨員以「極左」思想給黨帶入了毒素。換句話說，「三種人」受到懲罰不僅是因過去的行為，而且因為鄧小平領導層認為這些人對要試圖推行的新政治秩序構成威脅。

在某些省份，只有「代表人物」（例如著名的前造反派頭頭）被貼上「三種人」的標籤並受到監禁。在其他省份，一般的造反派成員也有被劃為「三種人」。毫無疑問，只有與造反運動或毛左派的聯繫才算是「宗派主義」，對鄧的支持則是可以接受的。對那些有問題的人的制裁，包括禁止在其工作單位中擔任政治或專業性的領導職務，這在本質上是在政治上剝奪了激進反對派的權力。鄧小平明確表示，在「老幹部」隊伍中，可能只有少數人是「三種人」，從而為他自己那一派提供了進一步的保護。他所主張的運動打擊目標應該是在一九六六年時二十歲左右，到了改革開放時三十五歲以上或四十五歲以下，換句話說，不可能是一九四九年以前入黨的「老幹部」。[30]

二〇一五年我採訪了許多山西的造反派，這些親歷者都對當時鄧小平的清洗深表失望。楊元武（化名）在文革前已經入黨，他參加的造反組織反對一九六七年一月十二日的「奪權」，因為他們不信任新的省委領導劉格平。隨著緊張局勢的加劇，楊捲入了派系武鬥，後來還擔任了一個小幹部。一九八四年他被定為「三種人」，判了三年徒刑。他說：「我是共產黨員，我是國家幹部，我接受組織審查是理所應當的，你不要說關我三年，關我三十年（都行）。」[31]但楊先生對他的案子從「體制內」黨的司法機關轉到「體制外」的普通法院感到特別不滿。他仍然認為自己是受害者，對自己參與文化大革命的態度也受到這個問題的影響。

一九八二年，中央澄清說，「三種人」僅適用於一九六六年時的成人，青少年即使當時犯有「嚴重錯誤」也不應重新調查。[32]在一九八四年的決定中，中央重申了這一點：

「文化大革命」初期，在未滿十八周歲的學生紅衛兵中，有些人由於政治上無知，受「左」的思想影響或受人指使犯了錯誤，包括「破四舊」中群眾性打人致死一類的嚴重問題，後來承認了錯誤，確有認識，現實表現好的，不作為問題提出。

只有在少數非常嚴重的案件中，有些人已被判定犯有謀殺罪或掠奪罪，才應維持判決，罪犯將被開除出黨。[33]這些決定保護了早期的紅衛兵，前面已經談到，這些人常常是高級幹部的子女——即使他們捲入一九六六年紅八月的非法殺戮。學生造反派和工人造反派受到清洗，但「老幹部」則可以繼續培養他們的子女成為接班人。[34]

改革時代的情況表明，即使在毛澤東去世後，通過政治標籤進行社會控制在中國仍然很重要。如今，人們普遍認為，至今仍然只有中共能夠定義標籤和修改決定。許多所謂的「右派」和一九八九年學生運動的參與者都在繼續向共產黨提出平反要求。

民族識別和統一戰線

改革開放初期的少數民族政策旨在「撥亂反正」，顯示出與中華人民共和國建立初期的一九五〇年代有著驚人的連續性。一九五六至一九六四年之間，受政府委託的學者開展了一項大規模的研究項目，以確定「少數民族的社會歷史」，並在中國西部進行廣泛的田野調查。一九八〇年代出現了這個項目的許多報告，有的是再版，有的則是初版。後毛澤東時期，政府很大程度上的依賴於一九五〇年代和一九六〇年代初期獲得的知識來為其有關政策建議提供資訊。領導人認為，文化大革命期間對某些群體的識別是錯誤的，因此民族識別問題再度浮出水面。由於政府的表態，一些個人和群體要求改變其民族識別。一九七〇年代後期，貴州自治區（可能是全國民族最多樣化的一個地區）的八個群體，共九十多萬人，提出了承認其為少數民族的請求，但沒有成功。不過，民族識別工作尚未結束：一九八二年的人口普查顯示，大約八十萬人尚無政府提供的民族識別方面的資料。[35]

同年，中央政府委託進行新的調查，主要對貴州、四川、湖南和湖北的民族識別重新安排。年底時，五百萬人的少數民族身份得到改變或恢復。比如曾被強迫改劃為漢族的滿族和土家族正式恢復了自己的少數民族身份。在四川，曾被錯定為彝族、壯族或苗族的仡佬族重新恢復了民族稱謂。調查工作結束後，一九八七年中央政府宣布民族識別工作基本結束，將不再進行重大改變。[36]

除了對民族進行定義之外，新的領導層還得為民族和階級的關係制定標準。階級成分能否超越民族身份，幾十年來一直困擾著中國共產黨。一九六四年，隨著統戰部部長李維漢和內蒙古自治區黨委書記烏蘭夫被免職，這個問題凸顯出來，他們倆都被指控為忽視了少數民族地區的階級鬥爭，特別是在遊牧地區。一九七七年，改正了對烏蘭夫的判決，他被提升到原來李維漢的職位，擔任統戰部部長。李本人也得到平反，並在隨後的幾年在政策規劃部門擔任重要職位。此後不久，一九八〇年，中央發布了一項決定，指出「民族問題的實質是階級問題」的論點是錯誤的，該論點曾被用來強調要不惜以民族利益為代價進行階級鬥爭。這個論點原本來自毛澤東，但現在領導人強調說，毛澤東指的只是非洲裔美國人在美國的階級鬥爭。這一論點不能適用於中國的少數民族，中國的情況與此截然不同。中央指責「四人幫」的「極左」政策過分強調階級鬥爭，這樣的階級鬥爭破壞少數民族的文化，違反宗教自由，損害了國家利益。[37]

在黨內，被指控為搞「地方主義」的幹部得到平反。所謂支持烏蘭夫的「反黨叛國集團」和「內蒙新人民黨」的人也都得到了平反。文化大革命期間，「內蒙新人民黨」受到了特別殘酷的迫害。根據官方統計，有關清洗（一九六七至一九六九年）至少影響到三十四萬六千二百二十人，其中一萬六千二百二十二人死亡，八萬七千一百八十八人嚴重受傷。[38]受害人大部分是蒙古族，這次大清洗造成了民族關係嚴重緊張。特別是，現在人們承認，這個所謂的內蒙新人民黨實際上根本就不存在，完全是捏造出來的。附件8.3是給這個杜撰的團體「成員」的平反文件。這個統一製作的表格只列出了趙德軒同志被誣陷的罪行類別和他的名字。

改革初期，政府試圖恢復與宗教領袖和少數民族上層的統一戰線。領導層仍然認為，鎮壓一九五九年的西藏起義是正確的，但「誇大」了敵人的數量並導致了無辜者受害。因此，國家採取行動為「少數民族上層愛國人士」平反，並參照為「右派」和「四類分子」「落實政策」的方法，為其家庭成員提供福利和補償。班禪喇嘛就是這一政策的受益者，他於一九七七年被釋放出獄，繼而擔任了全國人大常委會副主席等職。中國政府甚至與仍在印度邊境流亡的達賴喇嘛進行了秘密談判。一九七九和一九八〇年，達賴的代表被允許訪問西藏，作為「實況調查」委員會的一部分。第二年，胡耀邦邀請他返回中國，並定居北京。這些建議實際上沒有實現。達賴喇嘛仍然不相信他的委員會所報告的「事實」是西藏取得真正進展的跡象。他也不願意接受中央領導提出的返回條件。

儘管重建統一戰線只部分取得成功，但一九八〇年代，中國的少數民族乃至漢族的宗教事業都得到顯著的恢復。在此期間，許多在文化大革命期間或之前被毀的修道院、清真寺和寺廟得到了重建。根據官方統計，新疆的清真寺在一九六五年有一萬四千一百一十九座，到了一九七〇年代只剩下一千四百座了，到了一九八一年底，一萬兩千座清真寺重新開放，整個新疆地區的清真寺數量差不多回到了一九六六年以前的水準。[39] 同時，牧區的經濟改革帶來了牧群的增加和遊牧生活的恢復。但是文革造成的傷害仍然很深。平反和賠償不能補償千萬個生命的喪失。很多少數民族人覺得漢人要徹底消滅他們的文化。實際上文革中的破壞不僅僅是漢人所為。比如，藏族紅衛兵與漢族一起參與了摧毀修道院，這個情況對於藏族民族主義的人來說仍然是個敏感話題。[40] 不管一九六〇年代和一九七〇年代的做法是對是錯，今天的藏族、維吾爾族和蒙古族民族主義和分離主義的興起都表明，一九八〇年代恢復統一戰線產生的影響有限。

共產黨仍然認為，少數民族在文化和經濟上落後於漢族。在官方的敘事中，黨和國家以及漢族移民都是無私的貢獻者。西藏和新疆持續的動亂，加上政府殘酷的鎮壓，表明中共通過經濟發展創造穩定的努力並未取得領導人所希望的結果。一九五〇年代初期，許多官方認可的「少數民族」沒有很強的族裔身份，國家支持很多族群發展自己認可的書面語言、書寫的歷史和獨特習俗。有些少數民族從某種意義上說是國家創造的。中共支持這些群體從漢族中區別出來的做法，以增加對新成立的自治區的支持。但是，至少在某些情況下，這項政策適得其反：因為不僅地方辨識度提高了，同時地方民族主義也得以發展，這些繼續挑戰著西藏、新疆和內蒙的多民族團結的思想。這些少數民族地區普遍存在著至少在一九二〇年代以前發展起來的新中國成立之前的民族主義形式。以前的藏族和蒙古族上層階級和神職人員是當地悠久的書面文字、書面歷史和當地宗教傳統的繼承人。民族主義者可以利用這些傳統來發展與國家敘事所宣稱的完全不同的民族身份。同時，壯族、侗族、朝鮮族、苗族和滿族等其他「少數民族」在改革時代經歷了民族的復興，分離勢力沒有增強。

新的性別標準

我們前面已經談到，改革時期的中國仍然是將性別劃分為男性和女性兩個性別。結婚仍然被看作只是一男一女之間的結合。在改革初期，比分類問題更為重要的是，黨組織、媒體、文化產業和整個社會都在很大程度上重新定義了性別角色。一種強大的新話語出現了，即認為「文化大革命」過分強調了性別之間的絕對平等，這導致了婦女的「男性化」。人們認為，毛澤東時代後期的發展壓抑了女性所謂的「自然特質」，例如溫柔、敏感和愛美。文革時期的英雄「鐵姑娘」，曾在田野和工廠裡從事繁重的體力工作，這時突然被視為「異常」。江青成了擁有過多政治權力、野心勃勃的女性代名詞。一九八六年廣受讚譽的電影《芙蓉鎮》反映了這一新話題。該片描

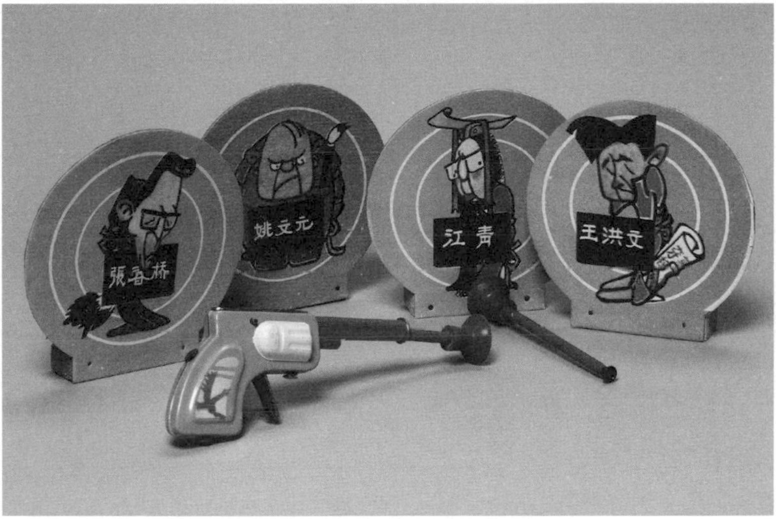

圖8.3　「槍打四人幫」：1970年代後期的一個兒童遊戲。圖畫上江青穿戴得像慈禧太后（1835-1908），慈禧太后是另一個渴望權力的女性的典範。

資料來源：Helmut Opletal (ed.), *Die Kultur der Kulturrevolution: Personenkult und politisches Design im China von Mao Zedong* (Wien: Museum für Völkerkunde, 2011), p. 53。

寫一個未婚女幹部與一個工作組組長以及一個酗酒的貧農合謀在四清運動中稱霸一方。電影中的女主角是一個勤勞、幸福的已婚年輕女子，她丈夫因與麻煩製造者對峙而被殺。其釋放的資訊不難看出：在改革政策使優秀幹部和知識分子恢復應有地位之前，文化大革命賦予了不正常的婦女和懶漢以權力，造成災難性的影響。

新的說法迫使女性遵循更為傳統的婚姻和母性觀念。不斷變化的美容標準催生了新的市場，包括時尚、化妝品和減肥產品，以及後來的整形外科和皮膚增白產品。如學者王政尖銳指出的，傳統女性化模式被重新包裝為現代化的標誌，而「鐵姑娘」則被認為在生活方式或消費方式上千篇一律、沒有個人選擇。這不僅僅是男人轉向傳統以加強其在性別中的特權地位，許多城市受過教育的中產階級婦女也歡呼時尚雜誌上傳遞的所謂「自然」女性氣質和美麗。對她們來說，白皙的皮膚和室內工作是地位的標誌，這使她們與在田野裡曬得很黑的農村婦女區分開來。[41]城市中產階級女性受到尊敬，與此形成鮮明對比的是，主要由貧窮的農村移民從事的非法性行業蓬勃發展。中國共產黨曾慶祝廢除賣淫，這是新中國最大的成就之一，但如今女性賣淫又回來了，如同一種報復行為。

不可否認，在改革時期很多女性的生活條件和消費水準都有了改善。共產黨從未正式出爐過在勞動市場排斥女性的政策，一九八〇年代女性進入城市勞動市場的數字，無論是在絕對值和相對值上都有了增長。一九七八年女性占職工總數的三二%，一九八八年增加為三七%。在國營企業，同一時期女職工比例從二八%增加到三三%。[42]

但是一九八〇年代在兩性平等問題上確實也有一些嚴重的倒退現象。特別是接受高等教育和擔任政治職務的機會減少了。一九七六年，普通高等教育系統中女生占學生總數的三三%，但是到了一九八〇年，這一比例下降到二三%，直到一九八八年才再次達到文化大革命後期的最高水準。[43]這十年女生入學率下降時期恰恰是一九七七年恢復高考以後。為了彌補多年高校未招生造成的損失，政府最初並未為參加高考設置年齡限制，目的是讓回城的「下鄉知青」和那些「失落的一代」能夠參加高考，不過這沒能跨越性別的影響。恢復高考時，可以申請參加高考的人當中許多已經成家，有了孩子。在這些人中，男性的家務和育兒負擔比他們的妻子小，他們有更多的時間學習和準備考試。一九八〇年代中期，中國大學女生錄取率（二八%）比其他國家要低得多。在西歐資本主義國家，這個比例是四〇%，而蘇聯和東歐集團國家還要高一些，女大學生的比例蘇聯是四三%，東歐集團國家是五三%。[44]一個尚待解決的問題是，新的性別規範如何與取消階級成分相互影響。一九八〇年代官方記錄中「家庭出身」作為一個類別消失了，在統計上階級成分不復可見，因此很難量化新的規範對不同階層群體的影響。但是，很明顯的是，從改革時代的前十年開始，中國不再在性別平等上領先。

在政治參與問題上，女性也落後了。中共第十屆中央委員會（一九七三至一九七七年）的一百九十五個委員中只有二十個是女性，而第十一屆委員會（一九七七至一九八二年）二百一十個委員中則只有十一個（中央委員會的委員數目是由當選的那屆黨代會代表人數決定的）。一九七五至一九八八年全國人民代表大會女代表的席位比較穩定，二一%到二二%，但在同一階段，人大常委會委員中婦女的人數從二五%降到二一%。[45]新中國建立初期領導人革命夫妻模式，如毛澤東和江青，劉少奇和王光美，在一九八〇年代消失了，而且以後再也不曾重現。在改革年代，沒有中央領導的配偶擔任黨和國家的重要職位。習近平的妻子彭麗媛早在她丈夫之前就在全國擁有很高的知名度，但她是軍隊的一個歌唱演員，不扮演任何政治角色。習近平在二〇一三年擔任國家主席以後，彭麗媛不再演出。從那以後，她更多扮演像美國「第一夫人」那樣的角色，而不是像毛澤東時代那樣的革命妻子。

在一九八〇年代初期出現關於女性新看法的同時，還出現了另一種觀點，認為性別平等的意識形態「閹割」了男人並削弱了中華民族。人們重新發現了具有競爭力、體力、性能力和進攻性的超男性主義價值觀，並為此慶賀，認為這是對文化大革命中「非自然」秩序的一種解放。[46]這種論點很快在媒體和流行文化中廣泛傳播。

只有一小部分人從這種新男子氣概的興起中受益。在毛澤東時代，誠實、勤勞、家庭成分又好的城市戶口居民被廣泛認為是理想配偶的選擇。但是，自二〇〇〇年代以來，男人們越來越抱怨需要通過購買公寓、汽車或其他財富來向對象證明自己的「經濟實力」。一方面要求女性白皙、苗條、迷人，男性也面臨著另一種不切實際的期望。毫無疑問，大多數男人並不是「高富帥」，判斷男性氣質的標準在一定程度上再現了社會不平等。有錢有勢的男人可以有「二奶」，甚至可能還有第三個妻子，而貧窮的農村單身男性——即所謂的「光棍」，則可能根本無法結婚成家。

改革時代對中國婦女身心上最大的壓力一直是獨生子女政策。一九八〇年代上半年政府強化了以前的計劃生育政策，並開始通過嚴厲措施，強迫墮胎和絕育來減少生育。幾乎所有嚴厲措施的實施對象都是女性，男性絕育的人數要低得多，儘管從純粹技術角度來看，男子絕育有同樣的效果。只生一個孩子讓婦女從照顧很多孩子的家務中解放出來，在某些情況下，對婦女是一種解放。但是總體來說，這個政策否定了婦女對她們自己的身體和生育享有控制權。而且這種做法也並不是非常有效。許多學者認為，獨生子女政策對降低出生率沒有多大作用。亞洲其他發展中國家沒有實施計劃生育政策，生育率也有大幅下降，儘管下降速度總的來說比中國慢。[47]一九七九年，即獨生子女政策出爐的前一年，中國的總生育率已經降至每名育齡婦女二・七五胎，而之前的峰值是該數值的兩倍多。到了一九八四年，在數以千萬計的人工流產和絕育手術之後，這一比率僅略有下降，降至每名育齡婦女二．三五胎。[48]這個政策還產生了意外的副作用。在農村採用了稍寬鬆的標準，即每對夫婦可以生育兩胎，即使如此，這仍然導致了嚴重的性別失衡。決心要兒子的農民有選擇地流產了上千萬的女嬰，這使後來很多男人找不到妻子，即上面提到的「光棍」。

簡而言之，在一九八〇年代，並非老百姓生活的每個方面都變得更加「解放」和「自由」。鄧小平領導下的計劃生育政策是現代史上社會工程學中最激烈和最暴力的措施之一。二〇一五年，習近平領導的中國政府放寬了政策，允許所有已婚夫婦生育兩個孩子。但是，將其視為計劃生育政策的結束是錯誤的。實際上，在毛澤東時代晚期，某些地區存在著同樣的做法，如果沒有法律規定，現實也是這樣做。

重新定義城鄉邊界

戶口制度在中國至今仍然存在，但改革時代它的功能變了。一九六二至一九八〇年代初期，戶口制度的目的是為了把農民留在農村。只要商品是國家或公社組織的配給，人們一旦離開家鄉，就很難獲得糧食和其他生活必需品。毛澤東時代的「社會主義原始積累」模式就是要通過糧食統購統銷來壓榨農村，這使農產品價格保持低位，並阻止了農民積累移居城市所需的資源。隨著一九八〇年代國家和人民公社在糧食貿易上的壟斷地位的廢除，農民從這種制度中「解放」出來，並獲得了事實上的遷徙自由。一九八〇年代後期結束配給制也有助於促進地域流動。農村人在城市仍然沒有法律地位，但是他們可以購買食物、租房，並可以在市場上找到工作。不需要地方當局批准就可以買火車票，農村收入的增加使人們負擔得起旅行。儘管如此，整個一九八〇和一九九〇年代政府還是努力控制農村人口向城市的流動。直到毛澤東時代結束後數年，中央領導層一直不讓所有「下鄉知青」回到城市，目的是減少對城市勞動市場和國家福利制度的壓力。

儘管在改革時代人口流動性有所增加，但農業戶口仍然以新的方式對農村人不利。在城市，農民工是一種受到歡迎的廉價勞動力，但是他們仍然不能享受城市的福利，他們的孩子不能到當地公立學校就學。因為知道農民工要匯錢給留在農村的家人，所以雇主給的工資都很低，而不是根據城市生活水準支付工資。城市管理部門允許農民工進城以滿足勞工需求，但是他們保留了戶口規定，以便在必要時遣返「農村人」，理由常常是以城市「清理」或減少「非法居民區」。[49] 像其他不太受歡迎的人群一樣，農民工在地方政府看來是高危群體，地方政府總要以歧視方式對他們執行城市居住法規。此外，就像在毛澤東時代的「二元社會」一樣，中央政府繼續以犧牲農村為代價來補貼城市。農村幹部、醫院和學校的經費都得依靠沉重的地方稅收和高額收費來維持，這增加了農民的負擔。持有農村戶口的人仍然有權獲得集體土地，但國家可以輕而易舉地為工業或房地產項目將其徵用，通常只給很少量的補償。雖然在當代中國邊緣化農民和剝削農民的結構和機制有了變化，但農村人仍然是二等公民。

有中國特色的資本主義

令許多西方觀察家吃驚的是，中國在一九八九年之後避免了蘇聯和東歐集團解體的命運。國家、作為列寧主義式先鋒隊的共產黨，以及黨的武裝力量解放軍仍然十分強大。與蘇聯、捷克斯洛伐克和南斯拉夫不同，中國沒有因民族衝突或內戰而分裂出新的民族國家。自從一九八〇年代以來，中國一直是全世界經濟成長率最高的國家。中國成功逐步廢棄了蘇聯式的計劃經濟，但同時保持著總體的控制。一九八〇年代中期就取消了人民公社，但不論在農村還是城市土地都不是私有。土地使用權可以在市場買賣，但土地的所有權歸國家。對於國營工業企業，私有化的浪潮出現在一九九二年和一九九八至二〇〇〇年之間。數以千萬計的工人失業，剩餘的國有企業為提高競爭力進行了「重組」。但是，國家繼續控制金融、通訊、媒體和出版、高等教育、交通運輸，以及任何可能對國防產生影響的重要部門，即所謂的「制高點」。最近的五年計劃避免了早期偏愛的詳細生產目標，而是確定了中期戰略宏觀經濟目標。中共將其現行的國家所有和私有混合的形式稱之為「中國特色的社會主義」。當然，這種做法與毛澤東時代無處不在的中央經濟控制很不一樣，但由於國家持續的指導作用，它也不同於大多數西方經濟體中的新自由主義模式。現行的黨章確認，至少在形式上，中共沒有放棄馬克思列寧主義和建立真正的共產主義的目標。50

自一九八〇年代以來，在改革時代，數以千萬計的農民擺脫了貧困。在消費方面，毛澤東時代的中國人夢想擁有自行車、手錶和縫紉機。如今，城市中產階級和上層群體擁有自己的公寓、駕駛外國汽車、消費西方名牌產品並遊覽全球已經成為常態。在飲食方面，從主食（大米和小麥）中攝取卡路里的比例已大大降低，即使是最貧困的家庭也可以買得起雞蛋、蔬菜、肉類、肥皂、衣物和其他生活必需品。農村的老年人大多數經歷過嚴重的饑荒和食物短缺，而今可以天天吃肉，他們覺得這是生活好的標誌。從這個角度看，中國在改革時代的進步是驚人的。

巨大的變革：改革中的中國社會和中國共產黨

中國共產黨在改革時代的官方敘事中讚揚生活條件的改善，但是也承認並非沒有缺點。一九八〇年代，中共放棄了嘗試提高普通百姓政治權利和縮小體力勞動與腦力勞動之間的差距。其結果是，工農的地位急遽下降，城市的中產階級成為中共新的社會典範。達不到這種理想典範的人，無論是沒受過高等教育、缺乏經濟能力還是不願遵守中產階級的行為方式的人，都被黨的領導層視為「素質」低下。自二〇〇〇年代初以來，教育、住房、醫療保健和社會保障已高度商業化，那些資源有限的人越來越多地被排斥在主流社會之外。隨著工業化的深入，食品安全標準低下和空氣污染等新問題出現了，其中許多問題對窮人的影響尤其嚴重。簡而言之，自一九七八年以來，中國的階級和性別關係已經發生了變化。主要的發展可歸納如下：[51]

一、儘管到了一九五六年，新中國成立前的資本家和地主階級被消滅了，但在改革時代出現了一個新的資本家階級。國營企業的私有化對幹部來說是千載難逢的機會，很多幹部藉此轉身為半國營企業的老闆加經理，這種企業模糊了集體所有和私人所有的界限。他們利用其政治和社會網絡使自己富裕起來，他們不僅是支持私人利益的「走資派」，而且自己也成了真正的幹部資本家。

二、同時自一九八〇年代開始，一個新的私人資本家階層從普通老百姓中產生。這些新的企業家得益於勞動法執法不力和缺乏獨立的工會。國家機構仍然不准組織超越單個工廠的聯合工會或聯合罷工，以繼續限制工人為其利益進行談判的能力。私人資本家雖然都已腰纏萬貫，但他們得依靠國家的善意與關照，政治上非常孱弱。二〇一三年時全中國的企業家中四分之一是女性，[52]但幹部資本家幾乎都是男性。

三、二十多年批判與外國資本家合作的人之後，在改革時代中共決定向外國直接投資開放中國市場。起初，外國資本只能投到經濟特區，最著名的經濟特區是南方沿海與香港接壤的深圳。

大部分早期投資不是來自西方資本主義國家，而是來自英國管控的香港、臺灣和東南亞的華人。自一九九〇年代起，外國直接投資對中國經濟增長越來越重要。國家強迫外國企業與當地合作夥伴組成合資企業進入中國市場，並努力以此來保持控制。二〇〇一年中國加入世界貿易組織之後，越來越多的部門和地區向外國資本開放，儘管仍然有限制。最近幾年，中國的私營企業和國營企業本身也進入了世界市場，在世界各地投資、收購企業。

四、改革時期的經濟繁榮，以及一九九〇年代後期高等教育的大發展，刺激了新的城市中產階級的出現。建立一個富有、有專業知識，尤其是不關心政治的白領中產階級是一項重大的國家項目。從歷史上看，新興中產階級渴望保護自己的權利不受政府的干預，大多數西方現代化理論都將他們的興起視為民主化的潛在驅動力。而中共認為中產階級是個穩定因素，認為這些新富不願以政治動盪來冒險。據中國社會學家估計，中國的中產階級占全部人口的一一至二八%，具體比例取決於如何定義中產階級。[53]城市婦女是這一群體擴大的特別受益者。高等教育的普及增加了她們職業發展的前景，而城市的獨生子女政策意味著女孩不再面臨來自哥哥或弟弟在資源上的競爭。採取兩胎政策是否會改變這方面的情況還有待觀察。

五、人民公社裡半社會主義性質的農民階層在一九八〇年代初期的去集體化過程中消失了（我覺得，半社會主義這個詞似乎是一個恰當的定義，因為即使在集體生產單位之內，農民仍然有權擁有自留地）。一九八〇年代的家庭聯產承包責任制促進了農業生產的繁榮，並增強了家庭作為經濟單位的地位。但是，在改革時代的四十年中，數百萬農民失去了土地。以前的地主階級沒有再度出現，但是中共對土地使用權租賃的自由化導致了所謂「龍頭企業」的興起，這些企業從多個村租賃土地來組織大規模工業化的農業和畜牧業。大多數「龍頭企業」以雇傭勞動的方式招用遠距離務工的農民工。與西方傳統的經濟理論相反，改革時代的中國在沒有任何土地所有權私有化的情況下建立了農村資本主義。與人民公社的解散同時出現的還有城鎮化率的提高，二〇一一年城鎮化率在中國歷史上首次超過了五〇％。習近平政府強調進一步城鎮化的必要性，由於戶籍制度沒有重大變化，城鎮化似乎有可能加深農村人口的不平衡。在大多數地區，那些進入城市的人往往是處於工作年齡段的男性，而老年人、兒童和相對少一些的就業年齡的婦女則留在農村。農村的老年婦女是中國最邊緣化的群體之一，至少在漢族中是這樣。

六、最後，毛澤東時代的社會主義工人階級和構成工人階級社區基礎的國營工作單位在很大程度上被工業和住房的私有化所摧毀。城市工人居住區已經拆除，讓位於富裕的中產階級的房地產項目。國有企業的職工絕對數量仍然很大，但是年輕的工人不再將自己視為「國家主人」。工作已經按西方資本主義模式商品化：現在，工作不再是固定、待遇優厚的「鐵飯碗」，勞動力是商品，由工人出售並由資本家在市場上購買。即使在國營企業，「鐵飯碗」也實實在在被打破了。

過去二十年，一個大約兩億人的新工人階級——「農民工」出現了。他們是農村戶口，但在城市工作。第一代「農民工」可以被稱為半無產階級，他們僅僅是部分融入了城市勞動市場，與農業和農村生活還保持著密切聯繫。很多人都想在城市賺點錢，最後回到農村。相較來說，第二代則常常希望留在城市，成為都市的一部分。結果是，這些農民工往往要求比父母一代更高的工資，這一變化可以從二〇一〇年以來珠江三角洲製造業中心（廣州和深圳及附近城鎮）的罷工浪潮看出來。這些罷工主要集中在新興行業，尤其是汽車行業，並且特別影響了私營企業和外資企業。

農民工中的性別劃分是很明顯的。在建築、汽車生產和重工業中，男性占主導地位，而在紡織、服裝、電子和服務行業，勞動力主要是女性。改革時代的歷史表明，與鄧小平等領導人所希望的相反，市場化和資本化不可能是一種中性的經濟發展工具。市場化和資本化從根本上重塑了社會結構。如同馬克思首先觀察到的，資本主義生產方式不僅生產商品和剩餘價值，還重塑了資本家和雇傭勞動者之間的社會關係。[54]兩億被剝奪了權利的「農民工」和超級富豪資本家，這兩者都是鄧小平市場改革的意外副產品。

共產黨和官僚階層的權力

一九七八年以後社會結構的轉變同時還伴有國家和黨的重大變化。如今的共產黨由城市的白領掌控。二〇一六年三六・九%的黨員是工人或農民，比擁有大學學歷的四五・九%低多了。[55]主要領導人幾乎全接受過大學教育，其中很大一部分是在西方國家的大學得到的學位。一些學者認為，黨的幹部實際上構成了「技術官僚精英」，對中國政治的樂觀解讀表明，中國已經建立了「精英治國」，即高職位的人根據學術成就和政績來選拔。而比較悲觀的觀察家則認為，寡頭政治正在形成，獲取政治權力和財富都限制在與國有和私營企業有緊密聯繫的很小的精英階層。[56]

毛澤東時代建立的政黨機構，現在要比以往任何時候都更加等級化。毛主席長期以來「黨內整風」並保持革命理想的項目看來是失敗的。在他的領導下，一個龐大的新官僚機構創建起來，而他生前未能馴服這個機構。這部分是因為文革的失敗，這個失敗使鄧小平派在黨內的鬥爭中戰勝了毛左派。文革中縮小城鄉差別和腦力勞動與體力勞動差別的政策未能取得成果。而且，毛澤東最初試圖通過鼓勵造反派反對幹部及其子女的特權來制衡黨的官僚機構，但在一九六六年和一九六七年初後，他退縮了，為了穩定而犧牲了造反派並恢復了政黨機構。造反派群眾組織授權學生和工人在黨組織之外代表自己，但事實證明，這些群眾組織不可能制度化，一九六九年共產黨就恢復了壟斷地位。

在改革時代，毛澤東的繼任者為遏制幹部的貪污、欺詐、官倒、濫用權力和中飽私囊所做的一切努力均告失敗。習近平當前的反腐敗運動是這些努力中影響最為深遠的，但就連這個運動也引起了人們極大的懷疑。諸如「太子黨」和「紅二代」等社群媒體流行語反映了「老幹部」及其家屬在國家權力和資本網絡中持續的重要性。西方和中國的觀察家都一直低估了家族影響在中國政治體系中的重要性。與鄧小平之後的兩位領導人江澤民和胡錦濤不同，習近平的權威在某種程度上是其父習仲勛（一九一三至二〇〇二年）留給他的。隨著習近平的出現，文革時期圍繞「革命血統」的辯論顯示出持續的意義。一九六六年，學生造反派抨擊「血統論」，認為高幹子弟從父母那裡繼承聲望和特權是不公平的。在習近平的領導下，繼承的概念突然顯得非常真實。

自下而起的階級鬥爭

如今，中國已經「變了色」，從本質上來說成了一個資本主義國家，其方式甚至超過了毛左派最壞的想像。儘管如此，毛澤東時代的等級劃分在現今「中國特色的資本主義」下仍然得以存在，人口仍然依戶口、級別、性別和民族來分類。貧富差距在擴大，工人的抗議活動也在增加。但中共和中國社會學家已在很大程度上放棄了「階級」的用語，轉而使用「階層」的概念。這是借鑑了西方社會科學的概念。階級從黨和社會的主流話語中消失是具有諷刺意味的，因為它出現在中國階級結構發生巨大變化，階級間緊張關係日益加劇的背景下。近年來，全國各地發生了數千起抗議活動，從工人罷工到農民抵抗地方幹部和投資者的「土地掠奪」。市民的抗議活動針對的是最臭名昭著的工業破壞環境的情況。這些衝突越來越引起普通民眾與地方幹部及政府之間的對抗。在毛澤東時代，國家自上而下組織「階級鬥爭」，利用官方劃定的標籤來明確打擊對象。今天，工人越來越多地為爭取自己更高的工資和更好的保護而鬥爭，他們常常繞過官方的工會。新一代的農民工試圖抵制農村戶口帶來的限制，並在城市中建立永久的立足點。儘管有這些自底層而起的階級鬥爭的例子，但黨和國家成功地阻止了所有工人運動發展到地方範圍之外。最後一次建立全國性獨立工會的認真嘗試發生在一九八九年天安門廣場抗議期間，被軍隊鎮壓了，後來又受到了政治和司法上的打壓。

一九九〇年代後期，工人們在抗議私有化和國營工廠倒閉的遊行時會舉著毛主席的畫像。一些老工人對工作有保障的時代和「鐵飯碗」十分留念。對他們來說，讓他們下崗違反了社會主義會永遠保護他們生計的原則。毛澤東時代意味著平等主義的社會，現在已經失去了。有些人希望再推動毛澤東時代懲治腐敗官員的運動。[57]這些想法仍然比較流行，但當今活躍在勞動市場的絕大多數中國人沒有對毛澤東時代的記憶，因此淡化了這些想法。而且，如我試圖闡明的那樣，毛澤東時代無論如何都不是人人平等，而是等級森嚴。那時候，只有二〇%左右的人可以在「體制內」過著舒適生活，絕大多數人，包括極大數量的農村人，仍然享受不到社會主義的福利。年紀大的農民都忘不了大饑荒和後來幾年所經歷的痛苦。農村人遠遠不像城市人對那個時代那麼懷舊，城市工人在毛澤東時代畢竟相對享有特權。只有城市裡少數新毛派知識分子仍然主張回歸集體農業。全國大多數人對重返計劃經濟沒有興趣。

同時，文化大革命保留在主流思想的簡單記憶中，包括反對「官僚階層」濫用職權。執政的精英們仍然擔心人們有選擇地、創造性地劫持毛主義的老口號「造反有理」，他們認為這些口號對其統治構成了真正的威脅。因此，為避免過多地關注中共過去的錯誤，習近平領導層試圖掌控對毛時代的記憶和研究。他們警告研究人員遠離某些課題，檔案的查閱越來越受到限制。但是，富人和權貴不能保證那些邊緣化的人不會造反，也不能確定中國革命的承諾可以永不兌現。

附件8.1　實事求是地解決好四類分子摘帽問題

——公安部部長趙蒼壁同志答本報記者問

問：對於摘了地、富、反、壞分子帽子的人，今後應當怎樣對待？如果他們之中有人違法犯罪，是否需要重新戴上帽子？
答：四類分子摘掉帽子以後，應當按照他們從事的工作或職業，相應地稱他們為社員、工人、教員等。他們應當享有我國憲法所規定的公民的一切基本權利，而不應當對他們有任何歧視或者變相歧視，不要再叫他們「摘帽地主」、「摘帽富農」、「摘帽反革命」、「摘帽壞分子」，更不能把他們繼續列為「專政對象」。他們之中如果有人犯了錯誤，也應當運用處理人民內部矛盾的方法，給予批評教育。至於有人犯了罪，那就應當根據他們的犯罪事實，依照法律，犯了什麼罪就按什麼罪處理，而不應當再給戴上原來的帽子。

問：對四類分子的子女落實政策，應當注意些什麼問題？
答：對四類分子的子女，重在本人表現，這也是我們黨的一貫政策。出身於地、富家庭從事各種社會職業的人，他們的父輩屬於剝削階級，他們自己是社會主義的勞動者。反、壞分子的子女，他們的父輩犯了罪，他們自己是無辜的。這本來是十分清楚的事情。四類分子家庭出身的子女受歧視的現象，是社會主義法制不健全，社會民主生活不正常的一種表現……要按照黨中央決定，全面地徹底地解決地、富家庭第二代定成分和第三代改出身的問題。今後，一定要堅決貫徹黨的重在本人表現的政策，使出身於四類分子家庭的子女在入學、招工、參軍、入團、入黨和分配工作等方面，享有同工農家庭出身的人同樣的待遇。

資料來源：《人民日報》，1979年1月30日。

附件8.2 批准摘帽通知書

豐順縣革命委員會
批准摘帽通知書
豐革摘字第八五七號

查羅三益，男性，現年五十七歲，係湯南人民公社東方大隊人，現批准摘掉富農分子帽子，給予農村人民公社社員待遇。

特此通知。

一九七九年九月十二日（蓋章）

此聯存檔

資料來源：Stanford East Asian Library, Collection of Contemporary Chinese Political Archives, 1949-1980, Box 74.

附件8.3 平反通知

趙德軒同志：

在林彪、「四人幫」反革命路線的殘酷迫害下，你曾被誣陷為所謂

「新內人黨」分子

根據黨中央「四・二〇」、「一・二一」兩次批示和自治區黨有關指示，對強加給你的一切污蔑不實之詞，一律推倒，給予徹底平反，恢復名譽；並對受株連的家屬、子女、

附件8.3 平反通知

親友消除影響，恢復名譽。 謹向你表示親切的慰問。 特此通知。 中共內蒙古自治區委員會辦公廳 一九七九年七月二十三日

資料來源：Yang Haiying, *Cultural Revolution in Inner Mongolia: Documents related to the Mongolian Genocide during the Cultural Revolution in Inner Mongolia (2): The Purge of the Inner Mongolian People's Party* (Tokyo: Fukyosha Publishing, 2010), p.777。

致謝

我十分感謝多位同事和匿名評審，他們的回饋豐富了本書的內容。我特別要感謝劍橋大學出版社本書的責任編輯露西・瑞莫（Lucy Rhymer）的耐心指導。感謝卡梅隆・漢德森貝格（Cameron Henderson-Begg）和麗莎・金德法特（Lisa Kindervater）為完善英文文本、強化立論的邏輯所做的不懈努力。他們的努力使這本書更加完善、更具可讀性。

好幾位同事對本書各章節提出了評論和修改意見，我真誠地感謝他們可貴的建議，這其中包括阿佩爾曼（Björn Alpermann，維爾茨堡大學）、吳一迪（加州大學歐文分校）、吳一慶（多倫多大學）、戴蒙德（Neil Diamant，狄金森學院）、崔金珂（維也納大學）、江曠（Brian Demare，杜蘭大學）、艾迪・吳（Eddy U，加州大學戴維斯分校）、派克・恩格曼（Puck Engman，弗萊堡大學）、魏格林（Susanne Weigelin-Schwiedrzik，維也納大學）、魏昂德（史丹佛大學）、李民騏（猶他大學）、寇馬克・歐葛拉達（都柏林大學學院）、丹尼爾・福克斯（Daniel Fuchs，倫敦大學亞非學院）、雷大年（Daniel Leese，弗萊堡大學）、金伯利·恩斯·馬寧（Kimberely Ens Manning，蒙特婁康考迪大學）、潔西嘉·普呂格（Jessica Pflüger，波鴻大學）、蘇·瀾·霍普曼（Suy Lan Hopmann，柏林自由大學）、余凱思（Klaus Mühlhahn，柏林自由大學）、朱美婷（科隆大學）、約翰·哥德伯格（Jörn Goldberg，法蘭克福大學）、湯瑪斯·沙爾平（Thomas Scharping，科隆大學）、徐夢然（多倫多大學）。

感謝上海交通大學的曹樹基與我分享有關本專案的歷史材料。我也十分感激那些大躍進和文化大革命的親歷者多年來允許我採訪他們。他們的貢獻對本書的撰寫極有價值。景文玉（科隆大學）對書本的編輯工作提供了幫助。郭相葳（Vivienne Guo，倫敦大學國王學院）將本書所需的一些文件譯成英文。我還要感謝格萊布·萊切弗萊多夫（Gleb Netchvolodov）為繪製圖表和地圖所做的工作。

感謝科隆路德維希博物館為本書提供了大量有關葉華的照片。歐普雷塔（Helmut Opletal，維也納大學）非常慷慨地讓我引用了他私人珍藏且尚未發表的照片，這些照片讓我們看到了一九七〇年代去中國的西方記者和旅行者審視中國社會的角度。巴塞爾萊昂哈德高級中學給我提供了瑞士法語區的老師讓·莫瑟（Jean Moser）及他的妻子瑪麗—路易士（Marie-Louise）拍攝的照片，一九六六至一九六七年期間生活在北京的西方人極少，他們是其中的兩個。

最後，我要對我的工作單位科隆大學東亞學院表示感謝。自二〇一四年我被聘任為該學院當代中國研究的教授以來，我得以專心研究我視為二十世紀的中國和國家社會主義歷史中最重要和最感興趣的研究課題。當一個學者可以不擔憂升遷、主流學術觀點和某一研究會帶來什麼樣的財務問題時，他可以有多麼大的創造學術成果的空間啊！我希望這本書對這樣的學術自由做了有效的支配。

參考資料

參考書目節選

Bo Yibo, *Ruogan zhongda juece yu shijian de huigu*, 2 vols. (Beijing: Zhongyang dangxiao chubanshe, 1991).

Brown, Jeremy and Johnson Matthews (eds.), *Maoism at the Grassroots: Everyday Life in China's Era of High Socialism* (Cambridge, MA: Harvard University Press, 2015).

Brown, Jeremy and Paul G. Pickowicz (eds.), *Dilemmas of Victory: The Early Years of the People's Republic of China* (Cambridge, MA: Harvard University Press, 2007).

Cheek, Timothy, *The Intellectual in Modern Chinese History* (Cambridge: Cambridge University Press, 2015).

Diamant, Neil, *Revolutionizing the Family: Politics, Love, and Divorce in Urban and Rural China, 1949–1968* (Berkeley, CA: University of California Press, 2000).

Eyferth, Jacob, *Eating Rice from Bamboo Roots: The Social History of a Community of Handicraft Papermakers in Rural Sichuan* (Cambridge, MA: Harvard University Asia Center, 2009).

Gao Wangling, *Zhongguo nongmin fan xingwei yanjiu, 1950–1980* (Hong Kong: Zhongwen daxue chubanshe, 2013).

Han Gang (ed.), *Zhongguo dangdaishi yanjiu* (Beijing: Jiuzhou chubanshe, 2009; 2011), two volumes.

Hershatter, Gail, *The Gender of Memory: Rural Women and China's Collective Past* (Berkeley, CA: University of California Press, 2011).

Jin Dalu, *Feichang yu zhengchang: Shanghai "wenge" shiqi de shehui shenghuo* (Shanghai: Shanghai cishu chubanshe, 2011).

Joel, Andreas, *Rise of the Red Engineers: The Cultural Revolution and the Origins of China's New Class* (Stanford, CA: Stanford University Press, 2009).

Kraus, Richard, *Class Conflict in Chinese Socialism* (New York, NY: Columbia University Press, 1981).

Leese, Daniel, *Mao Cult: Rhetoric and Ritual in China's Cultural Revolution* (Cambridge: Cambridge University Press, 2011).

Li Xun, *Geming zaofan niandai: Shanghai wenge yundong shigao*, 2 vols. (Hong Kong: Oxford University Press, 2015).

Liu Xiaomeng, *Zhongguo zhiqingshi Dachao (1966–1980)* (Beijing: Zhongguo shehui kexue chubanshe, 1998).

MacFarquhar, Roderick and Michael Schoenhals, *Mao's Last Revolution* (Cambridge, MA: The Belknap Press of Harvard University Press, 2008).

Manning, Kimberley and Felix Wemheuer (eds.), *Eating Bitterness: New Perspectives on China's Great Leap Forward and Famine* (Vancouver: University of British Columbia Press, 2011).

Meisner, Maurice, *Mao's China and After: A History of the People's Republic* (New York, NY: The Free Press, 1999).

Mullaney, Thomas, *Coming to Terms with the Nation: Ethnic Classification in Modern China* (Berkeley, CA: University of California Press, 2011).

Perry, Elizabeth, *Anyuan: Mining China's Revolutionary Tradition* (Berkeley, CA: University of California Press, 2012).

Schoenhals, Michael, *Spying for the People: Mao's Secret Agents 1949–1967* (Cambridge: Cambridge University Press, 2013).

Smith, Aminda, *Thought Reform and China's Dangerous Classes: Reeducation, Resistance, and the People* (Lanham, MD: Rowman and Littlefield, 2013).

Thaxton, Ralph, *Catastrophe and Contention in Rural China: Mao's Great Leap Forward Famine and the Origins of Righteous Resistance in Da Fo Village* (Cambridge: Cambridge University Press, 2008).

Unger, Jonathan, Anita Chan and Stanley Rosen, "Students and Class Warfare: The Social Roots of the Red Guard Conflict in Guangzhou (Canton)," *The China Quarterly* 83 (1980), pp. 397–446.

Walder, Andrew G., *Fractured Rebellion: The Beijing Red Guard Movement* (Cambridge, MA: Harvard University Press, 2009).

Wang Nianyi, *Dadongluan de niandai* (Zhengzhou: Henan renmin chubanshe, 2005).

Wemheuer, Felix, *Famine Politics in Maoist China and the Soviet Union* (New Haven, CT: Yale University Press, 2014).

Wu Yiching, *The Cultural Revolution at the Margins: Chinese Socialism in Crisis* (Cambridge, MA: Harvard University Press, 2014).

Xiao Donglian, *Zhonghua renmin gongheguo shi, Vol. 10, Lishi de zhuangui: Cong boluan fanzheng dao gaige kaifang (1979–1981)* (Xianggang: Zhongwendaxue chubanshe, 2008).

Yang Jisheng, *Mubei: Zhongguo liushi niandai dajihuang jishi*, 2 vols. (Hong Kong: Tiandi tushu, 2008).

Yang Kuisong, *Zhonghua renmin gongheguo jianguoshi yanjiu*, Vol. 1 (Nanchang: Jiangxi renmin chubanshe, 2009).

電影

Breaking with Old Ideas (Juelie), Li Wenhua 1975.

Coming Home (Guilai), Zhang Yimou 2014.

Farewell my Concubine (Bawang bieji), Chen Kaige 1993.

Hibiscus Town (Furongzhen), Xie Jin 1986.

In the Heat of the Sun (Yangguang canlan de rizi), Jiang Wen 1995.

Platform (Zhantai), Jia Zhangke 2000.

The Blue Kite (Lan fengzheng), Tian Zhuangzhuang 1993.

The Chinese (La Chinoise), Jean-Luc Godard 1967.

The Road Home (Wo de fuqin muqin), Zhang Yimou 1999.

The White Haired Girl (Baimao nü), Wang Bin, Shui Hua 1950.

To Live (Huozhe), Zhang Yimou 1994.

Two Stage Sisters (Wutai jiemei), Xie Jin 1964.

Xiuxiu: The Sent Down Girl (Tianyu), Joan Chen 1998.

紀錄片

A Grin without a Cat (Le fond de l'air est rouge), Chris Marker 1977.

Chung Kuo, Cina, Michelangelo Antonioni 1972.

Morning Sun, Carma Hinton 2003.

Storm under the Sun, Peng Xiaolian, S. Louisa Wei 2009.

The Ditch (Jiabiangou), Wang Bing 2010.

The Revolutionary, Irv Drasnin 2012.

Though I Am Gone (Wo sui siqu), Hu Jie 2007.

2017).

55 Lea Shi with Kerstin Lohse-Friedrich, "Zentralisierte Führung – Hetrogene Parteibasis: Veränderungen in der Mitgliederstruktur der Kommunistische Partei Chinas," www.merics.org/fileadmin/templates/download/china-monitor/Merics_China-Monitor_KPC-2016_Screen.pdf (accessed September 8, 2017).

56 比如見：Daniel A. Bell, *The China Model: Political Meritocracy and the Limits of Democracy* (Princeton, NJ: Princeton University Press, 2015); Andrew Walder, "China's Evolving Oligarchy," in David B. Grusky (ed.), *Social Stratification: Class, Race, and Gender in Sociological Perspective* (Boulder, CO: Westview Press, 2014), p. 326.

57 Ching Kwan Lee, *Against the Law: Labor Protests in China's Rustbelt and Sunbelt* (Berkeley, CA: University of California Press, 2007), p. 119.

42 中華全國婦女聯合會婦女研究所編，《中國婦女統計資料》（北京：中國統計出版社，1991），第239頁。

43 Stanley Rosen, "Women, Education and Modernization," in Ruth Hayhoe(ed.), *Education and Modernization: The Chinese Experience* (Oxford: Pergamon Press, 1992), p. 259.

44 同上，第261頁。

45 中華全國婦女聯合會婦女研究所編，《中國婦女統計資料》，第571-572頁。

46 詳見：Zhong Xueping, *Masculinity Besieged? Issues of Modernity and Male Subjectivity in Chinese Literature of the Late Twentieth Century* (Durham, NC: Duke University Press, 2000)。

47 Martin King Whyte, Wang Feng and Yong Cai, "Challenging Myths about China's One-Child Policy," *The China Journal*, No. 74 (2015), p. 157.

48 Tyrene White, *China's Longest Campaign: Birth Planning in the People's Republic, 1949–2005* (Ithaca, NY: Cornell University Press, 2006), p. 44.

49 比如見：Xiang Biao, *Transcending Boundaries. Zhejiangcun: The Story of a Migrant Village in Beijing* (Leiden: Brill, 2005), translated by Jim Weldon。

50 〈中國共產黨章程〉，www.12371.cn/special/zggcdzc/zggcdzcqw/ (accessed June 23, 2017)。

51 有關這個問題請見以下文章：Alvin Y. So, "The Changing Pattern of Class and Class Conflict in China," *Journal of Contemporary Asia*, Vol. 33, No. 3 (2003), pp. 366–371。

52 "Female entrepreneurs account for one quarter in China: white paper," *Xinhua*, September 22, 2015, www.chinadaily.com.cn/china/2015–09/22/content_21947630.htm (accessed September 8, 2017).

53 David S. Goodman, *Class in Contemporary China* (Cambridge: Polity Press, 2014), pp. 101–102.

54 Karl Marx, *Capital: A Critique of Political Economy*, Vol.I (1887), www.marxists.org/archive/marx/works/1867-c1/ch23.htm (accessed June 23,

30 中共中央，〈轉發鄧小平同志關於如何劃分和清理「三種人」的談話 〉，1983年11月16日， in Song Yongyi (ed.), *The Chinese Cultural Revolution Database* (Hong Kong: Universities Service Centre for China Studies, The Chinese University of Hong Kong, 2006)。

31 作者2015年9月在太原的採訪。

32 中共中央，〈關於清理領導班子中「三種人」問題的通知（概要）〉，1982年12月30日，in Song, *The Chinese Cultural Revolution Database*。

33 中共中央，〈關於清理「三種人」若干問題的補充通知〉，1984年7月31日，in Song, *The Chinese Cultural Revolution Database*。

34 Weigelin-Schwiedrzik, "In Search of a Master Narrative for 20th-Century Chinese History," p. 1081.

35 Heberer, *China and its National Minorities*, pp. 30, 37–38.

36 黃光學，《中國的民族識別》（北京：民族出版社，1995），第167、157頁。

37 〈中共中央關於轉發「西藏工作座談會紀要」的通知〉，1980年4月7日，中共中央文獻研究室編，《十一屆三中全會以來重要文獻選讀（上冊）》（北京：人民出版社，1987）第1卷，第194-195頁。

38 有關資料情況詳見：啟之，《內蒙古文革實錄：「民族分裂」與「挖肅」運動》（香港：天行健出版社，2010），第22-23頁。

39 張旭凱編，《撥亂反正（新疆卷）》（中國共產黨歷史資料叢書，1999，內部資料），第103頁。感謝丹尼爾·利斯（Daniel Leese）提供這個資訊。

40 有關這個問題的討論請見：Wang Lixiong, "Reflections on Tibet," *New Left Review*, No. 14 (2002), pp. 79–111; Tsering Shakya, "Blood in the Snows: Reply to Wang Lixiong," *New Left Review*, No. 15 (2002), pp. 39–60。

41 Wang Zheng, *Finding Women in the State: A Socialist Feminist Revolution in the People's Republic of China, 1949–1964* (Berkeley, CA: University of California Press, 2016), p. 239.

到改革開放（1979-1981）》（香港：香港中文大學出版社，2008），第120頁。

13 〈中共中央關於地主、富農分子摘帽問題和地富子女成分問題的決定〉，中共中央文獻研究室編，《新時期農業和農村工作重要文獻選編（北京：中央文獻出版社，1992），第13頁。

14 蕭冬連，《中華人民共和國史》第10卷，第129頁。

15 同上，第130頁。

16 同上，第134頁。

17 《人民日報》，1979年1月4日。

18 Joel Andreas, *Rise of the Red Engineers: The Cultural Revolution and the Origins of China's New Class* (Stanford, CA: Stanford University Press, 2009), p. 224.

19 同上，第235頁。

20 國務院，〈中華人民共和國居民身份證試行條例〉，國務院辦公廳法制局編，《中華人民共和國法規彙編（1984年1月－1984年12月）》（北京：法律出版社，1986），第84-87頁。

21 〈關於建國以來黨的若干歷史問題的決議〉 。

22 蕭冬連，《中華人民共和國史》第10卷，第122頁。

23 同上，第117-118頁。

24 Wu Yiching, *The Cultural Revolution at the Margins: Chinese Socialism in Crisis* (Cambridge, MA: Harvard University Press, 2014), pp. 213–214.

25 蕭冬連，《中華人民共和國史》第10卷，第118頁。

26 Richard C. Kraus, *Class Conflict in Chinese Socialism* (New York, NY: Columbia University Press, 1981), p. 171.

27 張世飛，《中國當代社會史（1978-1992）》，第56頁。

28 Alexander Cook, *The Cultural Revolution on Trial: Mao and the Gang of Four* (Cambridge: Cambridge University, Press, 2016), pp. 35–36.

29 全國人民代表大會，〈中華人民共和國刑法〉，《中華人民共和國法規彙編（1979年1月－1979年12月）》，第68-70頁， 第二部分第二段。

2 韋日平，〈指導思想上的「亮劍」：十八大以來習近平關於堅持毛澤東思想指導地位的重要思想述略〉，http://dangshi.people.com.cn/n/2014/ 0814/c85037-25467371–2.html (accessed June 26, 2017)。

3 Elizabeth Perry and Sebastian Heilmann, "The Embracing Uncertainty: Guerrilla Policy Style and Adaptive Governance in China," in Elizabeth Perry and Sebastian Heilmann (eds.), *Mao's Invisible Hand: The Political Foundations of Adaptive Governance in China* (Cambridge, MA: Harvard University Asian Center, 2011), pp.11-15.

4 Shu Guang Zhang, *Economic Cold War: America's Embargo against China and the Sino-Soviet Alliance, 1949–1963* (Washington, DC: Woodrow Wilson Center Press, 2001), pp. 282–283.

5 見：Susanne Weigelin-Schwiedrzik, "In Search of a Master Narrative for 20th-Century Chinese History," *The China Quarterly*, Vol. 188 (2006), pp. 1074–1075。

6 〈關於建國以來黨的若干歷史問題的決議〉，http://cpc.people.com.cn/GB/64162/64168/64563/65374/4526452.html (accessed June 7, 2017)；也見於：Alexander C. Cook, *The Cultural Revolution on Trial: Mao and the Gang of Four* (Cambridge: Cambridge University Press, 2016), pp.198-200。

7 毛澤東，〈中國共產黨在民族戰爭中的地位〉，《毛澤東選集》第2卷，www.marxists.org/chinese/maozedong/marxist.org-chinese-mao-19381014.htm (accessed June 29, 2018)。

8 張世飛，《中國當代社會史（1978-1992）》（長沙：湖南人民出版社，2011）第4卷，第55頁。

9 同上，第56頁。

10 Thomas Heberer, *China and its National Minorities: Autonomy or Assimilation?*(Armonk,NY: M.E. Sharpe, 1989), p. 100.

11 《人民日報》，1979年5月15日。

12 蕭冬連，《中華人民共和國史》第10卷《歷史的轉軌：從撥亂反正

fak.uni-koeln.de/fileadmin/chinastudien/papers/No_1985–2.pdf (accessed March 30, 2018).

69 見：Sigrid Schmalzer, *Red Revolution, Green Revolution: Scientific Farming in Socialist China* (Chicago, IL: The University Press of Chicago, 2016)。

70 Thomas Scharping, "Urbanization in China since 1949," *The China Quarterly*, No.109 (1987), p. 102.

71 袁永熙編，《中國人口總論》，第277頁。

72 潘鳴嘯，《失落的一代》，第56–58頁。

73 國家統計局統計司編，《中國勞動工資統計資料》（北京：國家統計出版社，1987），第32頁。國營企業就業總人數統計見：中共中央書記處研究室理論組編，《當前我國工人階級狀況調查資料彙編》第2卷，第105-107頁。

74 根據中華全國婦女聯合會婦女研究所編，《中國婦女統計資料》（北京：中國統計出版社，1991），第571、572、575頁。

75 袁永熙編，《中國人口總論》，第439頁。

76 Barry Sautman, "Preferential Policies for Ethnic Minorities in China: The Case of Xinjiang," *Nationalism and Ethnic Politics*, Vol. 4 (1998), p. 365.

77 見：毛澤東，〈培養無產階級的革命接班人〉，中央文獻出版社編，《建國以來毛澤東文稿》（北京：中央文獻出版社，1996）第11卷，第85-87頁。

78 Fredrick Teiwes and Warren Sun, "China's New Economic Policy under Hua Guofeng: Party Consensus and Party Myths," *The China Journal*, No. 66 (2011), pp. 1–23.

79 作者2014年9月22日在濟南對其進行的採訪。

第八章　毛時代給改革開放時期留下的遺產和延續

1 Eva Siao, *China: Mein Traum, mein Leben* (Bergisch Gladbach: Gustav Lübbe Verlag, 1990), p. 387.

Economic Development and Social Opportunity (Oxford: Oxford University Press, 1999), p. 77.

57 Robert Ash, "Squeezing the Peasants: Grain Extraction, Food Consumption and Rural Living Standards in Mao's China," *The China Quarterly*, No. 188 (2006), p. 990.

58 Lü Junhua, Peter G. Rowe and Zhang Jie (eds.), *Modern Urban Housing in China, 1840–2000* (Munich: Prestel, 2001), p. 19.

59 袁永熙編，《中國人口總論》（北京：中國財政經濟出版社，1991），第277頁。

60 Martin King Whyte, Wang Feng and Yong Cai, "Challenging Myths about China's One-Child Policy," *The China Journal*, No. 74 (2015), p. 152.

61 Walder, *China under Mao*, pp. 320–321.

62 Thomas Scharping, "Chinas Bevölkerung 1953–1982, Teil III: Sterblichkeit und Lebenserwartung," *Cologne China Studies Online*, No. 1 (1986), pp. 20–21, www.phil-fak.uni-koeln.de/fileadmin/chinastudien/papers/No_1986–1.pdf (accessed March 30, 2018).

63 較全面的評估請見：Sascha Klotzbücher, *Das ländliche Gesundheitswesen der VR China* (Frankfurt (M): Peter Lang, 2006), pp. 87–122.

64 Suzanne Pepper, *Radicalism and Education Reform in 20th-Century China* (Cambridge: Cambridge University Press, 1996), p. 483.

65 Joel Andreas, "Leveling the Little Pagoda: The Impact of College Examinations, and their Elimination, on Rural Education in China," *Comparative Education Review*, Vol. 48, No. 1 (2004), pp. 19–22.

66 Dikötter, *The Cultural Revolution*, pp. 287–288.

67 Donald Treiman, "The Growth and Determinants of Literacy in China," in Emily Hannumand Albert Park (eds.), *Education and Reform in China* (London: Routledge, 2007), p. 149.

68 Scharping, "Chinas Bevölkerung 1953–1982, Teil II: Alter, Geschlecht und Sozialstruktur," *Cologne China Studies Online*, No. 2 (1985), p. 9, www.phil-

42 見：Nora Sausmikat, Kulturrevolution, *Diskurs und Erinnerung: Eine Analyse lebensgeschichtlicher Erzählungen von chinesischen Frauen* (Frankfurt (M): Peter Lang, 2002), pp. 165–173。

43 中共中央，〈轉發國務院關於全國知識青年上山下鄉工作會議的報告〉，1973年8月4日，in Song, *The Chinese Cultural Revolution Database*。

44 劉小萌，《中國知青史》，第865頁。

45 如：中共中央，〈關於杜絕高等學校招生工作中「走後門」現象的通知〉，1972年5月1日；中共中央，〈關於「走後門」問題的通知〉，1974年2月20日，in Song, *The Chinese Cultural Revolution Database*。

46 詳見：印紅標，《失蹤者的足跡》，第215-340頁。

47 有關這個問題請見：Sausmikat, *Kulturrevolution, Diskurs und Erinnerung,* pp. 227–277; Emily Honig, "Socialist Sex: The Cultural Revolution revisited," *Modern China*, Vol. 29, No. 2 (2003), pp. 165–166。

48 關於衡量發展水準問題見：Chris Bramall, *Chinese Economic Development* (London: Routledge, 2008), pp. 3–43.

49 資訊來自：Angus Maddison, *The World Economy, Volume 1: A Millennial Perspective,* Vol. 2: Historical Statistics (Paris: OECD, 2006)。

50 Li Minqi, *The Rise of China and the Demise of the Capitalist World Economy* (London: Pluto Press, 2008), p. 29.

51 Andrew Walder, *China under Mao: A Revolution Derailed* (Cambridge, MA: Harvard University Press, 2015), pp. 321–330.

52 Angus Maddison, *Chinese Economy: Performance in the Long Turn* (Development Centre of OCDE, 1998), pp. 55, 56, www.piketty.pse.ens.fr/files/Maddison98.pdf (accessed June 22, 2017).

53 Bramall, *Chinese Economic Development*, p. 281.

54 同上，第318-319頁。

55 Cormac O'Grada, "Great Leap into Famine: A Review Essay," *Population and Development Review*, Vol. 37, No. 1 (2011), pp. 192–193.

56 Jean Drèze and Amartya Sen, *The Amartya Sen and Jean Drèze Omnibus, India:*

年12月11日， in Song, *The Chinese Cultural Revolution Database*。

28 姚文元，〈論林彪反黨集團的社會基礎〉，1975年3月1日，in Song, *The Chinese Cultural Revolution Database*; V. I. Lenin, *"Left-Wing" Communism: An Infantile Disorder* (Chippendale: Resistance Books, 1999), p. 30。

29 《中華人民共和國憲法》，第一部分，第7條。

30 Frank Dikötter, *The Cultural Revolution: A People's History, 1962–1976* (London: Bloomsbury, 2016), p. xv.

31 高王凌，《中國農民反行為研究，1950-1980》（香港：香港中文大學出版社，2013）。

32 Jean C. Oi, *State and Peasants in Contemporary China: The Political Economy of Village Government* (Berkeley, CA: University of California Press, 1989), p. 229.

33 劉小萌，《中國知青史：大潮1966-1980》（北京：中國社會科學出版社，1998），第863頁。

34 路遇，《新中國人口五十年》（北京：中國人口出版社，2004）上冊，第601-692頁。

35 劉小萌，《中國知青史》，第848頁。

36 比如見：Thomas Scharping, *Umsiedlungsprogramme für Chinas Jugend 1955–1980: Probleme der Stadt-Land-Beziehungen in der chinesischen Entwicklungspolitik* (Hamburg: Institut für Asienkunde, 1981), pp. 425, 433；潘鳴嘯（Michel Bonnin），《失落的一代：中國上山下鄉運動（1968-1980）》，歐陽因（Annie Au-Yeung）譯，（北京：中國大百科全書出版社，2010），第53–55頁。

37 劉小萌，《中國知青史》，第192頁。

38 Scharping, *Umsiedlungsprogramme für Chinas Jugend 1955–1980*, p. 271.

39 劉小萌，《中國知青史》，第401-403頁。

40 劉小萌、定宜莊，《中國知青事典》（成都：四川人民出版社，1995），第517頁。

41 劉小萌，《中國知青史》，第502-503頁。

Factions, Work Units, and Activists during the 1976 April Fifth Movement," *China Information*, Vol. 8, No. 3 (1994), pp. 1–19.

13 當代中國叢書編輯部編，《當代中國的勞動力管理》（北京：中國社會科學出版社，1990），第16頁。

14 〈國務院關於改革臨時工、輪換工制度的通知（概要）〉，1971年11月30日，in Song, *The Chinese Cultural Revolution Database*。

15 中共中央書記處研究室理論組編，《當前我國工人階級狀況調查資料彙編》（北京：中共中央黨校出版社，1983）第2卷，第106-107頁。

16 國家統計局統計司編，《中國勞動工資統計資料》（北京：國家統計出版社，1987），第32頁。

17 中共中央書記處研究室理論組編，《當前我國工人階級狀況調查資料彙編》第2卷，第1頁。

18 同上，第26–28頁，參加這個統計的工人總數是149,995。

19 同上，第42–25頁，參加這個統計的工人總數是149,995 。

20 同上，第2卷，第6頁。

21 同上，第18-19頁。

22 中共中央書記處研究室理論組編，《當前我國工人階級狀況調查資料彙編》第1卷，第4頁。

23 鄭有貴，〈文化大革命時期農業生產波動及其動因探析〉，《中共黨史研究》1998年第3期，第71-77頁。

24 中華人民共和國農業部計劃司編，《中國農村經濟統計大全1949-1986》（北京：農業出版社，1989），第410-411頁。

25 Flemming Christiansen,"Food Security, Urbanization and Social Stability in China,"*Journal of Agrarian Change*, Vol. 9, No. 4 (2009), p. 552.

26 Yang Dali, *Calamity and Reform in China: State, Rural Society, and Institutional Change since the Great Leap Famine* (Stanford, CA: Stanford University Press, 1996), p. 101.

27 〈中共中央批轉國務院關於北方區農業會議的報告（摘要）〉，1970

第七章　遣散與恢復：文化大革命後期（一九六九至一九七六年）

1　作者2016年9月在濟南的採訪。

2　王年一，《大動亂的年代》（鄭州：河南人民出版社，2005），第281頁。

3　Barry Naughton,"The Third Front: Defense Industrialization in the Chinese Interior, "*The China Quarterly*, No. 115 (1988), p. 365.

4　全文請見：〈林彪集團「五七一工程」紀要全文〉，http://history.sina.com.cn/bk/wgs/2014–06-16/155193265.shtml (accessed March 30, 2018)。

5　印紅標，《失蹤者的足跡：文化大革命期間的青年思潮》（香港：香港中文大學出版社，2009），第355-360頁。

6　Jackie Sheehan, *Chinese Workers: A New History* (New York, NY: Routledge, 1998), pp. 141–143.

7　比如見：Dong Guoqiang and Andrew G. Walder, "Nanjing's 'Second Cultural Revolution' of 1974," *The China Quarterly*, No. 212 (2012), pp. 905–908.

8　2013至2017年間在山東接受我採訪的造反派都有這樣的看法。另請見：Wang Shaoguang, *Failure of Charisma: The Cultural Revolution in Wuhan* (Hong Kong: Oxford University Press, 1995), pp. 247–248。

9　例如：〈中共中央「關於批林批孔運動幾個問題的通知」〉，1974年4月10日，in Song Yongyi (ed.), *The Chinese Cultural Revolution Database* (Hong Kong: Universities Service Centre for China Studies, The Chinese University of Hong Kong, 2006)。

10　詳見：李遜《革命造反年代：上海文革運動史稿》（香港：牛津大學出版社，2015）第2卷，第1546頁。

11　《中華人民共和國憲法》，www.npc.gov.cn/wxzl/wxzl/2000–12/06/content_4362.htm (accessed April 10, 2017)。

12　詳見：Sebastian Heilmann, "The Social Context of Mobilization in China:

41 〈中共中央關於農村生產大隊和生產隊在春耕期間不要奪權的通知〉，1967年3月7日，in Song Yongyi (ed.), *The Chinese Cultural Revolution Database*。

42 Yang Su, *Collective Killings in Rural China during the Cultural Revolution* (Cambridge: Cambridge University Press, 2011).

43 劉小萌，《中國知青史：大潮1966-1980》（北京：中國社會科學出版社，1998），第863頁。

44 同上，第91、97頁。

45 David S. Goodman, "The Provincial Revolutionary Committee in the People's Republic of China, 1967–1979: An Obituary," *The China Quarterly*, Vol. 85 (1981), p. 69.

46 〈中國共產黨中央委員會關於無產階級文化大革命的決定〉，1966年8月8日。

47 金沖及，《毛澤東傳（1949－1976）》(北京：中央文獻出版社，2003），第1474頁。

48 齊晉華，《齊魯三年梟雄王》（青島：未發表的書稿，2014），第56頁；〈中共中央關於不准地、富、反、壞、右乘機翻案問題的規定 〉，1967年10月26日，in Song Yongyi (ed.), *The Chinese Cultural Revolution Database*。

49 紅旗雜誌編輯部，〈必須正確地對待幹部〉，1967年3月1日，in Song Yongyi (ed.), *The Chinese Cultural Revolution Database*。

50 Dong Guoqiang and Andrew G. Walder, "Nanjing's Failed 'January Revolution' of 1967: The Inner Politics of a Provincial Power Seizure," *The China Quarterly*, No. 203 (2010), p. 678.

51 Wu, *The Cultural Revolution at the Margins*, pp. 48–51.

52 紅旗雜誌編輯部，〈吸收無產階級的新鮮血液——政黨工作中的一個重要問題〉，1968年10月14日， in Song Yongyi (ed.), *The Chinese Cultural Revolution Database*。

ping lun," Hoover Institution Archives。

27 Andrew G. Walder, *Fractured Rebellion: The Beijing Red Guard Movement* (Cambridge, MA: Harvard University Press, 2009), pp. 198–200.

28 江青，〈江青同志談階級路線〉，《火炬報》第2期（1967年2月15日），Chinese Cultural Revolution Collection, Box 7, Folder "huo ju bao," Hoover Institution Archives。

29 紅旗雜誌編輯部，〈把無產階級文化大革命進行到底〉，1967年1月1日，in Song Yongyi (ed.), *The Chinese Cultural Revolution Database*。

30 〈中共中央關於中學無產階級文化大革命的意見〉，1967年2月19日， in Song Yongyi (ed.), *The Chinese Cultural Revolution Database*。

31 李遜，《革命造反年代：上海文革運動史稿》（香港：牛津大學出版社，2015）第1卷，第333頁。

32 〈中共中央關於抓革命、促生產的十條規定（草案）〉，1966年12月9日， in Song Yongyi (ed.), *The Chinese Cultural Revolution Database*。

33 李遜，《革命造反年代：上海文革運動史稿》第1卷，第379頁。

34 同上，第649-657頁。

35 江青、陳伯達，〈江青、陳伯達與全國紅色勞動者造反總團代表的談話〉，1966年12月26日， in Song Yongyi (ed.), *The Chinese Cultural Revolution Database*。

36 〈中共中央和國務院「關於臨時工、合同工、外包工的通告」〉，1967年2月17日， in Song Yongyi (ed.), *The Chinese Cultural Revolution Database*。

37 李遜，《革命造反年代》第1卷，第668-669頁。

38 Wu, *The Cultural Revolution at the Margins*, pp. 140–141.

39 當代中國叢書編輯部編，《當代中國的勞動力管理》（北京：中國社會科學出版社，1990），第16頁。

40 比如：〈中國共產黨中央委員會關於縣以下農村文化大革命的規定及附件〉，1966年9月14日， in Song Yongyi (ed.), *The Chinese Cultural Revolution Database*。

(Canton)," *The China Quarterly*, No. 83 (1980), pp. 432–434.

17 有關這個問題的討論見："Transcript—Grassroots Factionalism in China's Cultural Revolution: Rethinking the Paradigm," https://networks.h-net.org/node/3544/discussions/141257/tran script-grassroots-factionalism-china%E2%80%99s-cultural-revolution (accessed June 19, 2017)。

18 詳見：Wu, *The Cultural Revolution at the Margins*, pp. 60–64。

19 關於這個問題見：Susanne Weigelin-Schwiedrzik and Cui Jinke, "Whodunnit? Memory and Politics before the 50th Anniversary of the Cultural Revolution," *The China Quarterly*, Vol. 227 (2016), pp. 734–751。

20 北京家庭出身問題研究小組，〈出身論〉，1967年1月18日， in Song Yongyi (ed.), *The Chinese Cultural Revolution Database*。

21 北京家庭出身問題研究小組，〈「聯動」的騷亂說明了什麼？——兼駁清華附中紅衛兵「評『出身論』」〉，1967年2月10日， in Song Yongyi (ed.), *The Chinese Cultural Revolution Database*。

22 抗大「八一八」戰校毛澤東思想紅衛兵三戰士，〈致「老」紅衛兵〉，《兵團戰報》第11期（1967年3月12日），in Chinese Cultural Revolution Collection, Box 1, Folder "bing tuan zhan bao," Hoover Institution Archives.

23 北京家庭出身問題研究小組，〈「聯動」的騷亂說明了什麼？——兼駁清華附中紅衛兵「評『出身論』」〉。

24 北京家庭出身問題研究小組，〈「唯出身論」和「出身論」都是反馬列主義反毛澤東思想的〉，1967年2月27日， in Song Yongyi (ed.), *The Chinese Cultural Revolution Database* 。

25 評「出身論」小組，〈「出身論」小組〉，《中學論壇》第2期（1967年3月11日），Zhongguo gong chan dang, Box 14, Folder "zhong xue lun tan," Hoover Institution Archives。

26 本報評論員，〈幹部子弟何處去？〉，《湘江評論》第1期（1967年2月），Chinese Cultural Revolution Collection, Box 12, Folder "Xiang jiang

Schwiedrzik, "Coping with the Cultural Revolution: Contesting Interpretations,"《近代史研究所季刊》第61期（2008），第1-52頁。

5 姚文元，〈林彪反黨集團的社會基礎〉，1975年3月1日；張春橋，〈論對資產階級的全面專政〉，1975年4月1日， in Song Yongyi (ed.), *The Chinese Cultural Revolution Database* (Hong Kong: Universities Service Centre for China Studies, The Chinese University of Hong Kong, 2006)。

6 王年一，《大動亂的年代》（鄭州：河南人民出版社，2005），第57頁。

7 〈中國共產黨中央委員會關於無產階級文化大革命的決定〉，1966年8月8日，www.marxists.org/subject/china/peking- review/1966/PR1966-33g.htm (accessed June 19, 2017)。

8 Yiching Wu, *The Cultural Revolution at the Margins: Chinese Socialism in Crisis* (Cambridge, MA: Harvard University Press, 2014), pp. 97–104.

9 同上，第129頁。

10 同上，第139頁。

11 詳見：Roderick MacFarquhar and Michael Schoenhals, *Mao's Last Revolution* (Cambridge, MA: The Belknap Press of Harvard University Press, 2006), pp. 205, 214。

12 見：王年一，《大動亂的年代》，第203頁；Michael Schoenhals, "'Why Don't We Arm the Left?' Mao's Culpability for the Cultural Revolution's 'Great Chaos' of 1967," *The China Quarterly*, Vol. 182 (2005), pp. 277–300。

13 Wu, *The Cultural Revolution at the Margins*, p. 183.

14 Andrew G. Walder, "Rebellion and Repression in China, 1966–1971," *Social Science History*, Vol. 38, No. 4 (2014), pp. 535–536.

15 Daniel Leese, *Mao Cult: Rhetoric and Ritual in China's Cultural Revolution* (Cambridge: Cambridge University Press, 2011), p. 258.

16 Jonathan Unger, Anita Chan and Stanley Rosen, "Students and Class Warfare: The Social Roots of the Red Guard Conflict in Guangzhou

檔案資料選編（綜合卷）》，第739頁。

46 毛澤東，〈唯心歷史觀的破產〉，《毛澤東選集》（北京：人民出版社，1967）第4卷，第1448-1449頁

47 關於這個問題的綜述見：Tyrene White, *China's Longest Campaign: Birth Planning in the People's Republic, 1949–2005* (Ithaca, NY: Cornell University Press, 2006), pp. 19–41。

48 〈中共中央、國務院批准「第二次城市工作會議紀要」的指示〉，《建國以來重要文獻選編》第17卷，第298-299頁。

49 周恩來，〈應該確立社會主義人口論的正確觀念〉，《建國以來重要文獻選編》第16卷，第543頁。

50 〈在彭縣進行計劃生育試點情況的報告〉，《重慶市檔案館X區》，第15-17頁。

51 同上。

52 關於這個問題見：Ralph Thaxton, *Catastrophe and Contention in Rural China: Mao's Great Leap Forward Famine and the Origins of Righteous Resistance in Da Fo Village* (Cambridge: Cambridge University Press, 2008), pp. 344–346。

第六章　造反及其局限：文化大革命初期（一九六六至一九六八年）

1 作者2013年9月17日在濟南的採訪。

2 當時並沒有使用「人民文革」這個詞，是後來才用的，比如見劉國凱，〈論人民文革（一）——為文革四十周年而作〉，《大紀元》，2005年12月12日，www.epochtimes.com/gb/5/12/30/n1171757.htm (accessed December 3, 2015).。

3 薄一波，《若干重大決策與事件的回顧》（北京：中央黨校出版社，1991）下卷，第1158-1160頁。

4 關於這方面的討論見：Jonathan Unger, "The Cultural Revolution at the Grass Roots," *China Journal*, Vol. 57 (2007), pp. 113–116; Susanne Weigelin-

33 郭德宏、林小波，《四清運動實錄》（杭州：浙江人民出版社，2005），第346頁。

34 〈副業單幹是當前農村兩條道路鬥爭的又一突出問題〉，《建國以來重要文獻選編》第16卷，第378-381頁。

35 《內部參考》，1964年4月28日。

36 《內部參考》，1962年11月30日。

37 〈中共中央、國務院關於進一步開展代替私商工作的指示〉，《建國以來重要文獻選編》第18卷，第430頁。

38 薄一波，《若干重大決策與事件的回顧》（北京：中央黨校出版社，1993）下卷，第1087-1088頁。

39 〈中共中央對信陽地委關於整風整社運動和生產救災工作情況的報告的批示〉，中華人民共和國國家農業委員會辦公廳編，《農業集體化重要文件彙編》（北京：中央黨校出版社，1981）第2卷，第421頁。

40 〈中共中央轉發「民兵整治工作會議紀要」〉，《建國以來重要文獻選編》第19卷，第383-384頁。

41 〈中共中央印發「關於農村社會主義教育運動中一些具體政策的規定（修正草案）的通知」〉，《建國以來重要文獻選編》第19卷，第246頁。

42 中國社會科學院、中央檔案館編，《1958-1965中華人民共和國經濟檔案資料選編（綜合卷）》（北京：中國財政經濟出版社，2011），第719-720頁。

43 Jeremy Brown, "Moving Targets: Changing Class Labels in Rural Hebei and Henan 1960–1979," in Jeremy Brown and Matthew Johnson (eds.), *Maoism at the Grassroots: Everyday Life in China's Era of High Socialism* (Cambridge, MA: Harvard University Press, 2015), pp. 60–62.

44 〈中共中央關於印發「農村社會主義教育運動中一些具體政策的規定（修正草案）」的通知〉，第264-265頁。

45 中國社會科學院和中央檔案館編，《1958-1965中華人民共和國經濟

19 中國社會科學院、中央檔案館編，《1958-1965中華人民共和國經濟檔案資料選編：勞動就業和收入分配卷》（北京：中國財政經濟出版社，2011），第5頁。

20 同上，第400頁。

21 同上，第419頁。

22 劉少奇，〈關於兩種勞動制度和兩種教育制度〉，《建國以來重要文獻選編》第19卷，第174頁。

23 〈中共中央批轉中央文教小組「關於1961年和今後一個時期文化教育工作安排的報告」〉，《建國以來重要文獻選編》第14卷，第172、173頁。

24 劉少奇，〈關於兩種勞動制度和兩種教育制度〉，第165頁。

25 〈徹底粉碎劉、薄、馬執行反革命修正主義勞動工資路線的罪行〉，《勞動戰線》，1967年5月13日，in Chinese Cultural Revolution Collection, Box 8, Folder "lao dong zhan xian," Hoover Institution Archives.

26 〈中共中央批轉高等教育部黨組關於改進1965年高等學校招生工作的請示報告〉，中央檔案館編，《中共中央文件選集》（北京：人民出版社，2013）第48卷，第366-367頁。

27 周恩來，〈論知識分子問題〉，《建國以來重要文獻選編》第15卷，第224頁。

28 薄一波，《若干重大決策與事件的回顧》（北京：中央黨校出版社，1993）下卷，第1006頁。

29 同上，第1001頁。

30 〈中共中央批轉「關於民族工作會議的報告」〉，《建國以來重要文獻選編》第15卷，第521-522頁。

31 同上，第513、517頁。

32 Panchen Lama, *A Poisoned Arrow: The Secret Report of the 10th Panchen Lama; the Full Text of the Panchen Lama's 70,000 Character Petition of 1962, Together with a Selection of Supporting Historical Documents* (London: Tibet Information Network, 1997), p. 103.

公司，2008）第1卷，第177頁。

5 關於糧食產量見：中華人民共和國農業部計劃司編，《中國農村經濟統計大全（1949-1986）》（北京：農業出版社，1989），第410-411頁；有關死亡率見：袁永熙編，《中國人口總論》（北京：中國財政經濟出版社，1991），第149頁。

6 商業部當代中國糧食工作編輯部編，《當代中國糧食工作史料》（保定：河北省供銷社保定印刷廠，1989）第1卷，第314頁。

7 陳雲，〈動員城市人口下鄉〉，《建國以來重要文獻選編》（北京：中央文獻出版社，1992）第14卷，第374頁。

8 路遇，《新中國人口五十年》（北京：中國人口出版社，2004）第1卷，第594頁。

9 袁永熙編，《中國人口總論》，第277頁。

10 見金沖及編，《周恩來傳》（北京：中央文獻出版社，1998）第4卷，第1565頁。

11 羅平漢,《大遷徙：1961-1963年的城鎮人口精簡》（南寧：廣西人民出版社，2003），第118頁。

12 羅平漢，《大遷徙》一書中所引用，第223頁。

13 詳見：Jeremy Brown, *City versus Countryside in Mao's China: Negotiating the Divide* (Cambridge: Cambridge University Press, 2012), pp. 86–99。

14 Terry Sicular, "Grain Pricing: A Key Link in Chinese Economic Policy," *Modern China*, Vol.14, No. 4 (1988), pp. 461–463.

15 Lorenz Lüthi, "The Vietnam War and China's Third-Line Defense Planning before the Cultural Revolution, 1964–1966," *Journal of Cold War Studies*, Vol. 10, No. 1, (2008), p. 27.

16 Barry Naughton, "The Third Front: Defense Industrialization in the Chinese Interior," *The China Quarterly*, No. 115 (1988), p. 365.

17 Covell Meyskens, "Third Front Railroads and Industrial Modernity in Late Maoist China," *Twentieth-Century China*, Vol. 3, No. 3 (2015), p. 246.

18 同上，第257頁。

2010），第79頁。

62 毛澤東，〈轉發青海省委關於鎮壓叛亂問題的報告的批語〉，中共中央文獻研究室編，《建國以來毛澤東文稿》（北京：中央文獻出版社，1992）第7卷，第286頁。

63 周恩來，〈政府工作報告〉，見《建國以來重要文獻選編》第12卷，第225頁。

64 這些數字見：Anne-Marie Blondeau and Katia Buffetrille (eds.), *Authenticating Tibet: Answers to China's 100 Questions* (Berkeley, CA: University of California Press, 2008), p. 89。

65 周恩來，〈政府工作報告〉， 見《建國以來重要文獻選編》第12卷，第224-226頁。

66 《人民日報》，1963年3月13日、1964年12月19日。

67 馬戎，《西藏的人口與社會》（北京：同心出版社，1996），第174頁。

68 同上，第177頁。

69 〈列寧主義萬歲〉，見《建國以來重要文獻選編》第13卷，第279頁。

70 Lorenz Lüthi, *The Sino-Soviet Split: Cold War in the Communist World* (Princeton, NJ: Princeton University Press, 2008), p. 178.

第五章　後饑荒年代：從重新調整到社會主義教育運動（一九六二至一九六五年）

1 李輔，《所思所憶七十年》(Fort Worth, TX: Fellows Press of America, 2012), pp. 182–183。

2 2015年9月作者在太原對李輔的採訪。

3 關於這個問題的辯論請見：Richard Baum, *Prelude to Revolution: Mao, the Party, and the Peasant Question, 1962–66* (New York, NY: Columbia University Press, 1975), pp. 156–158。

4 楊繼繩，《墓碑：中國六十年代大饑荒紀實》（香港：天地圖書有限

頁。

48 山東某縣檔案，〈中共濟南市委政法工作部關於收容處理流浪兒童的情況報告〉。

49 Cormac Ó Gráda, *Famine: A Short History* (Princeton, NJ: Princeton University Press, 2010), p. 55.

50 Jasper Becker, *Hungry Ghosts: China's Secret Famine* (London: John Murray, 1996), p. 288.

51 Frank Dikötter, *Mao's Great Famine: The History of China's Most Devastating Catastrophe, 1958–1962* (London: Bloomsbury, 2010). 參見其封面。

52 楊松林，《總要有人說出真相：關於「餓死三千萬」》（海口：南海出版公司，2013）。

53 劉詩古，〈退社與外流：「大躍進」前的農民抗爭：以無為縣檔案為重心〉，《黨史研究與教學》第4期（2016），第74頁。

54 Peng Xizhe, "Demographic Consequences of the Great Leap Forward in China's Provinces," *Population and Development Review*, Vol. 13, No. 4 (1987), p. 649; Basil Ashton, et al., "Famine in China, 1958–1961," *Population and Development Review*, Vol. 10, No. 4 (1984), p. 619.

55 Ó Gráda, *Famine*, p. 96.

56 曹樹基，《大饑荒》（香港：時代國際出版有限公司，2005），第282頁。

57 Cormac Ó Gráda, "Making Famine History," *Journal of Economic Literature*, Vol. 45, No. 1 (2007), p. 23.

58 Li Minqi, *The Rise of China and the Demise of the Capitalist World Economy* (London: Pluto Press, 2008), pp. 41–42.

59 夏明方，《民國時期自然災害與鄉村社會》（北京：中華書局，2000），第395-399頁。

60 青海省地方志編撰委員會編，《青海省志14：畜牧志》（合肥：黃山出版社，1998），第48頁。

61 李江琳，《1959 拉薩！》（香港：新世紀出版及傳媒有限公司，

34 路遇，《新中國人口五十年》（北京：中國人口出版社，2004）第1卷，第633頁。

35 Felix Wemheuer, *Famine Politics in Maoist China and the Soviet Union* (New Haven, CT: Yale University Press, 2014), pp. 53–54.

36 參見：〈中共中央關於立即抓緊糧食調運的通知〉，《建國以來重要文獻選編》第13卷，第702-703頁。

37 邊彥軍、張文和，《李先念傳，1949-1992》（北京：中央文獻出版社，2009）第1卷，第500-501頁。

38 〈中共中央批轉中央統戰部「關於民主黨派、資產階級分子和資產階級知識分子中不進行反右傾鬥爭的整風運動的意見」〉，中央檔案館編，《中共中央文獻選集》（北京：人民出版社，2013）第32集，第33頁。

39 〈中共中央關於在反右整風運動和農村整黨運動中對於犯錯誤的黨員幹部的處分面的通知〉，中央檔案館編，《中共中央文獻選集》（北京：人民出版社，2013）第33集，第38頁。

40 Thomas Bernstein, "Mao Zedong and the Famine of 1959–1960: A Study in Willfulness," *The China Quarterly*, No. 186 (2006), p. 432.

41 2002年5月作者在北京的採訪。

42 Yang Bin and Cao Shuji, "Cadres, Grain, and Sexual Abuse in Wuwei County, Mao's China," *Journal of Women's History*, Vol. 28, No. 2 (2016), pp. 33–57.

43 2005年2月12日作者在河南新安縣所做的採訪。

44 〈中共中央關於壓低農村和城市的口糧標準的指示〉，《建國以來重要文獻選編》第13卷，第565頁。

45 楊繼繩，《墓碑：中國六十年代大饑荒紀實》（香港：天地圖書有限公司，2008）第1卷，第36-40頁。

46 系統的量化分析見：Anthony Garnaut, "The Geography of the Great Leap Famine," *Modern China*, Vol. 40, No. 3 (2013), pp. 315–348。

47 例如見：喬培華，《信陽事件》（香港：開放出版社，2009），第134

19 杜任之，《人民公社向共產主義過渡的幾個問題》（北京：科學出版社，1958），第66頁。

20 《紅旗》，1958年9月1日，第30頁。

21 華南工學院建築系，《規劃設計：河南省遂平縣衛星人民公社第一基層社》（廣州：華南工學院建築系，1958）， 第19-24頁。

22 Judith Stacey, *Patriarchy and Socialist Revolution in China* (Berkeley, CA: University Press of California, 1983), p. 253.

23 〈中共中央批轉全國婦聯黨組、全國總工會黨組關於裁減新女職工問題的報告〉，中央檔案館編，《中共中央文件選集》（北京：人民出版社，2013）第31卷，第415頁。

24 同上，第416頁。

25 〈中共中央批轉勞動部黨組關於女工勞動保護工作的報告〉，《中共中央文件選集》（北京：人民出版社，2013）第34卷，第416-417頁。

26 李端祥，《城市人民公社運動研究》（長沙：湖南人民出版社，2006）， 第157頁。

27 〈中共中央批轉勞動部黨組關於女工勞動保護工作的報告〉， 第418頁。

28 李端祥，《城市人民公社運動研究》（長沙：湖南人民出版社，2006）， 第181頁。

29 國家統計局社會統計司編，《中國勞動工資統計資料》，第32頁。

30 唐曉菁，〈家－國邏輯之間：中國社會主義時期「大躍進婦女」的「泥飯碗」〉，《婦女研究論叢》第3期（2013），第67頁。

31 國家統計局社會統計司編，《中國勞動工資統計資料》，第32頁。

32 〈關於建國以來黨的若干歷史問題的決議〉，http://cpc.people.com.cn/GB/64162/64168/64563/65374/4526452.html, (accessed June 7, 2017)。

33 有關糧食產量和徵購見：中華人民共和國農業部計劃司編，《中國農村經濟統計大全1949-1986》（北京：農業出版社，1989），第410-411頁。

社編，《建國以來重要文獻選編》（北京：中央文獻出版社，1992）第11卷，第450頁。

4 見《人民日報》，1958年10月8日。

5 〈中共中央關於民兵問題的決定〉，《建國以來重要文獻選編》（北京：中央文獻出版社，1992）第11卷，第469頁。

6 《人民日報》，1958年9月29日。

7 〈河南省農村人民公社試行章程〉，中國人民大學編，《人民公社參考資料選集》（北京：中國人民大學出版社，1958），第27頁。

8 Wang Yanni, "An Introduction to the ABCs of Communication: A Case Study of Macheng County," in Felix Wemheuer and Kimberley Ens Manning (eds.), *Eating Bitterness: New Perspectives on China's Great Leap Forward and Famine* (Vancouver: UBC Press, 2011), pp. 160–162.

9 薄一波，《若干重大決策與事件的回顧》（北京：中央黨校出版社，1993）下卷，第1284-1285頁。

10 〈關於人民公社若干問題的決議〉，《建國以來重要文獻選編》第11卷，第602頁。

11 吳漢全，《中國當代社會史（1956–1966）》（長沙：湖南人民出版社，2011）第2卷，第 288-289頁。

12 國家統計局社會統計司編，《中國勞動工資統計資料，1949-1985》（北京：國家統計出版社，1987），第32頁。

13 〈中共中央關於在農村建立人民公社問題的決議〉，第446頁。

14 伍仁，《人民公社和共產主義》（北京：工人出版社，1958），第31頁。

15 中國青年出版社編，《論人民公社》（北京：中國青年出版社，1958），第91頁。

16 《宣傳簡報》第22期（1958年12月），第6頁。

17 胡繩，〈關於家庭〉，中國婦女雜誌編，《黨的總路線照耀著我國婦女徹底解放的道路》（北京：1960），第67頁。

18 吳芝圃，〈論人民公社〉，《宣傳簡報》（1958年8月25日），第6頁。

卷，第231-232頁。

52 文件記載的歷史見：Roderick MacFarquhar, *The Hundred Flowers Campaign and the Chinese Intellectuals* (New York, NY: Praeger, 1966)。

53 例如見：Jung Chang and Jon Halliday, *Mao: The Unknown Story* (New York, NY: Anchor Books, 2005), p. 410。

54 沈志華，《中華人民共和國史第三卷，「思考與選擇：從知識分子會議到反右派運動（1956-1957）」》（香港：香港中文大學出版社，2008），第562-564頁。

55 朱地，《1957：大轉彎之謎：整風反右實錄》（太原：山西人民出版社，1995），第238-239頁。

56 薄一波，《若干重大決策與事件的回顧》（北京：中央黨校出版社，1991）下卷，第618-619頁。

57 〈中共中央關於「劃分右派分子的標準」的通知〉，《建國以來重要文獻選編》第10卷，第615-617頁。

58 Wemheuer, "The Grain Problem is an Ideological Problem," p. 123.

59 〈中共中央關於在工人、農民中不劃右派分子的通知〉，中央檔案館編，《中共中央文獻選集》（北京：人民出版社，2013年）第26卷，第146頁。

60 張林南，〈關於「反潘、楊、王事件」〉，中共河南省委黨史工作委員會編，《風雨春秋：潘復生詩文紀念》（鄭州：河南人民出版社，1993），第308、316頁。

第四章　從大躍進到大饑荒（一九五八至一九六一年）

1 佘德鴻，〈關於信陽事件的憶述〉，中國農村研究編輯委員會編，《中國農村研究2002卷》（北京：中國社會科學出版社，2003），第330頁。

2 同上，第327頁。

3 〈中共中央關於在農村建立人民公社問題的決議〉，中央文獻出版

40 鄧小平，〈關於修改黨的章程的報告〉，https://ia802609.us.archive.org/28/items/SelectedWorksOfDengXiaoping/Deng01.pdf, (accessed May 3, 2017)，第183頁。

41 Josef Stalin, "Defects in Party Work and Measures for Liquidating Trotskyite and Other Double Dealers: Report to the Plenum of the Central Committee of the RKP(b)" (1937), www.marxists.org/reference/archive/stalin/works/1937/03/03.htm (accessed September 13, 2017).

42 Helmut Martin (ed.), *Mao Tse-tung: Das machen wir anders als Moskau! Kritik an der sowjetischen Politökonomie* (Reinbek bei Hamburg: Rowohlt, 1975), p. 26.

43 Timothy Cheek, *The Intellectual in Modern Chinese History* (Cambridge: Cambridge University Press, 2015), p. 131.

44 于風政，《改造：1949-1957年的知識分子》（鄭州：河南人民出版社，2001），第1頁。

45 毛澤東，〈在延安文藝座談會上的講話〉，《毛澤東選集》第3卷，第807-808頁。

46 Cheek, *The Intellectual in Modern Chinese History*, p. 129.

47 〈政務院關於劃分農村階級成分的決定〉，《建國以來重要文獻選編》第1卷，第397-398頁。

48 Eddy U, "The Making of Zhishifenzi: The Critical Impact of the Registration of Unemployed Intellectuals in the Early PRC," *The China Quarterly*, Vol. 173 (2003), pp. 113–114.

49 〈中共中央「關於知識分子問題的指示，中共中央政治局會議通過」〉，1956年2月24日，in Song Yongyi (ed.), *Database of the Chinese Political Campaigns in the 1950s: From Land Reform to the State–Private Partnership, 1949–1956*, CD-ROM (Hong Kong: Universities Service Centre for China Studies, The Chinese University of Hong Kong, 2014).

50 見：Elizabeth Perry, *Challenging the Mandate of Heaven: Social Protest and State Power in China* (London: M. E. Sharpe, 2002), pp. 211–214。

51 毛澤東，〈關於正確處理人民內部矛盾的問題〉，《毛澤東文集》第7

29 Aminda M. Smith, *Thought Reform and China's Dangerous Classes: Reeducation, Resistance, and the People* (Lanham, MD: Rowman and Littlefield, 2013), pp. 201–203.

30 詳見：Yang Bin and Cao Shuji, "Cadres, Grain, and Sexual Abuse in Wuwei County, Mao's China," *Journal of Women's History*, Vol. 28, No. 2 (2016), pp. 33–57.

31 有關甘肅沙漠「右派分子」的生死報導文學請見：楊顯惠，《夾邊溝記事》（廣州：花城出版社，2008）。

32 Yu Liu, "Why Did It Go So High? Political Mobilization and Agricultural Collectivization in China," *The China Quarterly*, No. 187 (2006), pp. 738–739.

33 〈中央關於地主、富農家庭出身的青年學生能否參加互助合作組織問題的指示〉，1954年8月27日，in Song Yongyi (ed.), *Database of the Chinese Political Campaigns in the 1950s: From Land Reform to the State–Private Partnership, 1949–1956*, CD-ROM (Hong Kong: Universities Service Centre for China Studies, The Chinese University of Hong Kong, 2014).

34 Felix Wemheuer, "'The Grain Problem is an Ideological Problem': Discourses of Hunger in the 1957 Socialist Education Campaign," in Kimberley Manning and Felix Wemheuer (eds.), *Eating Bitterness: New Perspectives on China's Great Leap Forward and Famine* (Vancouver: University of British Columbia Press, 2011), p. 109.

35 毛澤東，〈關於農業合作化問題〉，《毛澤東文集》第6卷，第418頁。

36 溫鐵軍，《中國農村基本經濟制度研究》（北京：中國經濟出版社，2000），第175-177頁。

37 毛澤東，〈糧食統購統銷問題〉，《毛澤東文集》第6卷，第296-297頁。

38 詳 見：Felix Wemheuer, *Famine Politics in Maoist China and the Soviet Union* (New Haven, CT: Yale University Press, 2014), pp. 77–114。

39 中國革命博物館編，《中國共產黨黨章彙編》，第49-50頁。

（卷一）：開國創業（1949-1956）》（成都：四川人民出版社，2004），第409-412頁。

16 《中華人民共和國憲法》（1954年），www.npc.gov.cn/wxzl/wxzl/2000-12/26/ content_4264.htm (accessed June 6, 2017)。

17 Neil J. Diamant and Feng Xiaocai, "The PRC's First National Critique: The 1954 Campaign to 'Discuss the Draft Constitution'," *The China Journal*, Vol. 73 (2015), pp. 1–37.

18 高化民，〈農業、手工業和資本主義工商業的社會主義改造〉，郭德宏、王海光、韓鋼編，《中華人民共和國專題史稿（卷一）：開國創業（1949-1956）》（成都：四川人民出版社，2004），第463頁。

19 毛澤東，〈工商業者要掌握自己的命運〉，《毛澤東文集》（北京：人民出版社，1999）第6卷，第490-491頁。

20 馮筱才，〈政治生存與經濟生存：上海商人如何走上公私合營之路（1949-1957）？〉，韓鋼編，《中國當代史研究（二）》（北京：九州出版社，2011），第120頁。

21 毛澤東，〈論人民民主專政〉，《毛澤東選集》第4卷，第1414頁。

22 如下書籍論及這個問題：Jean-Luc Domenach, *Der vergessene Archipel: Gefängnisse und Lager in der Volksrepublik China* (Hamburg: Hamburger Edition, 1995), translated by Cornelia Langendorf; Klaus Mühlhahn, *Criminal Justice in China: A History* (Cambridge, MA: Harvard University Press, 2009)。

23 例　如：Pu Yi, *From Emperor to Citizen: The Autobiography of Aisin-Gioro* (Beijing: Foreign Language Press, 1964)。

24 轉引自：Mühlhahn, *Criminal Justice in China*, pp. 223-224。

25 Mühlhahn, *Criminal Justice in China*, p. 269.

26 蔡延澍編，《勞動改造工作概論》（廣州：廣東高等教育出版社，1988），第2、9、14頁。

27 Domenach, *Der vergessene Archipel*, pp.366-370.

28 Mühlhahn, *Criminal Justice in China*, p.258.

1979），第46、206、212頁。

7 V. I. Lenin, "The Trade Unions, The Present Situation and Trotsky's Mistakes," (1920), www.marxists.org/archive/lenin/works/1920/dec/30.htm (accessed September 18, 2017).

8 〈全國總工會黨組「關於加強黨在建築、搬運、礦山等產業中的工作，消除各種造成工人罷工、請願事件的空隙向中央的報告」〉，1953年8月，in Song Yongyi (ed.), *Database of the Chinese Political Campaigns in the 1950s: From Land Reform to the State–Private Partnership, 1949–1956*, CD-ROM (Hong Kong: Universities Service Centre for China Studies, The Chinese University of Hong Kong, 2014)。

9 〈中共中央「轉發中共全國總工會黨組擴大會關於全國總工會工作的決議」〉，1953年1月5日，in Song Yongyi (ed.), *Database of the Chinese Political Campaigns in the 1950s: From Land Reform to the State–Private Partnership, 1949–1956*, CD-ROM (Hong Kong: Universities Service Centre for China Studies, The Chinese University of Hong Kong, 2014)。

10 Nara Dillon, *Radical Inequalities: China's Revolutionary Welfare State in Comparative Perspective* (Cambridge, MA: Harvard East Asian Monographs, 2015), pp. 175–176.

11 關於這場辯論請見：Lenin, "The Trade Unions"; Leon Trotsky, "Terrorism and Communism: A Reply to Karl Kautsky" (1920), www.marxists.org/archive/trotsky/1920/terrcomm/ch08.htm (accessed September 18, 2017).

12 路遇，《新中國人口五十年》（北京：中國人口出版社，2004）上冊，第633頁。

13 中共中央書記處研究室理論組編，《當前我國工人階級狀況調查資料彙編》（北京：中共中央黨校出版社，1983）第2卷，第105-107頁。

14 Maurice Meisner, *Mao's China and After: A History of the People's Republic* (New York, NY: The Free Press, 1999), p. 112.

15 〈第一個五年計劃和國家工業化建設〉，《中華人民共和國專題史稿

69 同上，第115頁。

70 James Z. Gao, "The Call of the Oases: The 'Peaceful Liberation' of Xinjiang, 1949–53," in Jeremy Brown and Paul G. Pickowicz (eds.), *Dilemmas of Victory: The Early Years of the People's Republic of China* (Cambridge, MA: Harvard University Press, 2007), p. 202.

71 同上，第190頁。

72 Neddermann, *Sozialismus in Xinjiang*, p. 44.

第三章　社會主義改造（一九五三至一九五七年）

1 張成覺，《六十餘年家國：我的右派心路歷程》（香港：科華圖書出版公司，2006），第313頁；2013年在維也納（奧地利）對該書作者的採訪。

2 周恩來，〈關於知識分子的改造問題〉，中央文獻出版社編，《建國以來重要文獻選編》（北京：中央文獻出版社，1992）第2卷，第446頁。

3 詳見：Elizabeth Perry, "Masters of the Country? Shanghai Workers in the Early People's Republic," in Jeremy Brown and Paul G. Pickowicz (eds.), *Dilemmas of Victory: The Early Years of the People's Republic of China* (Cambridge, MA: Harvard University Press, 2007), p. 78; Mark W. Frazier, *The Making of the Chinese Industrial Workplace: State, Revolution and Labor Management* (Cambridge: Cambridge University Press, 2002).

4 Robert Cliver, *Red Silk: Class, Gender, and Revolution in China's Yangzi Delta Silk Industry* (unpublished manuscript, Cambridge, MA: Harvard University Asia Center, forthcoming 2019).

5 Karl Marx and Friedrich Engels, *Manifesto of the Communist Party* (1848), www.marxists.org/archive/marx/works/1848/communist-manifesto/ch01.htm#007 (accessed March 3, 2017).

6 中國革命博物館編，《中國共產黨黨章彙編》（北京：人民出版社，

Rural China, 1949–1968 (Berkeley, CA: University of California Press, 2000), pp. 320–324.

57 Wendy Z. Goldman, *Women, the State and Revolution: Soviet Family Policy and Social Life 1917–1936* (Cambridge: Cambridge University Press, 1993), pp. 341–342.

58 Göran Therborn, *Between Sex and Power: Family in the World, 1900–2000* (London: Routledge, 2004), p. 100.

59 James Leibold, *Reconfiguring Chinese Nationalism: How the Qing Frontier and its Indigenes became Chinese* (London: Palgrave, 2007), p. 39.

60 Zhou Minglang, "The Fate of the Soviet Model of Multinational National State-Building in the People's Republic of China," in Thomas Bernstein and Li Hua-yu (eds.), *China Learns from the Soviet Union, 1949–Present* (Lanham, MD: Lexington Books, 2010), p. 480.

61 周恩來，〈關於我國民族政策的幾個問題〉，《建國以來重要文獻選編》第10卷，第507-508頁。

62 Melvyn C. Goldstein, *The Snow Lion and the Dragon: China, Tibet, and the Dalai Lama* (Berkeley, CA: University of California Press, 1997), pp. 33–34.

63 Dalai Lama, *My Land and My People* (New York, NY: McGraw-Hill, 1962), p. 67.

64 毛澤東，〈關於西藏工作的方針〉，中共中央文獻研究室編，《毛澤東西藏工作文選》（北京：中央文獻出版社，2008），第62頁。

65 Emily Yeh, *Taming Tibet: Landscape Transformation and the Gift of Chinese Development* (Ithaca, NY: Cornell University Press, 2013), p. 91.

66 毛澤東，〈關於西藏工作的方針〉，第62頁。

67 Donald H. McMillen, "Xinjiang and the Production and Construction Corps: A Han Organisation in a Non-Han Region," *The Australian Journal of Chinese Affairs*, No.6 (1981), p. 66.

68 Hauke Neddermann, *Sozialismus in Xinjiang: Das Produktions- und Aufbaukorps in den 1950er Jahren* (Berlin: Lit Verlag, 2010), p. 35.

45 Lü Xiaobo, *Cadres and Corruption: The Organizational Involution of the Chinese Communist Party* (Stanford, CA: Stanford University Press, 2000), pp. 37–44.

46 毛澤東，〈中央關於三反鬥爭必須大張旗鼓進行的電報〉，中共中央文獻研究室編，《建國以來毛澤東文稿》（北京：中央文獻出版社，1993）第2卷，第549頁。

47 楊奎松，《中華人民共和國建國史研究》第1卷，第297、305頁。

48 Andrew Walder, *China under Mao: A Revolution Derailed* (Cambridge, MA: Harvard University Press, 2015), p. 120.

49 比如見：Karl Gerth, "Wu Yunchu and the Fate of the Bourgeoisie and Bourgeois Lifestyles under Communism," in Sherman Cochran (ed.), *The Capitalist Dilemma in China's Communist Revolution* (Ithaca, NY: Cornell East Asia Program, 2014), p. 192.

50 Feng Xiaocai, "Between Class Struggle and Family Loyalty: The Mobilization of Businessmen's Wives and Children during the Five Antis Movement," *European Journal of East Asian Studies*, No. 13 (2014), pp. 288–289.

51 Lary, *The Chinese People at War*, pp. 3–4.

52 Phillip C.C. Huang, "Women's Choices under the Law: Marriage, Divorce, and Illicit Sex in the Qing and the Republic," *Modern China*, Vol. 27, No. 1 (2001), pp. 34–38.

53 〈中華人民共和國婚姻法〉，《建國以來重要文獻選編》第1卷，第172-177頁。

54 上海解放日報社論，〈堅決貫徹執行婚姻法〉，1951年8月5日，見：Song Yongyi (ed.), *Database of the Chinese Political Campaigns in the 1950s: From Land Reform to the State–Private Partnership, 1949–1956*, CD-ROM (Hong Kong: Universities Service Centre for China Studies, The Chinese University of Hong Kong, 2014)。

55 Kay Ann Johnson, *Women, the Family and Peasant Revolution in China* (Chicago, IL: The University Press of Chicago, 1983), pp. 221–222.

56 Neil Diamant, *Revolutionizing the Family: Politics, Love, and Divorce in Urban and*

People's Republic of China: The Case of Jiangnan 1950–1952," in Mechthild Leutner (ed.), *Rethinking China in the 1950s* (Berlin: Lit-Verlag, 2007), Vol. 31, pp. 28–31.

33 關於推動土改的大量文化作品見：Brian James Demare, *Mao's Cultural Army: Drama Troupes in China's Rural Revolution* (Cambridge: Cambridge University Press, 2015)。

34 見：〈中華人民共和國懲治反革命條例〉，公安政策法律研究室編，《公安部法規彙編》（北京：群眾出版社，1980），第 96–99頁。

35 李若建，《虛實之間：20世紀50年代中國大陸謠言研究》（北京：社會科學文獻出版社，2011），第27-33頁。

36 〈政務院、最高人民法院關於鎮壓反革命活動的指示〉，《建國以來重要文獻選編》第1卷，第359頁。

37 〈政務院、最高人民法院關於鎮壓反革命活動的指示〉，《建國以來重要文獻選編》第1卷，第422頁。

38 〈中共中央批轉中央公安部《關於全國公安會議的報告》〉，《建國以來重要文獻選編》第1卷，第422-443頁。

39 楊奎松，《中華人民共和國建國史研究》第1卷，第189、191頁。

40 毛澤東，〈給黃炎培的信〉，中共中央文獻研究室編，《建國以來毛澤東文稿》（北京：中央文獻出版社，1993）第2卷，第124頁。

41 楊奎松，《中華人民共和國建國史研究》第1卷，第209頁。

42 同上，第217頁。

43 Wendy Z. Goldman, *Terror and Democracy in the Age of Stalin: The Social Dynamics of Repression* (Cambridge: Cambridge University Press, 2007), p. 5.

44 〈中央組織部同意西南局組織部關於直系親屬系被鎮壓、管制或畏罪自殺的地主、惡霸、反革命分子的工作人員入黨問題的處理意見〉，1954年1月16日，in Song Yongyi (ed.), *Database of the Chinese Political Campaigns in the 1950s: From Land Reform to the State–Private Partnership, 1949–1956*, CD-ROM (Hong Kong: Universities Service Centre for China Studies, The Chinese University of Hong Kong, 2014)。

17 Peter Zarrow, *China in War and Revolution, 1895–1949* (London: Routledge, 2005), p. 99.

18 Diana Lary, *The Chinese People at War: Human Suffering and Social Transformation, 1937–1945* (Cambridge: Cambridge University Press, 2010), pp. 6–7.

19 Steven I. Levine, *Anvil of Victory: The Communist Revolution in Manchuria, 1945–1948* (New York: Columbia University Press, 1987), p. 203.

20 楊奎松，《中華人民共和國建國史研究》（南昌：江西人民出版社，2009）第1卷，第48頁。

21 毛澤東，〈湖南農民運動考察報告〉，《毛澤東選集》第1卷，第17頁。

22 楊奎松，《中華人民共和國建國史研究》第1卷，第92頁。

23 關於東北的情況見：羅平漢，《土地改革運動史》（福州：福建人民出版社，2005），第188-193頁。關於山東的情況見：王友明，《革命與鄉村：解放區土地改革研究，1941-1948，以山東莒南縣為個案》（上海：上海社會科學院出版社，2006），第126-139頁。

24 如見：劉昊，〈論廣東土地革命早期的紅色恐怖現象〉，《學理論》2009年第2期， 第17頁；黃道炫，《張力與限界：中央蘇區的革命（1933-1934）》（北京：社會科學文獻出版社，2011），第308頁。

25 楊奎松，《中華人民共和國建國史研究》第1卷，第76-77、85頁。

26 羅平漢，《土地改革運動史》，第177頁。

27 毛澤東，〈新解放區土地改革要點〉，《毛澤東選集》第4卷，第1179頁。

28 這一段所提及的數字，見楊奎松，《中華人民共和國建國史研究》第一卷，第99、152-153頁。

29 〈政務院關於劃分農村階級成分的決定〉，《建國以來重要文獻選編》第1卷，第382-407頁。

30 同上，第397-398頁。

31 同上，第400–401、406–407頁。

32 Julia Strauss, "Rethinking Land Reform and Regime Consolidation in the

版社，1967）第2卷，第610頁。

5 毛澤東，〈論人民民主專政〉，《毛澤東選集》第4卷，第1412-1413頁。

6 詳見：Sherman Cochran (ed.), *The Capitalist Dilemma in China's Communist Revolution* (Ithaca, NY: Cornell East Asia Program, 2014)。

7 〈中國人民政治協商會議共同綱領〉，中央文獻出版社編，《建國以來重要文獻選編》（北京：中央文獻出版社，1992）第1卷，第7頁。

8 薄一波，《若干重大決策與事件的回顧》（北京：中央黨校出版社，1991）上卷，第47頁。

9 詳見：Hou Xiaojia, *Negotiating Socialism in Rural China: Mao, Peasants, and Local Cadres in Shanxi 1949–1953* (Ithaca, NY: Cornell University Press, 2016)。

10 Arlen Meliksetov and Alexander Pantsov, "The Stalinization of the People's Republic of China," in William C. Kirby (ed.), *Realms of Freedom in Modern China* (Stanford, CA: Stanford University Press, 2003), pp. 200–201.

11 Gail Kligman and Katherine Verdery, *Peasants under Siege: The Collectivization of Romanian Agriculture, 1949–1962* (Princeton, NJ: Princeton University Press, 2011), p. 68.

12 Jürgen Osterhammel, *Shanghai 30. Mai 1925: Die chinesische Revolution* (Munich: Deutscher Taschenbuchverlag, 1997), p. 232.

13 Frank Dikötter, *The Tragedy of Liberation: A History of the Chinese Revolution 1945–1957* (London: Bloomsbury, 2013), pp. 70–71.

14 曹樹基、劉詩古，《傳統中國地權結構及其演變》（上海：上海交通大學出版社，2015），第243頁。

15 Joseph Esherick, "Number Games: A Note on Land Distribution in Prerevolutionary China," *Modern China* (1981), Vol. 7, No. 4, p. 407.

16 對卜凱觀點的批評性評論請見：Randall E. Stross, *The Stubborn Earth: American Agriculturalists on Chinese Soil, 1898–1937* (Berkeley, CA: University of California Press, 1986), pp. 161–188。

Yunxiang, *The Flow of Gifts: Reciprocity and Social Networks in a Chinese Village* (Stanford, CA: Stanford University Press, 1996)。

45 Neil Diamant, *Embattled Glory: Veterans, Military Families, and the Politics of Patriotism in China, 1949–2007* (Lanham, MD: Rowman and Littlefield Publisher, 2008), pp. 89–90.

46 Thomas Heberer, *China and its National Minorities: Autonomy or Assimilation?* (Armonk, NY: M. E. Sharpe, 1989), p. 94.

47 師吉金，《中國當代社會史（1949–1956）》（長沙：湖南人民出版社，2011）第1卷，第186頁。

48 Heberer, *China and its National Minorities*, p. 93.

49 師吉金，《中國當代社會史（1949–1956）》（長沙：湖南人民出版社，2011）第1卷，第183頁。

50 同上，第182頁。

51 路遇，《新中國人口五十年》（北京：中國人口出版社， 2004）上冊，第594頁。

52 馬宇平、黃裕沖，《中國昨天與今天：1840-1987》（北京：解放軍出版社，1989），第754頁。

53 路遇，《新中國人口五十年》（北京：中國人口出版社，2004），上冊，第601頁。

第二章　新民主主義與新中國的創建（一九四九至一九五二年）

1 劉煉，《風雨伴君行：我與何幹之的二十年》（南寧：廣西教育出版社，1998），第19頁。

2 2002年5月在北京對作者的採訪。

3 關於1950年代初期的新民主主義見：Jeremy Brown and Paul G. Pickowicz (eds.), *Dilemmas of Victory: The Early Years of the People's Republic of China* (Cambridge, MA: Harvard University Press, 2007)。

4 毛澤東，〈中國革命和中國共產黨〉，《毛澤東選集》（北京：人民出

91.

35 Katherine Palmer Kaup, *Creating the Zhuang: Ethnic Politics in China* (Boulder, CO: Rienner, 2000).

36 黃光學，《中國的民族識別》（北京：民族出版社，1995），第156-158頁。

37 詳見：Dru C. Gladney, "Representing Nationality in China: Refiguring Majority/ Minority Identities," *The Journal for Asian Studies*, Vol. 53, No. 1 (1994), pp. 98–103。

38 Emily T. Yeh, *Taming Tibet: Landscape Transformation and the Gift of Chinese Development* (Ithaca, NY: Cornell University Press, 2013), pp. 60–91.

39 詳見：Jeremy Brown, "Moving Targets: Changing Class Labels in Rural Hebei and Henan 1960–1979," in Jeremy Brown and Matthew Johnson (eds.), *Maoism at the Grassroots: Everyday Life in China's Era of High Socialism* (Cambridge, MA: Harvard University Press, 2015), pp. 51–76。

40 關於農民抵抗的形式問題見：Ralph Thaxton, *Catastrophe and Contention in Rural China: Mao's Great Leap Forward Famine and the Origins of Righteous Resistance in Da Fo Village* (Cambridge: Cambridge University Press, 2008)；高王凌，《中國農民反行為研究（1950–1980）》（香港：香港中文大學出版社，2013）。

41 詳見：Lü Xiaobo, *Cadres and Corruption: The Organizational Involution of the Chinese Communist Party* (Stanford, CA: Stanford University Press, 2000), pp. 130–134。

42 有關這個術語請見：James C. Scott, *Weapons of the Weak: Everyday Forms of Peasant Resistance* (New Haven, CT: Yale University Press, 1985)。

43 Chen Yixin, "When Food became Scarce: Life and Death in Chinese Villages during the Great Leap Forward," *Journal of the Historical Society*, No. 2 (2010), pp. 162–164.

44 比如請見：Mayfair M. Yang, *Gifts, Favors, and Banquets: The Art of Social Relationships in China* (Ithaca, NY: Cornell University Press, 1994); Yan

23 Zhang Xiaojun, "Land Reform in Yang Village: Symbolic Capital and the Determination of Class Status," *Modern China*, Vol. 30, No. 1 (2004), pp. 41–42.

24 李遜，《革命造反年代：上海文革運動史稿》（香港：牛津大學出版社，2015）第1卷，第11頁。

25 Heather Worth, Jing Jing and Karen McMillan, "Under the Same Quilt: The Paradoxes of Sex between Men in the Cultural Revolution," *Journal of Homosexuality*, Vol. 64, No. 1 (2017), pp. 1–14.

26 Kimberley Ens Manning, "The Gendered Politics of Woman-Work: Rethinking Radicalism in the Great Leap Forward," in Felix Wemheuer and Kimberley Ens Manning (eds.), *Eating Bitterness: New Perspectives on China's Great Leap Forward and Famine* (Vancouver: UBC Press, 2011), p. 80.

27 Nicola Spakowski, "Mit Mut an die Front." *Die militärische Beteiligung von Frauen in der kommunistischen Revolution Chinas [1925–1949]* (Cologne: Böhlau Verlag, 2009), p. 371.

28 Wang Zheng, *Finding Women in the State: A Socialist Feminist Revolution in the People's Republic of China, 1949–1964* (Berkeley, CA: University of California Press, 2016), p. 246.

29 Manning, "The Gendered Politics of Woman-Work," pp. 91–92.

30 金一虹，〈「鐵姑娘」再思考：中國文化大革命期間的社會性別與勞動〉，《社會科學研究》2006年第1期，第178-179頁。

31 Gail Hershatter, *The Gender of Memory: Rural Women and China's Collective Past* (Berkeley, CA: University of California Press, 2011), pp. 264–266.

32 Li Huaiyin, *Village China under Socialism and Reform: A Micro-History, 1948–2008* (Stanford, CA: Stanford University Press, 2009), pp. 345–346.

33 黃光學，《中國的民族識別》（北京：民族出版社，1995），第147-153頁。

34 Thomas Mullaney, *Coming to Terms with the Nation: Ethnic Classification in Modern China* (Berkeley, CA: University of California Press, 2011), pp. 89–

Jennifer Meyer and Johanna M. Müller (eds.), *Intersectionality und Kritik. Neue Perspektiven für alte Fragen* (Wiesbaden: Springer, 2013); Björn Alpermann, "Class, Citizenship, Ethnicity: Categories of Social Distinction and Identification in Contemporary China" in Caniela Célleri, Tobias Schwarz and Bea Wittger (eds.), *Interdependencies of Social Categorisations* (Madrid: Vervuert, 2013), pp. 237–261.

13 Teri L. Caraway, *Assembling Women: The Feminization of Global Manufacturing* (Ithaca, NY: Cornell University Press, 2007), p. 22.

14 蕭冬連，〈中國二元社會結構形成的歷史考察〉，《黨史研究》2005年第1期，第8-11頁。

15 詳見：Tiejun Cheng, Mark Selden and Timothy Cheek, "The Construction of Spatial Hierarchies: China's Hukou and Danwei System," in Timothy Cheek and Tony Saich (eds.), *New Perspectives on State Socialism in China* (London: M. E. Sharpe, 1997), pp. 23–50。

16 Jeremy Brown, *City versus Countryside in Mao's China: Negotiating the Divide* (Cambridge: Cambridge University Press, 2012), pp. 169–199.

17 溫鐵軍，《中國農村基本經濟制度研究》（北京：中國經濟出版社，2000），第175-177頁。

18 Felix Wemheuer, *Famine Politics in Maoist China and the Soviet Union* (New Haven, CT: Yale University Press, 2014), pp. 94–96.

19 Yiching Wu, *The Cultural Revolution at the Margins: Chinese Socialism in Crisis* (Cambridge, MA: Harvard University Press, 2014), pp. 26–27.

20 楊奎松，〈關於建國以來黨政幹部收入的問答〉，《南方週末》，2007年8月30日，http://news.qq.com/a/20070830/001836_4.htm (accessed November 28, 2016)。

21 可見：Jean-Luc Domenach, *The Origins of the Great Leap Forward: The Case of One Chinese Province* (Oxford: Westview Press, 1995), p. 71。

22 對於這個系統最全面的研究仍然是：Richard Kraus, *Class Conflict in Chinese Socialism* (New York, NY: Columbia University Press, 1981)。

Workers: Changing Class Identities (Cheltenham: Edward Elgar Publishing, 2012), p. 107.

4 比如見：Vivienne Shue, *The Reach of the State: Sketches of the Chinese Body Politics* (Stanford, CA: Stanford University Press, 1988); Susanne Weigelin-Schwiedrzik, "The Distance between State and Rural Society in the PRC: Reading Document No. 1," *Journal of Environmental Management*, Vol. 87 (2008), pp. 216–225。

5 Karl Marx, "Critique of the Gotha Programme" (1875), www.marxists.org/archive/marx/works/1875/gotha/ch04.htm (accessed September 7, 2017).

6 Karl Marx, "The Civil War in France" (1871), www.marxists.org/archive/marx/works/1871/civil-war-france/ch05.htm (accesssed September 7, 2017).

7 Karl Marx, "The German Ideology" (1845), www.marxists.org/archive/marx/works/1845/german-ideology/ch01a.htm (accessed March 28, 2018).

8 詳見：Felix Wemheuer, "Die Konstruktion des neuen Menschen: Diskurse des chinesischen Kommunismus während des Großen Sprungs nach vorne, 1958," in Lena Henningsen and Heiner Roetz (eds.), *Menschenbilder in China* (Wiesbaden: Harrassowitz, 2009), pp. 95–114。

9 Karl Marx, "Die deutsche Ideologie," *Marx-Engels Ausgewählte Werke* (Berlin: Dietz Verlag, 1972), Vol. I, p. 226.

10 Maurice Meisner, "The Significance of the Chinese Revolution in World History," *Asia Research Working Paper 1*. http://eprints.lse.ac.uk/21309/1/Significance_of_the_Chinese_Revolution_in_ world_history.pdf (accessed April 12, 2018).

11 這類論述如：Jung Chang and Jon Halliday, *Mao: The Unknown Story* (New York, NY: Anchor Books, 2005)。

12 比如見：Leslie McCall, "The Complexity of Intersectionality," *Signs*, Vol. 30, No. 3 (2005), pp. 1771–1800; Sabine Hess, Nikola Langreiter and Elisabeth Timm (eds.), *Intersektionalität Revisited. Empirische, Theoretische und Methodische Erkundungen* (Bielefeld: Transcript, 2011); Vera Kallenbacher,

(2002), p. 339.

20 Jeremy Brown and Paul G. Pickowicz (eds.), *Dilemmas of Victory: The Early Years of the People's Republic of China* (Cambridge, MA: Harvard University Press, 2007), p. 8（譯者注：中文版，周傑榮、畢克偉，《勝利的困境——中華人民共和國的最初歲月》，姚昱等譯，香港：中文大學出版社，2011)。

21 Hershatter, *The Gender of Memory*, p. 14.

22 Yang Kuisong, "How a 'Bad Element' was made: The Discovery, Accusation and Punishment of Zang Qiren," in Jeremy Brown and Matthew Johnson (eds.), *Maoism at the Grassroots: Everyday Life in China's Era of High Socialism* (Cambridge, MA: Harvard University Press, 2015), pp. 19–50.

23 Elizabeth Perry, "The Promise of PRC History," *Journal for Modern Chinese History*, Vol. 10, No. 1 (2016), p. 116. 回應請參見："Maoism at the Grassroots: An Interview with Jeremy Brown and Matthew Johnson," *Age of Revolutions* (2016), https://ageofrevolutions.com/2016/10/24/maoism-at-the-grassroots-an-interview-with-jeremy-brown-and-matthew- johnson/ (accessed July 13, 2017)。

24 Jeremy Brown and Matthew Johnson, "Introduction," in Jeremy Brown and Matthew Johnson, (eds.), *Maoism at the Grassroots: Everyday Life in China's Era of High Socialism* (Cambridge, MA: Harvard University Press, 2015), p. 4.

第一章　毛澤東時代的中國社會：分類、等級和分配

1 Weli Ye with Xiaodong Ma, *Growing Up in the People's Republic: Conversations between Two Daughters of China's Revolution* (New York, NY: Palgrave Macmillan, 2005), p. 118.

2 同上，第119-120頁。

3 Joel Andreas, "Industrial Restructuring and Class Transformation in China," in Beatriz Carrillo and David S. Goodman (eds.), *China's Peasants and*

者注：中文版為亞歷山大・潘佐夫、梁思文，《毛澤東：真實的故事》，林添貴譯，臺北：聯經出版事業公司，2015）。

9 George Paloczi-Horvath, *Mao Tse-tung: Emperor of the Blue Ants* (London: Secker and Warburg, 1962).

10 最詳實的研究是高王淩的《中國農民反行為研究（1950-1980）》（香港：中文大學出版社，2013）。

11 Zhang Xiaojun, "Land Reform in Yang Village – Symbolic Capital and the Determination of Class Status," *Modern China*, Vol. 30, No. 1 (2004), pp. 41–42.

12 比如：金沖及編輯的《毛澤東傳：1949-1976》（北京：中央文獻出版社，2003）上下冊。

13 在這方面最詳細的研究見：Vivian Wagner, *Erinnerungsverwaltung in China: Staatsarchive und Politik in der Volksrepublik* (Cologne: Böhlau Verlag, 2006)。

14 見系列叢書《上海城市社會生活史叢書》（上海辭書出版社）。

15 比 如：Andrew Walder, *Communist Neo-Traditionalism: Work and Authority in Chinese Industry* (Berkeley, CA: University of California Press, 1988)。

16 Charlene Makley, "'Speaking Bitterness': Autobiography, History, and Mnemonic Politics on the Sino-Tibetan Frontier," *Comparative Studies in Society and History*, Vol. 47 (2005), pp. 40–78；郭于華，《受苦人的講述：驥村歷史與一種文明的邏輯》（香港：中文大學出版社，2013）。

17 Gail Hershatter, *The Gender of Memory: Rural Women and China's Collective Past* (Berkeley, CA: University of California Press, 2011), p. 235（譯者注：中文版為賀蕭，《記憶的性別：農村婦女和中國集體化的歷史》，張贇譯，北京：人民出版社，2017）。

18 Susanne Weigelin-Schwiedrzik, "In Search of a Master Narrative for 20th-Century Chinese History," *The China Quarterly*, No. 188 (2006), pp. 1084–1085.

19 Tom Brass, "On Which Side of What Barricade? Subaltern Resistance in Latin America and Elsewhere," *The Journal of Peasant Studies*, Vol. 29, No. 3

注釋

導言

1 詳見：Diana Lary, *The Chinese People at War: Human Suffering and Social Transformation, 1937–1945* (Cambridge: Cambridge University Press, 2010)，以及 *China's Civil War: A Social History, 1945–1949* (Cambridge: Cambridge University Press, 2015)。

2 Cormac Ó Gráda, "Great Leap into Famine: A Review Essay," *Population and Development Review*, Vol. 37, No. 1 (2011), pp. 192–193.

3 Andrew Walder, *China under Mao: A Revolution Derailed* (Cambridge, MA: Harvard University Press, 2015), pp. 320–321.

4 路遇，《新中國人口五十年》（北京：中國人口出版社，2004）上冊，第633頁。

5 案例研究見：Alexander C. Cook (ed.), *Mao's Little Red Book: A Global History* (Cambridge: Cambridge University Press, 2014)。

6 韋日平，〈指導思想上的「亮劍」——十八大以來習近平關於堅持毛澤東思想指導地位的重要思想述略〉，http://dangshi.people.com.cn/n/2014/0814/c85037-25467371–2.html, (accessed June 26, 2017)。

7 比如見："The Return of Mao: A New Threat to China's Politics," *Financial Times*, September 29, 2016。

8 比如：Roderick MacFarquhar and Michael Schoenhals, *Mao's Last Revolution* (Cambridge, MA: The Belknap Press of Harvard University Press, 2006)（譯者注：中文版為馬若德、沈邁克，《毛澤東最後的革命》，香港：左岸文化，2009）；Fredrick Teiwes and Warren Sun, *The End of the Maoist Era: Chinese Politics during the Twilight of the Cultural Revolution, 1972–1976* (Armonk, NY: M. E. Sharpe, 2007); Alexander V. Pantsov with Steven I. Levine, *Mao: The Real Story* (New York, NY: Simon and Schuster, 2012)（譯

國家圖書館出版品預行編目 (CIP) 資料

毛澤東時代的真實社會：共產黨如何改變中國階級與人民面貌？/ 文浩 (Felix Wemheuer) 著；項佳谷 (Jiagu Richter) 譯 . -- 初版 . -- 新北市：臺灣商務印書館股份有限公司 , 2024.06
面； 公分 . -- (歷史 . 中國史)
譯自 : A social history of Maoist China : conflict and change, 1949-1976
ISBN 978-957-05-3571-6(平裝)

1.CST: 毛澤東 2.CST: 社會主義 3.CST: 社會改革 4.CST: 中國

549.22 113005436

歷史・中國史

毛澤東時代的真實社會

共產黨如何改變中國階級與人民面貌？

A Social History of Maoist China: Conflict and Change, 1949-1976

作　　者一文浩（Felix Wemheuer）
譯　　者一項佳谷（Jiagu Richter）
發 行 人一王春申
審書顧問一陳建守、黃國珍
總 編 輯一林碧琪
責任編輯一徐　鉞
特約編輯一呂佳真
版　　權一翁靜如
封面設計一盧卡斯
版型設計一菩薩蠻
資訊行銷一劉艾琳、謝宜華
業　　務一王建棠
出版發行一臺灣商務印書館股份有限公司
231023 新北市新店區民權路 108-3 號 5 樓（同門市地址）
電話：(02)8667-3712　傳真：(02)8667-3709
讀者服務專線：0800056196
郵撥：0000165-1
E-mail：ecptw@cptw.com.tw
網路書店網址：www.cptw.com.tw
Facebook：facebook.com.tw/ecptw

局版北市業字第 993 號
初　版：2024 年 6 月
印刷廠：沈氏藝術印刷股份有限公司
定　價：新台幣 630 元

法律顧問一何一芃律師事務所